마케팅 커뮤니케이션 전문가들의
브랜드 평판 혁신 설계

나남
nanam

KADPR 지식총서 6

마케팅 커뮤니케이션 전문가들의
브랜드 평판 혁신 설계

2020년 11월 20일 발행
2020년 11월 20일 1쇄

저자	한은경·문효진 외
발행자	趙相浩
발행처	(주) 나남
주소	10881 경기도 파주시 회동길 193
전화	(031) 955-4601 (代)
FAX	(031) 955-4555
등록	제 1-71호 (1979. 5. 12.)
홈페이지	http://www.nanam.net
전자우편	post@nanam.net

ISBN 978-89-300-4064-8
ISBN 978-89-300-8001-9(세트)

KADPR 지식총서 6

마케팅 커뮤니케이션 전문가들의
브랜드 평판 혁신 설계

한은경 · 문효진 외

나남
nanam

The Innovative Design for Brand Reputation Building

by

Eunkyoung Han & Hyojin Moon et al.

nanam

27 대 15.

경기 스코어가 아니다. 한국과 미국 기업의 평균수명 비교치다. 대한상공회의소에서 국내 1,000대 기업을 대상으로 조사한 결과, 한국 기업의 평균수명은 27년이었다. 미국의 경우, 컨설팅회사 맥킨지가 S&P 500대 기업의 평균수명을 분석했더니 15년이었다. 1920년대에는 67년이던 기업 평균수명이 2000년대 들어 15년으로 줄어들었으니 80년 만에 4분의 1로 대폭 감소했다는 말이다.

나라마다 각기 다른 정치, 경제, 문화, 사회, 환경 등 여러 변수가 있겠지만, 한 기업이 30년을 못 버티고 사라진다니 기업의 운명이 너무 가혹하다. 산 생명이건 인위적 조직이건 짧은 수명은 스스로에게나 국가, 사회에 득 될 게 없다. 그런 면에서 요즈음 기업의 수명은 백세시대를 맞이한 인간의 수명에 비해서도 초라해 보일 정도로 짧다. 도대체 무슨 일이 일어나고 있는 것일까?

디지털 시대는 소비자에게 다양한 정보를 쉽게 습득할 수 있는 편리함을 제공한다. 인터넷 세상은 정보가 넘쳐나고, 지금 이 시간에도 새로운 정보가 끊임없이 생산, 유통, 소비된다. 소비자가 기업이 가진 정보보다 더 많은 정보를 가질 수 있는 세상에 살고 있다. 코로나19가 언택트 시대를 더욱 가속화시키며, 이제 비대면이 일상이 되었다. 직접 현장에 가서 경험하지 않고, 인터넷에서 유통되는 정보를 통해 의사결정하는 것이 익숙하다. 앞으로 이런 경향은 강화될 것으로 예상된다.

인터넷은 연결이다. 정보는 한순간에 실시간으로 국경을 넘어 전 세계로 확산된다. 그리고 과거에 흘러간 정보도 필요하면 언제 어디서나 현재로 소환하여 소비할 수 있다. 특히 기업이나 유명인에 관한 정보는 밤낮을 가리지 않고, 국경을 초월해 연결망의 모든 노드로 속속 퍼져나간다. 자칫 특정 기업이나 개인에 관한 부정적 루머가 발생하면 순식간에 확산되고, 관련자들은 고스란히 위기에 노출된다. 비록 그것이 가짜뉴스라고 해도 손쓸 틈도, 해명할 틈도, 팩트체크할 여유도 허용되지 않는다. 모든 것을 온전히 당사자들이 감당해야 한다.

그러나 관련 기업이나 개인이 평소에 소비자와 대중의 신뢰와 사랑을 듬뿍 받고 있었다면 상황은 달라진다. 우선 악성루머나 가짜뉴스를 덥석 물기보다 그럴 리 없다고 생각할 것이다. 다른 사람에게 퍼 나르거나 악성댓글 쓰기를 잠시 미루고 팩트체크부터 할 것이다. 평소 기업과 개인이 축적한 신뢰자본, 사랑자본, 즉 평판이 이들을 악성루머나 가짜뉴스로부터 지켜 준다. 그런 루머가 사실이라 할지라도 당사자들이 대처할 수 있는 시간을 벌어 준다.

음모론이나 악성루머, 가짜뉴스가 그 진위를 가리지 않고 빛의 속도로 전 세계를 향해 퍼져나가는 세상이다. 그런 환경에서 생존경쟁을 해야 하고 살아남기 위해 노력하는 현대인에게 평판의 가치는 그 어느 때보다 높아지고 있다. 정치인은 유권자가, 기업은 사회가, 투자자가, 고객이, 종업원들이 평가해서 평판을 매긴다. 유명 정치인, 우량기업, 인기 연예인, 촉망받는 기업인, 바른 언론인일수록 더 높은 평판을 가지고 있다. 평판은 재물이나 권세가 있다고, 지위가 높다고 거저 얻어지는 것이 아니다. 인품, 지식, 경륜을 쌓고 도덕적 선행을 베풀어야 한다. 한마디로 평판은 '나를 평가하는 최고의 이력서이자 가치척도'라 할 만하다.

훌륭한 평판은 자석과 같아 다양한 이해관계자들에게 긍정적 도움을 제공해 준다. 특히 기업 입장에서 평판은 투자자의 새로운 투자를 유인하고, 장기 투자를 이끌어 낼 수 있으며, 소비자에게 반복 구매와 충성을 보장받을 수 있다. 종업원이 더 열심히 일할 동기를 부여하고, 장기근속을 유도하며, 이직률을 낮출 수 있다. 저널리스트에게 더 호의적인 언론보도를 창출할 수 있으며, 금융분석가가 해당 기업에 유리한 리포트를 작성하는 데 영향을 미칠 수 있다. 평판의 중요성과 역할은 다수 연구자들이 지속적으로 연구하고 검증했다. 하지만 주로 학술적 성격이 강했으며, 현장에 적용 가능한 실무 서적은 거의 없었다. 평판의 활용도를 기업에 한정했다는 점도 한계였다.

평판 연구의 시작은 기업이었지만, 이 책은 그 범위를 기업에 한정하지 않는다. 평판 개념부터 조직과 사람, 플랫폼까지 전방위로 평판을 적용한다. 평범한 개인에게도 평판관리는 중요하다. 효과적 평판관리는 부와 명예, 성공을 가져다줄 수 있다. 때로는 예상하지 못한 위기에서 단단한 보호막 역할도 할 수 있다. 위기의 시대를 살고 있는 현대인에게 어떻게 평판을 효율적으로 관리해야 하는지 이 책은 일목요연하게 설명한다. 지금 바로 여러분과 여러분이 몸담은 조직에 평판 개념을 적용하는 데 이 책을 활용하길 적극 권한다.

2020년 11월
브랜드평판연구소장 이노종

지금은 유튜브 시대다. 다양한 미디어가 있지만 유튜브의 인기는 가히 폭발적이다. 지하철이나 공공장소를 가릴 것 없이 사람들은 유튜브에 열중한다. 알라딘의 램프 속 지니처럼 원하는 모든 정보와 콘텐츠를 가져다주는 유튜브 마법은 사람들의 시선을 강력하게 사로잡는다. 내가 좋아하는 음악을 어떻게 이리도 잘 추천해 주는지, 내가 최근에 관심 있는 분야의 영상을 어떻게 알고 척척 찾아 제공해 주는지 놀라움의 연속이다.

마법처럼 개인의 취향을 꼭 집어 저격하는 유튜브 알고리즘은 4차 산업혁명의 키워드 중 빅데이터를 활용한다. 이용자 개개인이 즐겨보는 채널 구독 및 콘텐츠 소비 패턴을 분석하여 그들의 관심사에 꼭 맞는 유튜브 콘텐츠를 맞춤형으로 제공하는 메커니즘이다. 따라서 유튜브 세상에 빠지면 정보는 넘쳐나는데 유사한 장르의 콘텐츠만 계속 소비하는 현상이 나타난다. 민감한 사회이슈와 관련해 대부분의 사람들이 나와 같은 생각을 가진다는 착각이 들기도 한다. 그리고 본인의 생각이 옳다는 확신마저 든다. 유튜브는 내 취향과 관심사에 적합한 콘텐츠를 주로 제공하기 때문이다.

심리학 전문용어인 '확증편향'은 유튜브의 인기와 영향력 덕분에 일반 사람들에게 알려졌다. 확증편향이란 어떤 가설이나 명제가 주어지면 그것이 맞다는 증거를 찾는 데 몰입하는 경향을 의미한다. 특정 정치이슈가 발생했을 때 유튜브의 확증편향 강화능력은 탁월하다. 정확히 말하면, 유튜브 시청자들의 확증편향을 강화한다는 표현이 맞을 것이다. 내가 보는 유튜브 공간은 모두 나와 같은 생각을 가진 사람들뿐이라 위안이 되고, 내 주장에 힘이 실린다. 유튜브 세상에 푹 빠져 혼자 사는 인생이라면 문제없을 것이다. 하지만 다른 사람과 더불어 사는 세상에서, 다양한 의사결정을 해야 하는 현실에서 편향된 정보는 심각한 결과를 초래할 수 있다.

신문을 보는 사람 수가 급감하고, TV를 시청하며 본방을 사수하는 사람 수도 매년 줄어들고 있다. 특히 뉴스와 관련해, 체계화된 검증과정을 거쳐 철저히 팩트체크가 이뤄지는 기성 언론보다 주 이용 매체로 부각된 유튜브 등 온라인 공간에서 전파되는 검증되지 않은 정보, 카더라 통신, 가짜뉴스, 자극적 루머에 더 의존하는 사람이 늘고 있다. 뉴스, 정보, 그리고 각종 콘텐츠마저 개인의 취향과 판단에 따라 선별적으로 구독하는 시대가 도래하였다. 구독경제의 시대이다. 많은 이점에도 불구하고 점점 내 생각과 일치하거나 내 주장을 뒷받침해 주는 정보만 검색하고 선호하는 구독경향이 심화되고 있다. 그 결과, 확증편향적인 잘못된 정보는 눈과 귀를 멀게 하고, 잘못된 판단의 원인을 제공함으로써 물적·심리적 피해를 초래할 수 있다.

이러한 구독경제 시대에 평판은 현대인들에게 최소한의 지침 혹은 나침반 역할을 해줄 것이다. 개인뿐만 아니라 기업 차원에서 평판은 여러 이점을 제공한다. 평판은 다양한 이해관계자들이 장기간에 걸친 경험을 통해 형성한 입체적 평가다. 특정 대상에 대해 형성된 평판은 의사결정 과정에서 강력한 무기가 된다. 가령 어떤 기업에 투자를 고려할 때 평판은 투자 결정에 결정적인 역할을 한다. 평판이 좋은 기업에 투자하는 것이 평판이 나쁜 기업에 투자하는 것보다 손해 볼 가능성이 적기 때문이다.

평판은 다양한 이해관계자들의 평가의 총합이다. 이들 이해관계자가 가진 해당 기업 정보의 양을 전부 합치면 100%에 가깝다. 신뢰할 수 있는 정보가 평판이다. 조각난 퍼즐을 끼워 맞춰 완성체를 만들듯이 이해관계자들의 인식을 끼워 맞추다 보면 기업의 실체를 알 수 있다. 이해관계자들은 각각 기업에 대한 정보접근력에 차이가 있다. 소비자들이 가진 대부분의 정보는 사람들이 쉽게 접근할 수 있는 매체를 통해 수집된다. 내부직원이나 투자자들, 그리고 애널리스트, 시민단체, 정부는 소비자들보다 더 수준 높은 고급 정보를 가졌을 가능성이 높다. 최신 정보, 대용량 정보, 검증된 정보, 민감한 정보, 구체적 정보, 소수만 공유한 정보다. 이들 정보의 조합이 평판이다.

평판의 중요성과 역할 그리고 활용가능성이 높다고 생각한 저자는 2004년에 《명성을 얻어야 부가 따른다》라는 역서를 출간했다. 이 책이 평판의 근원과 평판의 효율적 관리 방법론을 해외 사례를 통해 소개했다면, 이번에 발간하는 책은 한국 실정에 맞는 평판관리 전략서의 성격이 강하다. 평판의 개념을 이해하고 다양한 영역에서 평판 개념을 적용하고 실행하는 데 도움을 제공한다.

이 책은 총 2부로 구성되어 있다. 1부는 평판의 이론 편으로 평판이란 무엇인지, 왜 중요한지, 어떻게 측정하는지, 평판 관련 이해관계자란 무엇인지 등에 대해 설명한다. 2부는 평판의 실전 편으로 개인부터 국가까지 모든 영역에 평판을 적용해 이해하는 시간을 가진다. 그동안 평판은 기업을 중심으로 연구되었고, 평판관리는 주로 기업의 평판을 긍정적으로 관리하는 데 초점을 맞추었다. 기업은 고객에게 꾸준히 지지와 신뢰를 얻고 사랑을 받고자 평판관리에 힘쓴다.

하지만 이 책은 기업에서 더 나아가 국가, 대통령, 도시, 연예인, 미디어 등 다양한 분야에 평판을 적용한다. 국가브랜드 조사에서 연속으로 1위에 오른 스웨덴의 비결은 무엇일까? 독일의 메르켈 총리는 어떻게 독일인을 비롯해 많은 국가의 국민들에게 사랑받을 수 있었을까? 영국의 에든버러가 매년 수많은 관광객이 찾는 도시로 각광받는 이유는 무엇일까? K-POP 월드스타인 BTS가 발매하는 앨범마다 빅히트를 기록하고, 전 세계의 문화 대통령이 된 저력은 무엇일까? 미국의 넷플릭스가 글로벌 미디어기업의 롤모델로 손꼽히는 이유는 무엇일까? 이 책은 이러한 물음에 대한 답으로 평판을 이야기한다.

현대를 살아가는 데 있어 평판은 보험과 같다. 1992년에 미국 LA에서 발생한 폭동은 인종차별에 격분한 흑인들에 의해 발생한 유혈 사태였다. LA 지역 상점 대부분이 약탈과 방화로 피해를 입었지만 유독 피해가 적은 상점이 있었다. 맥도날드 매장이었다. 폭동이 진압되고, 사회학자들은 맥도날드에 주목했다. 어떻게 위기를 피할 수 있었는지 연구한 결과, 맥도날드는 흑인 사회와 긍정적 관계를 형성하기 위한 프로그램을 실시하고 있었다. LA 지역 맥도날드는 평소 흑인 사회에 호의적이었다. 흑인들에게 무료 커피를 제공하거나, 일자리를 마련해 주고, 운동할 수 있는 농구 코트도 만들어 주었다. 이러한 노력으로 맥도날드 기업의 평판 곳간에 평판자본이 차곡차곡 쌓였다.

그리고 흑인들의 인식 속에 맥도날드는 공격대상이 아니라 보호대상이자 패밀리로 자리매김했다. 결국 평판자본이 위기의 순간에 중요한 역할을 하며 위기를 극복하는 데 큰 힘을 발휘한 것이다.

긍정적 평판은 한순간에 만들어지는 것이 아니다. 시간이 필요하다. 시간은 진정성을 보여주는 척도이다. 오랫동안 한결같이 주요 이해관계자들이 관심을 가진 사항을 체크하고, 이를 만족스러운 수준으로 충족시켜 주는 노력이 요구된다. 어렵고 인내심이 요구되는 과정이 평판관리다. 하지만 긍정적으로 구축된 평판은 쉽게 무너지지 않는다. 위기의 순간에 완충제 역할을 해준다.

이 책을 통해 독자들이 평판관리의 A부터 Z까지 이해하는 시간을 갖길 바란다. 여러분이 몸담은 조직에 적용할 평판관리 체크리스트도 책 속에 제시되어 있으니 적극 활용하기를 권한다.

2020년 11월

한은경 · 문효진

마케팅 커뮤니케이션 전문가들의

브랜드 평판 혁신 설계

차례

1부

뉴노멀 시대의 경쟁력, 평판

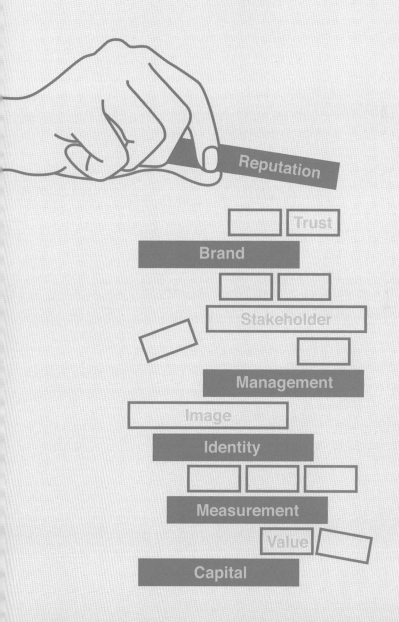

1장

브랜드를 빛내는 평판과 평판자본

1. 로레알의 장수 비결

1909년 프랑스 파리에서 창업해 설립한 지 100년이 넘었고, 최근 25년간 뷰티업계에서 1위를 유지하는 기업이 있다. 랑콤, 키엘, 비오템 등 국내 소비자들에게도 익숙한 글로벌 화장품 브랜드 34개를 보유한 기업, 바로 로레알(L'Oréal)이다. 100년 넘는 기간 동안 뷰티산업에서 생존을 넘어 성장, 발전하고 있는 로레알의 비결은 무엇일까?

화장품 기업은 오프라인 매장에서 고객과의 접촉점을 만든다. 여기서 제품 특성을 알려 주고, 테스트 기회를 주며, 최신 화장법을 시연해 주는 서비스로 고객에게 다가간다. 하지만 로레알은 이에 머물지 않고, 디지털 환경과 디지털 세대의 특성을 공략함으로써 변화에 대응하고 있다. 로레알은 안면매핑 기술을 활용해 여성들이 가상으로 로레알 화장품을 발라 볼 수 있는 '메이크업 지니어스' 앱을 도입했다. 스마트폰 카메라로 자신의 얼굴을 스캔하면, 60가지 이상의

로레알은 디지털 세대를 공략하기 위해 가상현실을
활용한 메이크업 지니어스 앱을 도입했다.

특징을 앱이 분석한 후 다양한 메이크업 방법을 제시해 준다. 앱에서
마음에 드는 제품 주문도 가능하다. 가상현실로 고객에게 흥미로운
메이크업 경험을 제공하는 것이다.

　이러한 혁신적 서비스를 위해 로레알은 전 사업부의 주요 업무를
디지털화했다. 디지털 비즈니스 총괄조직을 새롭게 만들고, 디지털
전문인력을 대거 고용했다. 뿐만 아니라 대부분의 젊은 고객이 온라
인을 통해 뷰티 정보를 파악한다는 점을 고려해 구글과 제휴하여 유
튜브에서 최신 유행 화장법부터 소셜미디어 사진이 잘 나오는 화장
법 등 디지털 세대에 맞는 서비스를 제공한다. 기업의 '혁신성'이 눈
에 띈다.

　로레알의 또 다른 비결은 기업의 '사회적 책임'을 이행한다는 것이
다. 로레알은 환경문제와 여성문제 등 사회문제 해결에도 적극 참여
한다. Sharing Beauty With All(SBWA)은 로레알이 2013년에 발표

SHARING BEAUTY WITH ALL

로레알 USA 홈페이지에 있는 Sharing Beauty With All 프로그램.

한 지속가능경영 프로그램이다. 제품의 생산, 재료 소싱, 설계, 유통 등 전 과정에서 환경문제를 다루며, 투명하게 해당 정보를 제공한다. 또한 '워킹맘, 두 번째 아름다운 선택'은 2009년 로레알그룹 창립 100주년을 맞아 한국 사회의 특성과 현안을 고려하여 기획한 한국 맞춤형 사회공헌 프로그램이다. 경력단절 여성의 재취업 성공을 돕기 위해 전문적 재교육을 제공하고 취업활동을 지원한다.

  이처럼 로레알의 장수 비결은 고객부터 지역사회까지 다양한 분야의 이해관계자의 관심사항과 요구사항을 적극 수용하고 이를 만족스러운 수준까지 실행하는 능력이다. 많은 사람들이 로레알을 사랑한다. 로레알은 '평판 좋은 기업'이 되었다.

2. 평판, 이미지 그리고 정체성

1) 사전적 의미

평판(評判)이란 평가(*evaluate*)와 판단(*judgement*)이 결합된 의미를 포함한다. 즉, 사물 혹은 사람을 평가하고 판단을 내리는 것에는 그에 대한 옳고 그름, 좋고 나쁨이 모두 들어가 있다. 따라서 평판은 좋은 평판과 나쁜 평판을 두루 포함한다.

평판은 개인이나 조직에 대한 사람들의 평가와 판단이라고 정의할 수 있다. 사람들은 물건을 구매하거나 서비스를 이용할 때, 의식적이든 무의식적이든 그 기업이나 조직의 평판에 영향을 받는다. 그러나 평판이라는 개념이 학계에서 본격적으로 논의되기 시작한 것은 비교적 최근의 일이다. 평판 연구가 이루어지기 전에는 이미지라는 포괄적 개념을 사용했다. 평판이 이미지였고, 이미지가 평판이었다. 오랫동안 평판은 이미지에 통합되어 이해되고 수용되었다.

지금도 평판과 이미지에 대한 논의는 이어진다. 학계에서는 두 개념을 3가지 관점에서 접근한다.

첫째, 이미지와 평판을 동일한 개념으로 이해하는 것이다. 이러한 관점은 평판 연구에 비해 이미지 연구가 먼저 시작된 데서 기인한다. 1960년대부터 1970년대까지는 이미지 연구가 주류를 이루었기 때문에, 이미지와 평판을 같은 개념으로 인식하고 특정 대상에 대한 인식과 평가를 이미지와 통용해 사용했다.

둘째, 평판과 이미지를 별개로 구분하는 것이다. 이미지는 표면적 모습에 대한 감성적 평가인 데 비해, 평판은 다양한 이해관계자들의 종합적 평가이므로 두 개념은 차이가 있다는 것이다.

셋째, 이미지가 평판에 영향을 준다고 보는 것이다. 평판과 이미지 개념의 구별에서 그루닉(Grunig)은 이미지의 어원이 모방을 뜻하는 라틴어 imitari에서 나왔음을 강조하면서 이미지 개념보다 행동에 바탕을 둔 평판 개념을 사용해야 한다고 주장했다. 이미지는 평판과 비교해 보면, 대상의 부분적 특성이며 감성적 인상을 반영한다. 제품의 품질에서부터 고객 서비스, 조직문화, 경영자 자질 등 기업 아이덴티티를 감성적으로 받아들이는 인상이 이미지다. 단편적 모습을 통한 감성적 평가이기 때문에 사람마다 대상에 대한 평가에서 차이가 나타날 수 있다. 이에 비해 평판은 다양한 이해관계자들이 오랫동안 여러 각도에서 경험을 통해 내린 평가를 축적한 평가치다.

평판의 의미에 대해 좀더 살펴보면, 평판은 앞서 언급한 바와 같이 사전적 의미는 세상 사람들이 비평하여 시비를 판정하는 것 또는 세상에 널리 퍼진 소문으로 정의된다. 한자사전을 통해 살펴본 평판(評判)은 '평하다'와 '판단하다'라는 단어의 결합이다. 이는 사람이나 사물에 대한 좋고 나쁨, 옳고 그름, 잘함과 못함을 분석하여 논하고 결정한다는 의미를 지닌다. 즉, 평판은 어떤 대상에 대한 긍정적 평가와 판단만 의미하는 것이 아니라 좋거나 나쁜 판단 모두를 포함한다. 다시 정리하면, 평판은 조직이나 개인으로 대표되는 특정 실체의 행위에 대한 이해관계자의 긍정적이거나 부정적인 평가로 표현할 수 있다. 이러한 평판의 의미는 영어사전을 통해 살펴본 reputation의 정의와도 유사하다. 여기서 평판은 과거의 행동과 특성에 기반한 어떤 사람이나 사물에 대한 사람들의 일반적 평가 또는 사람이나 사물의 행위에 대한 외부 집단의 견해 및 평가라는 의미로 해석된다.

이상을 종합해 보면, 평판은 이해관계자들이 어떠한 조직이나 개인과 관련된 사건, 현상, 행위에 대해 관찰하고, 분석하고, 평가하는 과정을 통해 형성된 의견의 집합체라고 할 수 있다.

2) 학자들의 다각적 논의

사전적 의미와 함께 평판을 연구한 여러 학자들의 주장을 살펴보면 평판 개념을 보다 깊게 이해할 수 있다.

평판 개념은 매우 통섭적인 특징을 나타낸다. 경제학, 경영학, 조직학, 사회학, 심리학, 커뮤니케이션학을 비롯한 다양한 학문 분야에서 다루어지며, 여러 학자들에 의해 다각적으로 논의되었다.

헤르비히와 밀레비치에 따르면, 평판은 유사한 환경에서 반복적으로 행동을 수행하는 능력과 그에 대한 믿음을 기반으로 조직이나 개인의 자질이나 속성에 대해 내리는 일관된 평가이다(Herbig & Milewicz, 1995).

폼브런과 린도바는 평판이 조직의 과거 행동과 결과에 대한 집합적 재현으로서, 다양한 이해관계자들에게 가치 있는 성과물을 제공하려는 기업의 능력이라고 강조한다. 이때 집합적 재현은 조직에 대한 이해관계자의 인식이나 지각의 총체를 의미한다(Fombrun & Rindova, 1996).

폼브런에 따르면, 평판은 기업의 활동과 성과에 대한 총체적 평가이다. 평판은 기업 간 경쟁에서 차별적 이점을 제공하고, 경제적·사회적·이타적 측면에서 기업의 미래를 판단할 수 있는 정보를 제공해 준다. 그리고 이 정보의 형성에는 기업과 관련된 다양한 이해관계자들 소비자, 투자자, 공급업자, 지역사회의 종합적 평가가 작용하며, 평판이 좋다는 것은 기업이 매력적임을 의미한다(Fombrun, 1996).

고치와 윌슨에 따르면, 평판은 복합적이고 역동적인 개념이다. 기업의 행위, 커뮤니케이션, 심벌(symbol)에 대한 이해관계자들의 경험으로 형성된 기업의 전반적 평가라는 것이다(Gotsi & Wilson, 2001).

베렌과 반 리엘은 사람들이 조직에 대해 갖는 다양한 사회적 기대, 사람들이 조직에 부여하는 개성과 속성, 사람들이 조직의 행동에 대해 갖는 신뢰나 예측 등 다양한 근거로 평판을 유형화했다(Beren & Van Riel, 2004).

린도바 등에 따르면, 평판은 조직이 그들의 경쟁자에게 상대적 가치를 창출하는 조직의 능력에 대한 이해관계자의 지각이다(Rindova et al., 2005).

클라디는 특정 실체에 대한 일반적 지식이나 믿음, 평가나 판단, 브랜드 지식·인지·개성, 그리고 재정적 가치를 창출하는 자산의 형태로 평판을 제시하였다(Clardy, 2012).

이상의 평판에 대한 개념적 정의와 핵심 키워드를 고려해 볼 때, 평판은 이해관계자들 사이에서 시간의 흐름 속에서도 사회적으로 전달 가능한 특정 조직에 대한 인식이나 평가로 정의 내릴 수 있다. 이러한 인식과 평가, 즉 평판은 경쟁 조직과 비교하여 특정 조직이 얻는 신뢰, 호의, 그리고 인정 수준과 조직의 행동에 대한 기대를 포괄하는 의미라고 볼 수 있다.

몇몇 학자들은 평판 개념을 무형자산으로 정의하기도 하지만, 대부분의 학자들은 조직이나 기업에 대한 인지, 지각, 평가로 해석하는 경향이 강하다. 평판을 일종의 자산이나 자본으로 이해하고 접근하는 것이 아니라 가치를 형성하는 근원으로 보고 그 역할에 초점을 둔다. 평판은 이해관계자 관점에서 조직에 대한 인지적이고 감정적인 반응으로 볼 수 있다.

평판과 이미지에 대한 이해와 더불어 정체성도 이들 개념과 차이가 있다. 콜린스 영어사전에 따르면, 정체성은 "자신을 다른 것과 구별하는 성질이나 개성"으로 정의된다. 사람에 대한 정체성은 한 사람과 다른 사람을 구별할 수 있는 수단이 개별성(*individuality*)으로 추론된다. 이러한 개별성은 시각적 단서들, 예를 들어 의상, 몸짓, 헤어스타일의 사용을 통해 이름에 영향을 줄 수 있지만 그것이 전부는 아니다. 시각적 단서뿐만 아니라 언어, 행동, 독특한 버릇과 같은 다른 단서들에도 의존한다.

정체성은 개인뿐만 아니라 조직에도 있다. 조직의 정체성은 다양한 이해관계자가 갖는 조직 자체의 표상이다. 그리고 다른 조직과 구별시키는 수단이 된다. 즉, 조직의 정체성은 "그 조직은 무엇인가", "그 조직은 무엇을 행하는가", "그 조직은 어떻게 행동하는가"를 명확히 표현한다. 조직의 정체성은 다양한 단서를 통해 이해관계자에게 투영되고, 조직이 어떻게 지각되길 바라는지 나타낸다. 이러한 단서는 신중히 계획된 메시지가 특정 타깃 이해관계자에게 전달되고 특정 대상에게 도달되도록 조정할 수 있다. 그리고 조직의 비즈니스 방식과 채택되는 전략을 연결시킨다. 어떤 조직은 자신의 정체성 관리를 적극적으로 추구하는 반면 다른 조직은 정체성을 돌보지 않음으로써 수용자들을 혼동시키고 시장에서 성과를 거두지 못한다. 평판관리의 출발은 일관되고 체계적인 정체성 구축과 실행, 관리로부터 시작된다.

3. 평판과 평판자본이란

1) 평판의 자본으로서의 가치

일반적으로 자본의 개념은 주로 특정 실체와 관련된 물적 자본을 다루는 경제학자나 사회학계 전문가들이 사용한다(Atkeson & Kehoe, 2005; Arrow, 2000; Solow, 2000). 이는 미래의 생산활동을 위해 사용 가능한 일종의 재고상품이라고 할 수 있다. 기계와 공장 같은 생산재뿐만 아니라 소비재를 포함하며, 이들에 대한 투자로부터 창출되는 가치의 비축물은 자본이 된다(Hayami, 2009). 투자는 미래의 혜택을 창출하는 데 기반이 되는 자본을 이끌어 내기 위해 의도적으로 계획된 현재의 희생이라고 할 수 있다. 특정 실체가 지닌 현재의 자본은 과거의 투자가 축적된 형태이다.

애로우는 핵심적 자본의 속성 중 하나로 시장성이 높은 생산요소를 재창출해 낼 수 있는지 여부, 즉 양도가능성을 지녀야 한다는 점을 강조한다(Arrow, 2000). 자본은 일종의 투자에 대한 잉여가치로서 시장 내에서 예상되는 물질적 수익이나 이윤을 위한 자원의 투자에 따른 결과물이자 미래의 투자를 가능케 하는 가치의 축적물이라고 할 수 있다.

평판은 물리적 실체가 없는 무형자산이지만 평판의 형성과 소유가 미래에 경영상의 효익을 창출해 내는 가치를 지닌다는 점에서 양도가능성이라는 자본의 근본적 속성을 충족시킨다. 이러한 논의로부터 평판자본은 조직이나 개인으로 대표되는 특정 실체의 다양한 활동으로부터 창출하고 축적한 가치로서 미래에 새로운 물질적 가치나 그 밖의 가치 생산에 기여할 것이라고 예측할 수 있다.

평판과 평판자본은 그 개념적 접근에서 차이가 있다. 평판은 조직이나 개인 등 특정 대상을 향한 이해관계자의 의견이나 평가로서 '어떻게 인지하는가?', 어떻게 지각하는가?'에 초점을 둔다. 반면에 평판자본은 특정 대상에 대한 이해관계자 인지와 지각 수준의 영향을 받으며, 창출되는 무형의 가치로 '평판이 자본으로서 어떠한 가치를 지니는가?', '어떠한 기능과 역할을 하는가?'에 대한 부분도 포괄적으로 다룬다.

최근에 기업이나 조직의 시장가치나 성과를 평가하는 데 무형자산이 차지하는 비중이 점점 커지고 있다. 따라서 평판은 장부가치 이상의 가치를 창출하는 데 기여하는 무형자산으로서 그 중요성이 매우 크다. 특히 평판의 개념적 접근이 인지적·감정적 차원을 넘어 가치론적 차원으로 확대되고 있다.

평판자본의 정의를 살펴보면, 〈위키피디아〉(Wikipedia)에서는 커뮤니티 혹은 시장과 같은 어떤 환경 안에 존재하는 실체에 대한 평판의 가치를 양적으로 측정한 것으로 본다. 이때 평판자본은 조직의 노력에 대한 현금 외 보상의 형태로 나타난다. 평판자본은 평판에 대해 자산이자 자본 자체로서 접근하며, 그것이 향후 창출해 내는 경제적 가치 혹은 그 이상의 무형가치에 초점을 둔다. 즉, 평판자본은 조직이나 기업 관점에서 평판이 창출해 내는 조직의 유무형 가치로 볼 수 있다.

2) 평판자본에 대한 다양한 연구

지금까지 진행되어온 대부분의 평판 연구는 기업성과에 대한 평판 영향력 연구였다. 평판이 기업의 시장가치를 창출하는 데 무형자산으로서 핵심적 기여를 한다는 점에 주목했다(Deephouse, 2000; Rao, 1994).

폼브런에 따르면, 평판자본은 특정 조직이 지닌 주가를 초과하는 시장가치, 즉 조직의 자산으로서 존재하는 현금화 가치 이상의 시장가치를 의미한다(Fombrun, 1996). 또한 평판자본은 특정 조직의 브랜드와 다른 무형 자산가치의 총합이다.

헬만, 머독, 스티글리츠는 평판자본이 고이윤 창출이나 평균 이상 이윤을 지속적으로 확보하는 일종의 프랜차이즈 가치라고 보았다 (Hellmann, Murdock, & Stiglitz, 1996). 프랜차이즈 가치는 이해관계자와의 우호적 관계를 기반으로 발생하는 높은 인지도, 견고한 충성도, 체계적 비즈니스 네트워크 등을 의미한다. 여기서의 평판자본은 이해관계자 관계관리를 통해 경쟁 기업이나 조직에 비해 더 많은 수익률을 창출하는 데 기여하는 무형가치의 총합이다. 평판자본에는 경영 프로세스, 특허권뿐만 아니라 제품이나 서비스 품질, 안전도, 지속적 성장가능성과 같은 경영상 윤리성이나 청렴도 등이 포함된다.

헬만과 머독은 조직이 좋은 평판을 구축했을 때 발생하는 증분 이익이 바로 평판자본이라고 강조했다. 평판자본은 기회주의적 행동을 취하지 않아도 성과를 창출하는 강력한 인센티브로서의 역할을 한다. 평판자본을 소유한 조직은 강력한 인센티브를 확보할 수 있으며, 평판자본에 손실을 미칠 수 있는 충격을 완화할 수 있다 (Hellmann & Murdock, 1997). 잭슨은 비슷한 맥락에서 평판자본은 조직이 이윤창출을 위해 산출한 무형의 장기적인 전략적 자산이라고 논했다(Jackson, 2004).

클레베스와 래쉬니오크에 따르면, 평판자본은 관리되고 축적되며, 신뢰, 사회적 인식, 제품과 서비스에 대한 프리미엄 가격 보장, 위기상황에서도 주식을 보유하려는 주주들의 강력한 의지, 또는 기업 주식에 투자하려는 의지 등과 양도되거나 교환 가능한 기업자산이다(Klewes & Wreschniok, 2009).

평판자본의 형성단계

머니와 힐렌브랜드는 평판자본 형성과정을 통해 평판의 자본으로서 가치에 더 쉽게 접근할 수 있다며, 평판자본 형성단계를 평판자본 생성단계, 평판자본 구축단계, 시장가치 창출단계로 나누었다(Money & Hillenbrand, 2006).

평판자본 형성의 첫 번째 단계인 평판자본 생성단계에서 조직은 자산증진을 위한 다양한 활동을 시행한다. 이 단계에서 특정 조직이나 개인은 평판자본을 창출하기 위해 명확한 아이덴티티를 정립하고, 호의적 이미지 구축을 통한 신뢰구축에 목표를 둔다. 그리고 그 조직이나 개인과 관련 있는 이해관계자는 이런 조직의 행동을 관찰하고, 경험하고, 수용한다.

두 번째 평판자본 구축단계에서는 조직에 대한 이해관계자의 지식, 인식, 태도, 평가 등 인지적·감정적 반응으로부터 무형자산이 축적된다. 조직에 대한 평판자본이 형성되는 것이다. 이때 이익이나 손해 없이 이해관계자가 조직에 대해 가진 기대가 충족되어 평판이 호의적으로 형성될 경우, 평판자본으로의 가치를 확장하고 강화한다.

마지막으로 시장가치 창출단계에서는 평판자본의 효과가 시장과 관련된 가치로 표출된다. 조직이나 개인을 향한 충성도 확보는 이해관계자의 실질적 구매나 지지행동을 이끈다. 이는 평판자본이 조직의 시장가치 및 성과와 관련된 물적·경제적 자본으로 전환되는 과정을 보여준다.

로스와 르뉘치는 평판자본이 펀드를 받아야 하는 대상의 신용제한 및 구속으로부터 자유를 보장할 수 있다고 주장한다(Loss & Renucci, 2012). 평판자본은 평판대상의 역량을 향상시키고, 그 역량은 평판 대상에 대한 주식투자를 증가시키는 역할을 한다. 특히 평판자본은 기업이나 산업의 초창기에 벤처투자를 이끄는 원동력이 된다.

이처럼 평판자본은 무형자산 중 시장가치에 큰 영향을 주는 독자적 형태의 자산이며, 동시에 향후 조직의 성공에서 핵심적 결정요인이자 경쟁적 이점을 제공하는 잠재적 요인이다. 이에 기업의 장부가치 대 시장가치 비율은 때때로 기업의 평판자본과 지적 자본이라는 무형자산이 축적된 부분에 대한 지표로서 간주되기도 한다(Fombrun & Van Riel, 2004).

이상의 연구들을 종합하면 결론적으로 평판자본에 대해 다음과 같이 정리할 수 있다.

첫째, 평판자본의 개념은 가치론적 입장에서 조직의 자산으로서 평판의 가치와 기능을 중요하게 여긴다. 가치(價値, value)의 사전적 정의는 일반적으로 사물이 지닌 쓸모를 의미한다. 철학적 측면에서 가치는 대상이 인간과의 관계에서 가지는 중요성을 의미한다. 이는 평판자본이 평판의 쓸모, 쓸 만한 가치에 대해 초점을 둔 개념이며, 동시에 이해관계자와의 관계 속에서 정해지는 가치서열의 척도로 작용할 수 있음을 말한다. 즉, 평판자본은 평판의 좋고 나쁨이 조직의 입장에서 쓸모 있는 가치를 창출해 내는 데 어떠한 영향을 미치는지 중요시한다.

최근에 등장한 많은 연구도 기업성과에 영향을 미치는 가치 있는 무형자산으로 평판자본을 개념화하는 데 초점을 둔다(Deephouse,

2000; Jackson, 2004). 더불어 평판자본을 이해할 때 조직에 대한 이해관계자의 인지적·감정적 반응이 어떤 상황에서 가치를 증대시키는지에 대한 고려도 필요하다. 린도바 등은 평판의 가치가 이해관계자들의 지각을 포함한 내외부 조직의 다양한 속성의 유기적 상호작용 속에서 결정된다고 주장한다(Rindova et al., 2010). 조직과 관련된 이해관계자 관리와 조직 커뮤니케이션 활동 관리가 평판의 가치를 결정하거나 증진시키는 데 기여한다. 이는 이해관계자 관계관리가 평판자본을 구성하는 하나의 요소라는 관점에서 연구에 접근할 필요가 있음을 의미한다.

둘째, 평판자본의 축적에서 이해관계자를 향한 다양한 커뮤니케이션 활동을 통한 관계구축이 중요하다. 이해관계자는 평판자본을 형성하는 주체다. 평판자본은 이해관계자가 관찰하는 조직의 행동 패턴, 다양한 활동이나 투자, 그리고 조직의 일관성 여부에 대한 판단의 영향을 받는다. 커뮤니케이션 기반의 이해관계자 관계관리는 물적 자본을 증진시키는 투자를 유도할 뿐만 아니라, 무형자본으로서 조직이나 그 조직의 브랜드에 대한 긍정적 연상과 감정적 호의, 조직구성원의 자발적인 지적 능력 발휘 등을 이끄는 중요한 평판자본 구축의 근간으로 작용한다.

셋째, 평판자본은 조직의 시장가치와 성과에 대한 잠재적 영향 요인으로서 무형의 가치를 유형의 가치로 확장하고, 전환하고, 양도하는 특징을 지닌다. 평판자본은 경제적 가치 창출 이상의 의미를 지닌다. 이는 물질적·경제적 수익이나 편익을 창출하기 위한 직접적 투자의 결과물은 아니다. 그러나 평판자본은 조직의 브랜드 자산관리와 이해관계자 관계관리를 기반으로 자본을 축적함으로써 조직에서 어떠한 니즈(*needs*)가 발생한 시점에 경제적 목적을 위해 활용할 수 있는 가치자본이다.

4. 평판자본의 구조

1) 기업의 자본구조

평판자본의 구조를 알아보기 위해 전통적 기업의 자본구조에서 평판자본에 대해 살펴보겠다.

기존의 기업 자본구조에는 평판자본이 독립적으로 존재하지 않는 경향이 있다. 설령 존재한다고 해도, 그 측정에서 마케팅과 경영학 관점의 평판 개념을 토대로 재무적 성과를 평가하는 항목이 주로 포함되었으며, 평판자본의 핵심인 이해관계자 관계에 대한 측정에 어려움을 겪었다. 그래서 기업의 자본구조에 대한 전반적 이해를 통해 평판자본의 구조를 재정립하고, 측정지표에서 이해관계자 관계를 어떻게 자본 개념으로 접근해야 하는지가 중요해졌다.

기업의 자본구조, 즉 기업으로 대표되는 조직 자본구조의 도식은 기업자본(*corporate capital*), 기업가치(*corporate value*), 기업자원(*corporate resource*)으로 다양하게 표현된다(Cabello & Kekale, 2008; Haanes & Lowendahl, 1997; Itami, 1987; Wiig, 2008). 그러나 이들의 공통된 주장은 자본을 크게 유형자산과 무형자산으로 나눌 수 있다는 것이다. 특히 최근에는 조직이나 개인의 재정적 가치를 창출하는 데 유형자산 외에 무형자산의 중요성이 강조됨에 따라 학문적 영역과 실무적 영역

그림 1-1 기업의 자본구조

출처: 한은경·이보영 (2013).

모두에서 인적 자본, 지적 자본, 평판자본과 같은 무형자산의 형성과 구조의 중요성이 부각되고 있다.

유형자산이 물적 자본과 재무자본에 국한되어 제시되는 데 비해, 무형자산의 구성이나 구조는 다양한 시각에서 해석된다. 평판자본 구조에 포함되는 하위 구성요소에 대한 논의를 위해 조직의 자본구조 중 무형자산의 구성에 대해 중점적으로 살펴보겠다.

이타미는 자원이 크게 기업운영에 필요한 물적 자원, 인적 자원, 화폐적 자원과 경영기술, 고객정보, 브랜드네임, 평판, 그리고 기업문화와 같이 정보를 기초로 한 자원으로 구성된다고 주장했다(Itami, 1987).

하네스와 로웬달은 기업자원을 무형자원과 유형자원으로 나누었으며, 이 중 무형자원은 역량(*competence*)과 관계(*relation*)로 이루어진다고 제시했다(Haanes & Lowendahl, 1997). 역량자원은 개인적 차원의 지식기반 기술, 재능, 역량과 조직적 차원의 테크놀로지, 데이터베이스, 운영방법, 조직문화 등을 포함한다. 관계자원은 조직성과에서 근본적·핵심적 요인으로 여겨지는 교류를 통한 관계형성, 평판, 충성도를 포함한다.

위그는 기업자본을 재정, 건물, 시설, 장비 등의 자산을 포함한 물적 자본인 유형자본과 이해관계자 자원(*stakeholder resource*), 구조적 자본(*structure capital*), 비즈니스 운영방안(*business recipe*)의 3가지 요인을 포함한 지적 자본인 무형자본으로 나누어 제시한다(Wiig, 2008). 구체적으로 살펴보면, 이해관계자 자원은 HR(*human resources*) 관계, 고객관계, 공급자 관계, 기타 관계, 구조적 자본은 지적 재산, 프로세스 자산, 운영·훈련, 문화·전통, 그리고 비즈니스 운영방안은 전략, 경영철학을 포함한다.

카벨로와 케칼로는 지적 자본을 크게 조직적 자본, 사회적 자본, 인적 자본의 3가지로 제시한다(Cabello & Kekale, 2008). 조직적 자본과 인적 자본은 조직 내 문화와 노하우, 조직구성 능력과 지식을 의미한다. 사회적 자본은 다시 구조적 자본과 관계적 자본으로 나뉜다. 구조적 자본은 구성원 네트워크를 기반으로 생성되는 가치를 의미하고, 관계적 자본은 조직과 이해관계자 간 관계의 질을 의미한다.

이상의 내용을 종합하면, 자본구조와 관련된 대부분의 연구는 자본을 크게 유형자산(물적 자본)과 무형자산(지적 자본) 등 두 가지로 나눈다. 무형자산(또는 지적 자본)의 경우 그 구성이나 용어사용에서 다소 차이가 있지만 크게 다음의 3가지 구성요소를 갖는다. 조직과 개인 혹은 개인과 개인 간의 관계에 초점을 둔 사회적 자본(또는 관계자본과 이해관계자 자본), 조직구성원이나 개인이 지닌 능력에 초점을

둔 인적 자본, 그리고 조직이 지닌 시스템 역량에 초점을 둔 구조적
자본(또는 조직적 자본)이 그것이다.

2) 브랜드 자산과 사회적 자본의 결합, 평판자본

많은 연구는 지적 자본 안에 관계자본을 포함시켜 평판을 이해함으
로써 평판이 조직과 이해관계자 간 관계에서 선행요인으로 작용하고
있음에 주목했다.

　　한편 폼브런과 반 리엘은 시장가치의 구조를 도식화하면서 무형자
산을 지적 자본과 평판자본이라는 두 가지 형태로 재구성하여 제시
했다(Fombrun & Van Riel, 2004; 한은경, 2005). 또한 이들은 지적
자본으로부터 이해관계자 관계를 독립시키고 이를 평판자본을 구성
하는 하위요인에 포함시킨다. 폼브런과 반 리엘은 평판자본의 보이
지 않는 그림자 재무가치에 대한 직접적 평가를 위해 시장가치를 크
게 4가지 구성요소로 구분지어 접근할 필요가 있다고 주장했다. 그
들은 시장가치를 두 가지 유형자산과 두 가지 무형자산으로 구분하
여 제시했다. 유형자산은 기업의 비금융 무형자산에 대한 대체가치
인 물적 자본과 기업의 유동적 재정자산을 의미하는 금융자본으로
구성된다. 무형자산은 기업운영에서 축적한 노하우와 직원 기술이
지닌 가치를 의미하는 지적 자본과 기업 브랜드가 지닌 가치와 기업
과 이해관계자 간 관계의 질에서 나타나는 사회적 자본의 가치를 의
미하는 평판자본으로 구성된다.

　　홀은 무형자산을 크게 인적 자본, 혁신자본, 평판자본 등 3가지로
제시한다(Hall, 1992). 인적 자본은 조직구성원 혹은 개인이 지닌 지

식, 다른 조직이나 개인에 대한 신뢰, 조직생활에서 창출되는 가치를 말한다. 혁신자본은 혁신을 위한 능력과 아이디어에서 창출되는 가치, 그리고 평판자본은 제품품질에 대한 인식, 브랜드네임, 관계에서 창출되는 가치를 의미한다. 홀이 제시하는 평판자본은 폼브런이 제시하는 브랜드 자산이나 이해관계자 관계와 그 맥을 같이한다. 인적 자본과 혁신자본은 폼브런의 관점에서 지적 자본에 해당다고 볼 수 있다.

위에서 제시한 바와 같이 폼브런과 반 리엘, 그리고 홀은 평판자본을 지적 자본의 하위영역으로 두는 것이 아니라 하나의 독립적 영역의 자본으로 나누어 설명하고 있다. 그들에 따르면, 지적 자본은 독특한 지식과 고유한 기술과 같은 조직이나 개인이 보유한 지식과 노하우를 기반으로 형성되는 자본을 의미한다. 반면, 평판자본은 브랜드와 관련된 마케팅 커뮤니케이션 활동을 기반으로 형성되는 브랜드 가치를 의미하는 브랜드 자산과 조직과 개인 간, 개인과 개인 간 관계를 기반으로 형성되는 가치를 의미하는 이해관계자 관계로 구성된다. 따라서 그들은 지적 자본을 순전히 거래되고 이윤창출이 가능한 지식, 생각, 노하우 등에 국한시키며, 관계로부터 부가가치와 이윤이 창출될 수 있다는 점에 주목하면서 고객자본이나 관계자본이라 불리던 지적 자본의 관계적 차원을 평판자본으로 분리시켜 논한다.

이 책에서는 반 리엘과 폼브런, 홀의 관점을 토대로 평판자본의 구성요소를 브랜드 자산과 사회적 자본의 결합으로 논하고자 한다 (Vain Riel & Fombrun, 1998; Hall, 1992). 특히 타인과의 인맥형성 및 관리기제로서뿐만 아니라 콘텐츠의 생산, 소비, 공유의 공간으로서 빠르게 성장하고 있는 페이스북이나 트위터와 같은 소셜미디어에 주목한다. 소셜미디어는 브랜드 관리뿐만 아니라 관계관리를 위한 도구로서 강한 영향력을 가진다. 소셜미디어를 통한 상호작용 커뮤니케이션에 기반한 호의적 관계 형성은 특정 기업에 대한 긍정적 이해관계자의 인식 및 행동 변화를 이끌어 낼 수 있다. 미디어를 매개로 하든, 하지 않든 커뮤니케이션을 통한 관계를 기반으로 브랜드 자산을 강화하고 사회적 자본을 축적하는 것이 평판자본의 토대가 될 수 있다.

2장

미래를 향한 나침반, 평판관리

1. 소크라테스의 평판 명언

'포브스 글로벌 2000 세계 최대 상장사', '포브스 세계 억만장자', '포브스 셀러브리티 100', '포브스 가장 영향력 있는 여성 100인' 등 전 세계의 각종 랭킹을 선정하여 발표하는 미국 경제매거진 〈포브스〉(*Forbes*) 홈페이지의 명언 코너에는 '평판'(*reputation*)에 대한 여러 인물들의 명언이 소개되어 있다.

그중 가장 오래된 인물이자 서양철학의 효시인 소크라테스의 평판에 대한 명언이 눈에 띈다. "좋은 평판을 쌓는 방법은 자신이 보여주고 싶은 모습을 갖추기 위해 노력하는 것이다." 소크라테스는 평판을 '자신이 보여주고 싶은 모습'(*what you desire to appear*), 곧 정체성과 연관하여 설명했다. 평판은 정체성에서 출발하고, 정체성을 잘 관리하고 실현할 때 결과적으로 긍정적 평판을 얻을 수 있다는 진리를 함축하는 말이다.

소크라테스는 "좋은 평판을 쌓는 방법은 자신이 보여주고 싶은 모습을 갖추기 위해 노력하는 것이다"라는 명언을 남겼다.

포브스에 소개된 소크라테스의 평판 명언에는 생략된 앞 구절이 있다. 그것은 "당신이 가질 수 있는 보물 중 좋은 평판을 최고의 보물로 생각하라. 평판은 불과 같아서 일단 불이 붙으면 유지하기 쉽지만 만약 꺼뜨리기라도 하면 다시 불꽃을 살리기 어렵다"라는 문구이다. 평판을 불의 특성에 비유한 것이다. 평판을 쌓고 긍정적 평판이 구축되면 이를 관리하기는 쉽지만, 평판을 잃거나 자칫 부정적 평판을 얻으면 회복하기 쉽지 않다는 점을 강조하는 내용이다.

기원전 800년부터 기록되어온 성경에도 평판에 관한 내용이 있다.

이웃과 다툴 일이 있으면 그와 직접 변론만 하고, 그의 비밀을 퍼뜨리지 말라. 그 말을 듣는 사람이 오히려 너를 비난하면, 그 나쁜 소문(평판)이 너에게서 떠나지 않고 따라다닐까 두렵다.

〈잠언〉, 25: 9~10, 새번역

감독은 또한, 교회 밖의 사람들에게도 좋은 평판을 받는 사람이라야 한다. 그래야 그가 비방을 받지 않으며 … .

〈디모데전서〉, 3: 7, 새번역

42

많은 재물보다 명예(좋은 평판)를 택할 것이요, 은이나 금보다 은총(호평)을 더욱 택할 것이니라. … 겸손과 여호와를 경외함의 보상은 재물과 영광(명예)과 생명이니라.

〈잠언〉, 22: 1~22: 4, 새번역

성경에서 이야기하는 평판은 두 가지 특성을 담고 있다. 첫째, 〈잠언〉에서는 다른 사람의 비밀을 퍼뜨리는 옳지 못한 행동을 할 경우 나쁜 평판을 얻게 되고, 더 나아가 그 나쁜 평판을 절대 떨칠 수 없다는 것이다. 나쁜 평판이 계속해서 따라다니게 된다는 경고다. 이는 소크라테스가 말한 불의 특성 중 하나인 '평판을 잃으면 재구축이 힘들다'는 말과 일맥상통한다. 종합하면 나쁜 평판은 쉽게 떨쳐 내기 힘들고 좋은 평판은 다시 쌓기 어렵다.

둘째, 〈디모데전서〉에서는 교회에서 감독¹의 여러 조건 중 하나로 외부 평판을 말한다. 교회 내부뿐만 아니라 교회 외부 사회에서도 좋은 평판을 쌓아야 비방을 받지 않는다고 조언한다. 이는 평판이 위기(risk)에 방패 역할을 한다는 평판 커뮤니케이션의 여러 원칙 중 하나와 일치하는 말이다.

소크라테스와 성경의 사례와 같이 평판이라는 개념은 고대부터 인간관계의 다양한 영역에서 매우 중요한 역할을 한다고 여겨졌다. 현재는 개인부터 기업, 도시, 국가 등에 광범위하게 평판 개념이 적용되며, 학문적으로도 경영학을 비롯해 사회학과 커뮤니케이션학 분야에서 폭넓게 연구된다.

그렇다면 왜 평판 개념이 중요하고 어떻게 활용할 수 있을까? 그

---

1 교회의 감독은 천주교의 주교에 해당하는 직위로 한 교회를 관할하는 역할을 한다.

가치와 중요성, 효과에 대해 알아볼 필요가 있다. 이 장에서는 여러 연구와 사례에서 그 답을 찾아보고자 한다.

2. 현대 사회에서 평판의 역할

1) 기업 글로벌화의 디딤돌

기업은 두발자전거와 같아서 페달을 굴리지 않으면 넘어지고 만다. 끊임없이 성장해야 하고, 앞으로 나아가야 한다. 기업이 처음 사업을 시작한 시장에서만 활동한다면 한계상황에 직면할 수밖에 없다는 뜻이다. 성장을 위해서는 저렴한 생산단가와 세금혜택이 필요하고, 소비가 계속 이어지는 시장을 고려해야 한다. 그래서 많은 기업들이 해외로 진출한다. 특히 생산단가를 낮추기 위해 인건비가 저렴한 국가를 찾고 현지상황을 점검한다.

이 과정에서 해외진출을 희망하는 기업 입장이 아닌 진출 국가나 지역의 입장에서 생각해 보자. 만약 평판 좋은 기업이 현지에 새로운 공장을 짓는다면 지역주민들의 반응은 어떨까? 결과는 명확하다. 지역 민심은 호의적이며, 주민들은 적극적 환영의 신호를 보일 것이다. 평판 좋은 외국기업이 자신이 사는 지역에 연고를 둔다는 사실만으로 주민들은 자긍심을 가질 수 있고, 도시 가치도 동시에 상승할 수 있다. 뿐만 아니라 지역주민들은 양질의 일자리를 제공받고, 지역 행정기관은 기업의 법인세로 인해 재정상태가 좋아질 것이다. 기업 입장에서도 호의적 분위기 속에서 기업활동을 원활히 이어갈 수 있으며,

2019년 한일 무역분쟁으로 일제 불매운동이 이어지는 가운데
일본 전범기업인 미쓰비시 본사 앞에서 규탄시위가 벌어졌다.

지역 행정기관의 여러 혜택도 기대할 수 있다. 실제로 글로벌기업을
유치하는 지역 행정기관은 공장부지를 저가에 임대해 주거나, 장기
간 세제혜택을 제공한다.

　하지만 정반대로 부정적 사건, 사고에 단골로 오르내리는 평판이
좋지 않은 기업이라면 상황은 180도 달라진다. 특히 환경파괴, 인권
침해, 갑질, 탈세, 폭행 등 매우 민감한 사회이슈와 연관된 기업이라
면 지역주민들의 저항은 더욱 심할 것이다. 기업이 새로운 지역으로
진출할 때 평판은 정서적 환영을 넘어 세금혜택 등 경제적 이점을 제
공받을 수 있도록 돕는 역할을 한다.

2) 결정장애를 도와주는 안내자

오늘날 많은 사람들이 제품을 구매하거나 서비스를 선택할 때 자동적
으로 취하는 행동이 있다. 바로 검색이다. 이미 경험한 제품이나 서비

스라고 해도 다시 확인 과정을 거친다. 다른 사람들의 평가후기와 평가 점수를 본다. 곧 신뢰할 수 있는가, 믿을 수 있는가 하는 문제를 해결하는 과정에서 자신을 포함해 사회적 평가에 의지한다. 많은 현대인들은 결정장애를 겪고 있고, 소신껏 주장하기보다 안전한 선택을 원한다.

제품을 만드는 기업이 얼마나 신뢰할 수 있는 기업인지, 그리고 그 기업에 대한 사회적 인식이 어떠한지도 따져 본다. 바로 평판을 본다. 평판은 기업을 빛나게 해준다. 사람의 행동이 그 사람을 정의하는 것처럼, 소비자들은 좋은 사회적 평판을 가진 기업의 제품과 서비스를 구매하고자 한다. 평판은 소비자에게 해당 기업의 제품과 서비스를 추천하는 데 기준이 될 수 있고, 취업을 준비하거나 이직을 고려하는 직장인에게도 중요한 안내자 역할을 할 수 있다.

기업은 소비자, 투자자, 종업원 및 일반 대중으로부터 우호적 행동을 얻어내기 위해 노력한다. 그들의 관심과 신뢰로 긍정적 평판을 획득할 수 있으며 다른 기업과의 관계에서 경쟁적 이점을 창출한다. 실제로 우호적 평판은 소비자들이 해당 기업의 제품과 서비스 사용 여부를 결정하는 데 영향을 주며, 해당 기업 임직원들의 의사결정과 해당 기업 주식투자자들의 의사결정에도 영향을 준다(한은경, 2004).

즉, 평판은 현대인들이 다양한 상황에서 겪는 결정장애를 해소시키는 안내자로서 그들이 보다 수월한 결정을 내릴 수 있도록 돕는다.

3) 이해관계자에게 믿음을 주는 장치

인간의 의사결정을 탐구하는 학계에서 요즈음 재미있는 현상이 감지되고 있다. 1978년 허버트 사이먼(Herbert Simon)과 2002년 다니엘

미국의 심리학자인 허버트 사이먼은
제한된 상황에서의 의사결정 모델 이론으로
1978년에 노벨 경제학상을 수상하였다.

카너먼(Daniel Kahneman), 2017년 리처드 탈러(Richard H. Thaler)
와 같이 경제학자가 아닌 심리학자가 노벨 경제학상을 수상한 것이
다. 이러한 심리학자들의 연구를 심리학과 경제학의 접경인 이른바
행동경제학이라고 한다.

기존의 주류경제학[2]은 "인간의 선택은 합리성에 기인한다"고 가정
한다. 주류경제학에서 금과옥조로 삼는 기대효용 이론에서는 경제
주체의 의사결정이 결과에 대한 효용기대치에 입각해 합리적으로 이
루어진다고 본다. 그러나 행동경제학의 주창자인 허버트 사이먼은
인간이 완전히 합리적일 수 없다는 것을 '제한된 합리성' 개념으로 설
명한다. 또한 인간의 의사결정이 최적화 원리보다 본인이 원하는 일
정 수준 이상이 되면 선택한다는 만족화 원리에 입각하는 것이 맞다
는 '절차적 합리성'도 주장했다(김민주, 2011).

이러한 행동경제학 이론은 휴리스틱과 편향, 전망이론, 심리적 회
계, 시간선호 등 여러 이론으로 구성되며 각각 다양한 하부효과와 특

---

[2] 주류경제학은 시장경제를 가장 효율적으로 희소자원을 배분하는 기체로 파악한다. 표준경제학
이나 신고전학파 경제학이 대표적 예이다.

징을 갖는다. 특히 휴리스틱 이론 중 가용성 휴리스틱 (*availability heuristics*)은 단순노출 효과, 인지적 효율성과 관련되는데, 친숙하고, 편안하고, 쉬울수록 발생 가능성이 높다고 판단하는 것이다. 대표성 휴리스틱 (*representativeness heuristics*)은 후광효과와 연관되는데, 어떤 집단에 속한 특정인이 그 집단의 특성을 대표한다고 간주하여 판단하는 것이다(최석환·남상준, 2018).

표 2-1 행동경제학 이론의 주요 개념

구분	개요
행동경제학	인간의 실제 행동을 심리학, 사회학, 생리학적 견지에서 바라보고 그로 인한 결과를 규명하려는 경제학의 한 분야이다.
제한된 합리성	제한된 정보만 활용함으로써 인간이 갖게 되는 합리성의 한계다. 완전한 정보습득은 불가능하므로 현실세계에서 체결되는 계약은 본질적으로 불완전한 계약이라는 것이다. 예컨대 집을 구할 때 지역 선정 후에 그곳의 모든 집을 다 보는 것이 가장 좋지만 그럴 수 없기 때문에 대부분의 사람들이 부동산에서 추천하는 매물 몇 개를 본 후 집을 결정하고 계약을 맺는다.
절차적 합리성	어떤 행위의 결정이 이성적·합리적 과정을 거쳐 이루어졌을 때 목표를 달성하는 합리적 수단이 된다고 보는 계획이론이다. 예컨대 기업이 한계비용과 한계이익이 일치하는 지점에서 최적가격을 결정하는 것에 관심을 갖는 것, 가격결정 과정을 정하는 것에 관심을 갖는 것 등을 들 수 있다.
가용성 휴리스틱	머릿속에 잘 떠오르는 정보나 사례에 근거해서 해당 사건이나 사례가 일어날 확률이 더 높다고 여기는 인지적 경향이다. 예컨대 미디어가 자주 다룬 사건일수록 사람들이 실제보다 해당 사건이 많이 일어나는 것으로 생각하기 쉽다.
대표성 휴리스틱	어떤 사건이 전체를 대표한다고 보고 이를 통해 빈도와 확률을 판단하는 것이다. 예컨대 "하나를 보면 열을 안다"는 속담이나 한두 가지 속성으로 전체를 판단하는 성급한 일반화 오류를 들 수 있다.

결국 소비자나 투자자들의 의사결정은 꼼꼼하고 합리적인 판단에 의해 이루어지는 듯하지만, 사실 매스컴이나 SNS에 많이 노출된 기사나 전문가 및 일반 소비자들의 평가에 영향을 받는다. 해당 브랜드 및 기업이 친숙하고 쉽게 떠오르며 특정 영역을 대표한다고 간주하여 이를 감정적으로 합리화한 후 결정을 내린다는 것이다. 이러한 감정적·단편적 근거에 의한 판단은 오류를 야기할 수 있기 때문에 평판에 의한 의사결정 과정이 요구된다. 따라서 기업은 강력한 평판을 유지, 관리할 필요가 있다.

요컨대 평판은 이해관계자의 입장에서 기업과 조직에 대한 평가와 판단이며, 조직이나 기업의 입장에서는 그들이 소유할 수 있는 중요한 지각된 자산 중 하나다. 평판 자체는 무형의 자산이지만 좋은 평판은 실제로 유용한 가치를 창출할 수 있다. 좋은 평판은 이해관계자들에게 신뢰감을 심어 주고 경쟁사와 차별화된 위치를 선점하도록 돕는다. 이렇게 형성된 평판은 사람들의 기억에 저장되어 구매의사 결정에 영향을 미칠 수 있다. 이해관계자들에 의해 오랜 시간에 거쳐 구축된 평판은 소비자의 구매 의도에도 영향을 주는 중요한 요인이다.

4) 위기시대의 완충제

뉴스를 보면 '좋은 뉴스'보다 '나쁜 뉴스'가 더 많다. 특히 기업과 관련해서는 더욱 그렇다. 배기가스 저감장치를 조작했다거나, 직원들에게 갑질을 했다거나, 분식회계를 했다거나, 비자금을 조성했다거나, 불법청탁을 했다는 등 매일 부정적인 기업 뉴스가 넘쳐난다. 기업은 위기의 시대를 살고 있다고 해도 과언이 아니다. 언제 어디서

투명사회를 지향하는 세계적 흐름 속에서 2006년에
정부나 기업의 비윤리적 행위에 대한 비밀문서를 공개하는
웹사이트인 위키리크스(Wiki Leaks)가 개설되었다.

무슨 문제가 발생할지 모를 정도로 주변이 지뢰밭투성이다.

과거에도 기업은 위기에서 자유롭지 못했다. 하지만 최근 들어 상황이 더 심각해진 이유는 정보통신기술의 발달로 정보가 투명하게 노출되면서 누구나 기업 정보를 접근할 수 있는 권한과 시스템이 마련되었기 때문이다. 내부고발이 배신이 아닌 사회적·공익적 행동으로 인정받고 보호받는 분위기도 한몫했다.

온라인 공간은 자극적 정보가 넘쳐난다. 모든 정보를 믿고 신뢰할 수는 없더라도 사람들은 정보를 클릭해 본다. 거짓 정보라고 해도 말이다. 정보를 접하고 어떻게 받아들일 것인가는 또 다른 문제다. 평판은 과거부터 현재까지 기업활동에 대한 일관적이고 종합적인 평가다. 따라서 온라인 공간에서 평판이 좋은 어떤 기업과 관련된 부정적 루머가 발생할 경우 사람들은 바로 그 내용을 믿기보다 가짜뉴스가 아닐까 의심하거나 부정적 댓글 달기를 망설일 것이다. 평소 그 기업이 가진 평판이 잠깐이지만 완충제 역할을 할 수 있다.

위기관리 커뮤니케이션 과정에서 시간은 기업의 것이 아니다. 온라인 공간에서 삽시간에 정보가 전 세계로 퍼져나가는 상황에서 루머라 해도 예외가 될 수 없다. 검증받는 시간보다 확산되는 속도가 더 빠르다. 과거 위기관리를 위한 골든타임이 48시간이었다면 현재는 실시간이다. 위기의 시대를 살고 있는 기업에게 좋은 평판 구축은 기업의 생사를 결정하는 보험이 될 수 있다.

3. 기업, 증권, 미디어에서 평판의 가치

1) 평판과 기업성과의 관계

호의적 평판 구축은 기본적으로 조직의 수익, 현금흐름, 성장, 시장가치 등에 긍정적으로 작용하며, 조직의 재무성과와 같은 기업성과에도 직접적으로 긍정적 영향을 미친다. 기업의 시장점유율이나 가격경쟁력을 제고하며, 이해관계자의 충성도를 높여 주기도 한다.

이해관계자로부터 형성된 특정 기업에 대한 호의적 평판은 기업성과에 직접적 영향을 미치고, 소비자를 포함한 이해관계자들이 기업에 더욱 큰 신뢰를 갖게 한다. 이를 통해 기업은 소비자를 상대로 더 많은 매출을 올릴 수 있다. 또한 좋은 평판은 그 자체가 조직의 큰 무형자산이다. B2B(*Business to Business*) 상황에서도 호의적 평판을 받는 기업은 덜 호의적인 평판을 가진 경쟁상대에 비해 쉽게 좋은 파트너십을 구축할 수 있다. 반 리엘이 제안한 기업 평판과 커뮤니케이션, 성과의 관계를 살펴보면, 기업의 행동에서 비롯된 기업 커뮤니

그림 2-1 기업 평판, 커뮤니케이션과 성과의 관계

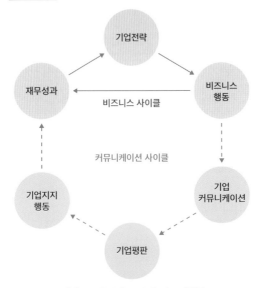

출처: van Riel, Cees, & Fombrun (2007).

케이션이 호의적 행동을 이끌어 내고 결국 조직의 재무성과에 긍정
적 영향을 미치며, 이는 다시 기업전략과 비즈니스 행동에 좋은 영향
을 재투입하는 선순환 사이클을 구성한다(Van Riel et al., 2007).

이 모델을 통해 한번 구성된 특정 기업에 대한 호의적 평판은 일
순간이 아니라 지속적으로 기업의 성과와 모든 면에 긍정적 영향을
주는 순환구조를 갖는다는 것을 알 수 있다. 또한 호의적 평판은 좋
은 브랜드 자산 구축을 포괄하는 개념으로, 지각된 품질이나 브랜
드 인지도와 같은 브랜드 자산의 구성요소를 함유한다. 이로써 시
장에서 소비자들에게 브랜드 자체가 가진 힘과 가치를 통해 높은 가
격경쟁력과 높은 시장점유율을 가져올 수 있다.

호의적 평판은 기업의 실질적 활동과 경영성과에 영향을 줄 뿐만

아니라 기업의 시장가치와도 밀접한 관계가 있다. 독일 종합주가지수(DAX: Deutscher Aktien IndeX)에 상장된 기업을 대상으로 주가와 평판의 관계를 연구한 결과, 좋은 평판을 가진 기업의 주가는 종합주가지수보다 항상 높은 성장률을 보이며, 부정적 평판을 가진 기업의 주가는 종합주가지수에 비해 큰 하락폭을 보이는 것으로 나타났다.

그림 2-2 독일 DAX 주가와 평판의 관계

■ 상위 25% 평판   ■ 하위 25% 평판   ■ 사전 주가
■ 중간 50% 평판   ■ DAX 성과   25% 상위 성과

출처: Klewes & Wreschniok (2009).

표 2-2 평판과 주가 성과 비교분석 결과

포트폴리오 vs DAX 30	종가 (2008.3.1)	최대 변화량	최소 변화량	평균 변화량	β
상위 25% 평판	139.6	39.8	0.0	17.5	0.78
중간 50% 평판	111.5	3.7	-11.4	-2.5	0.98
하위 25% 평판	102.0	3.8	19.3	-4.8	0.83
사전주가 25% 상위 성과	138.6	29.4	-3.4	12.5	0.73
DAX	118.7	-	-	-	1.00

출처: Klewes & Wreschniok (2009).

호의적으로 구축된 평판의 결과물인 충성도는 특정 대상에 대한 개인의 강한 애착이나 동일시 등으로 나타난다. 이는 브랜드나 조직뿐만 아니라 특정 인물이나 학교, 지역사회 등 다양한 대상에 적용될 수 있다. 일반적으로 충성도는 재구매나 구전의도와 같은 직접적 행동을 이끄는 '행동적 충성도'와 일치감이나 호의 등의 감정적 변화를 이끄는 '태도적 충성도'로 구성된다.

비즈니스 환경이 다변화되고 시장이 점차 포화상태에 이르면 기업은 새로운 고객 창출보다 기존 고객들을 유지하는 전략을 택한다.

코로나를 이긴 쿠팡의 고객 유지 전략

코로나라는 특수한 상황 속에서도 쿠팡의 '로켓배송' 주문량은 평소보다 20% 이상 증가했다. 수익성 낮은 생필품 주문폭주, 배송기사 인건비 상승, 물류거점 확보비용 증가 등으로 적자 상태이지만, 쿠팡은 유입된 고객 유지와 브랜드 인지도를 끌어올리기 위해 최선을 다하고 있다.

첫째, 쿠팡은 일부 이커머스업체와 같이 마스크와 손세정제 등 직매입한 제품 가격을 동결해 좋은 이미지를 구축한다. '언제든 필요한 물건을 살 수 있는 안정적 유통채널'이라는 점을 강조하는 것이다. 둘째, 기존 고객들에게 월 2,900원의 '로켓와우클럽' 유료회원 서비스를 제공해 다양한 혜택을 누릴 수 있도록 한다. 유료회원 주문이 증가할수록 쿠팡에는 오히려 손해이지만 고객 유지를 위해 특별한 서비스를 제공하는 것이다. 이외에도 유료회원에게 추가 혜택을 제공하거나, 상품 리뷰 작성한 고객에게 더 많은 포인트를 주는 등 다양한 전략으로 충성고객을 확보하려고 노력한다.

현재 쿠팡은 단기적 적자 상태이지만 장기적 관점에서는 이득을 얻을 것으로 전망한다. 기존 서비스를 유지하고 고객 충성도를 높이면 코로나 사태 이후에도 유입된 고객을 유지하는 긍정 요인으로 작용할 것이기 때문이다.

이로써 신규 고객을 유치하기 위한 마케팅 비용을 절감하며, 기존 고객의 충성도를 높여 더욱 효과적인 관계를 구성할 수 있다. 시장의 다변화와 포화상태 속에서 기업은 신규 고객 유치보다 기존 고객유지 및 관리를 위한 노력이 더욱 필요하다. 기존 고객 유지를 위해충성도를 높이는 마케팅 전략이 필수적이다. 기업 실적에 직접적 영향을 주고 이해관계자 충성도를 높이는 데 긍정적 영향을 미치는 평판관리는 앞으로 더욱 핵심적인 역할을 할 것이다.

2) 평판과 주가의 관계

평판은 주주와 같은 기업을 둘러싼 이해관계자들의 인식에 작용하여기업이 시장에서 지니는 가치에도 영향을 미친다. 평판은 다른 이들로부터 인정받고 가치를 쌓는 일이며, 기업이 광고나 기부와 같은 기업의 제반 활동에 필요한 자금지출을 가능하게 한다. 또한 언론의 긍정적 평가를 이끌어 내고 기업의 재무적 가치를 상승시킨다.

이러한 과정에서 좋은 평판을 받으면 주주들과 같은 투자자들로부터 인정받고 기업의 주식가치를 올릴 수 있다. 반대로 평판이 나빠지면 언론으로부터 낮은 평가를 받고 기업의 재무적 가치가 하락한다. 결국 투자자들로부터 부정적 평가를 받아 주식가치가 하락할 수 있다.

평판이 기업 주가에 영향을 미친 사례는 여럿 존재한다. 2008년캐나다 출신 형제 듀엣인 '선즈 오브 맥스웰'(Sons of Maxwell)이 유나이티드 에어라인을 이용하여 핼리팩스에서 오마하로 이동했다. 도착 후 기타가 파손된 것을 확인한 형제 듀엣은 항공사를 대상으로배상을 청구했으나 항공사가 이를 거절했다. 2009년 7월 선즈 오브

그림 2-3 대한항공의 주식차트

2014. 12. 30 종: 45,075
2015. 1. 20 종: 42,890

출처: 네이버 금융 (2015. 1. 20).

맥스웰은 〈유나이티드가 기타를 박살냈네〉라는 노래를 발표했고, 이는 순식간에 유튜브를 통해 확산되어 1개월 만에 500만 회 이상의 조회 수를 기록했다. 선즈 오브 맥스웰의 신곡 발표 후 나흘 만에 유나이티드 에어라인의 시가총액은 10%나 하락했고, 주식 보유자들은 1억 8천만 달러의 손실을 입었다.

평판이 기업 주가에 영향을 미친 사례는 국내에도 존재한다. 2014년 12월 5일 인천국제공항으로 향하던 대한항공 여객기에서, 조현아 당시 대한항공 부사장이 객실 승무원의 마카다미아 제공 서비스를 문제 삼으며 이륙을 위해 활주로로 가던 항공기를 유턴시켜 사무장을 강제로 내리도록 요구했다. 이른바 '땅콩 리턴', '땅콩 회항사건'으로 불리는 이 사건으로 대한항공 갑질에 대한 비판이 쏟아졌다. 12월 30일에 조 부사장에게 구속영장이 발부되자 기업 주가는 나흘간 5%가량 하락했다.

평판과 시장가치는 실제로 유의미한 상관관계를 나타낸다. 연구 결과에 따르면, 투자자들은 평판이 개선된 기업에 보상을 주려는 경향이 있다. 실제로 평판지수가 개선된 기업은 주가가 오르는 현상을 보였다. 이는 사람들에게 좋은 평가를 얻는 물건 가치가 상승하는 것과 같다.

'버닝썬 사태'와 YG 엔터테인먼트 주가

2019년 1월 MBC가 단독으로 클럽 버닝썬 폭행(피해자 김상교)을 보도하면서 빅뱅의 멤버 승리가 사장으로 있는 해당 클럽에 대한 문제제기와 책임론이 부각되었다. 이때부터 YG 엔터테인먼트 주가가 하락하기 시작했고, 이후 경찰유착, 마약, 성범죄, 조세회피, 불법 촬영물 공유 등 YG에 대한 각종 의혹이 제기되면서 주가하락 현상은 지속되었다.

3월 승리가 성매매 알선 혐의 피의자로 입건되며 YG는 2차 주가하락으로 한 달 반여 만에 시가총액 1,100억 원가량이 증발했다. 5월 양현석 YG 대표의 2014년 동남아 재력가 성접대 의혹이 보도되면서 YG 주가는 전 거래일 종가 대비 12.5%(4,100원) 하락한 2만 8,700원에 장을 마감했다. 하루 만에 시가총액 746억 원이 증발했고, 당시 기준 최근 1년 중 최저가를 나타냈다.

이외에도 승리·정준영 단톡방 사건, 승리·양현석 원정도박, 양현석 성접대·탈세·마약은폐 의혹, 국세청 세무조사 등 각종 악재가 이어지면서 8월 말 YG 주가는 19,300으로 최저가를 기록했다.

예를 들어, 어떤 사람이 미술품을 구매하려고 한다면 다른 사람들의 평가를 참고하거나 미술품이 언급된 뉴스와 같은 언론의 평가를 중요하게 여길 것이다. 외부 평가가 긍정적이면 미술품을 구매하려는 사람의 구매의도는 높아지며, 이런 사람들이 늘어날 경우 미술품 자체에 가격경쟁력이 생겨 그 가치는 더 커지게 된다. 미술품을 둘러싼 좋은 평판으로 인해 그 가치가 상승하는 것이다.

　이처럼 기업의 긍정적 인식 확보는 주식투자 의도를 강화하는 데 도움이 된다. 긍정적 평판은 기업이 우수한 인재를 영입하고, 고객을 확보하고 유지하며, 투자를 받는 데 긍정적인 영향을 미친다. 반대로 나쁜 평판을 얻은 기업은 언론과 애널리스트들이 부정적 뉘앙스의 기사와 보고서를 작성하게 하고, 이를 참고하여 투자를 진행하는 사람들에게도 부정적 영향을 끼친다.

　결국 평판이 지닌 가치는 기업의 주식가치와 같다. 주식의 가치가 매일 아침 올라가고 매일 저녁 내려가듯이, 평판의 가치 역시 주위가 요구하는 기대수준에 따라 올라가기도 하고 내려가기도 한다.

3) 평판과 미디어의 관계

조직 평판 또는 개인 평판을 구축하는 데는 각 평판의 구성요인들을 대중이 인식하게 하는 미디어 언론의 역할이 중요하다. 평판과 미디어의 관계 연구는 주로 공공정책과 정치인에 대한 미디어 보도가 대중의 인식에 어떤 영향을 미치는지 중점적으로 고찰했다. 그러나 최근에는 비즈니스 관련 보도가 날로 늘어나고 기업 스캔들을 집중 조명하는 등 미디어가 기업에 대한 토론의 장을 제공한다. 이러한 상황에서 기업 평판을 형성하는 데 영향을 미치는 미디어의 고유 역할을 이해하는 것은 중요하다.

미디어 평판은 "미디어에 나타나는 조직 또는 개인의 대표성"으로 기업, 미디어 종사자, 이해관계자, 뉴스 취재원, 뉴스 수용자에 의해 장기간 복잡한 사회적 절차를 걸쳐 만들어진 종합적 개념이다. 미디어 의제설정(Agenda-setting) 이론에 따르면, 미디어는 수용자에게 무엇을 생각해야 하는지 직접 제시하기보다 수용자가 생각할 방향을 제시한다. 따라서 미디어는 수동적이고 민감한 개인에게 미래 행동에 대한 아이디어, 태도, 결정요인을 주입해 여론 조성과 국가의식 형성에 영향을 미친다.

위기를 기회로 바꾼 '착한 기업' 웰킵스

2020년 2월, 코로나 19 사태 속에서도 가격을 1원도 올리지 않고 대구·경북 지역에 마스크 106만 장을 공급한 '착한 기업' 웰킵스를 조명하는 언론보도가 이어졌다. 그러자 오픈마켓 검색어가 '마스크'가 아닌 '웰킵스'가 될 정도로 인지도와 대중의 관심이 증가했다.

그러나 착한 기업으로 보도된 지 얼마 되지 않아 웰킵스 아르바이트생이 마스크에 얼굴을 비비고 맨손으로 포장하는 '마스크 포장 테러'가 SNS를 통해 알려져 큰 논란이 일었다. 웰킵스는 빠른 사과와 함께 당시 생산된 마스크 1만여 장 전량을 소각 폐기하기로 결정했다.

일부는 관리 시스템을 지적하며 위생을 걱정했지만, 전반적 기류는 위기상황에서 한 번 더 믿고 응원할 것이라는 지지를 표명했다. 대중들은 마스크 포장 논란을 기업이 아닌 개인의 일탈로 간주하는 경향을 보였다. 코로나라는 위기상황에서 쌓은 평판이 효과를 발휘하며 완충제 역할을 한 것이다.

웰킵스의 빠른 대처와 지속적인 마스크 공급 노력, 가격변동 없는 기업가치 유지는 위기상황에서 기업을 뒷받침해 주었다. 소비자들은 코로나 사태가 소강되더라도 '착한 기업' 웰킵스를 기억하고 애용할 것이다.

미디어가 대중의 의식과 평판을 형성하는 데 결정적인 역할을 한다는 주장과 달리, 클라퍼는 미디어 노출은 기존에 수용자가 가졌던 태도와 의견을 변화시키기보다 보강하는 측면이 강하다고 주장했다 (Klapper, 1960). 대중은 그들이 읽길 원하는 것을 선택하고자 하고, 그들의 인식과 기대에 가장 부합하는 것에 참여하고자 하며, 그들이 기존에 보유한 관점에 부합하는 사실과 의견을 기억하려 한다는 것이다. 즉, 대중이 선택하는 미디어와 그 미디어로부터 얻는 정보는 대중이 속한 사회의 문화, 가치, 규범에 의해 심오하게 걸러지기 때문에 미디어가 대중에게 미치는 영향은 간접적이고 미미하다는 것이다. 미디어 수용자에게 미디어가 미치는 영향력이 직접적이든 간접적이든 미디어에 노출되는 사람・사물・기관의 정보가 미디어 수용자의 인식에 영향을 미친다는 측면은 의제설정 이론과 유사하다.

요약하면, 미디어 보도가 기업 평판에 미치는 영향은 다음의 4가지로 정리할 수 있다. 첫째, 미디어 보도가 많을수록 대중 인지도가 높다. 둘째, 미디어 보도에서 한 기업에 대해 강조된 속성들은 대중이 그 기업을 정의하는 데 사용하는 속성이 된다. 셋째, 긍정적이든 부정적이든 미디어 보도의 내용은 그런 속성에 대한 대중의 반응을 반영한다. 넷째, 비즈니스 뉴스 보도에서 기업과 연관된 실질적이고 영향력 있는 속성은 그 기업에 대한 대중의 태도를 자극한다. 따라서 미디어 보도는 궁극적으로 대중들이 그 조직 또는 개인에 대한 평판을 형성하는 과정에서 결정적인 영향을 미친다고 볼 수 있다.

3장

평판을 만드는 사람들, 이해관계자

1. 이해관계자란

평판 개념을 정의할 때 중요한 핵심어 중 하나가 이해관계자(stake-holder) 다. 이들을 규정하고, 어떻게 관리할지는 이해관계자 관계를 통해 파악할 수 있다. 이해관계자는 '이해'(stake) 와 '관계자'(holder) 의 합성어로 기업에 이해관계가 있는 개인이나 조직을 의미한다.

이해관계자라는 용어는 1984년 프리먼(Edward Freeman) 의 저서 *Strategic Management : A Stakeholder Approach*를 통해 세상에 알려졌다. 이 책에서 이해관계자는 "기업의 목적을 달성하기 위해 영향을 줄 수 있고, 혹은 영향을 받을 수도 있는 주변의 집단이나 개인" 또는 "기업의 영업행위에 압력이나 비판을 가할 수 있는 일련의 집단"으로 정의된다(Freeman, 1984: 54; Evan & Freeman, 1988: 97).

일반적으로 이해관계자는 기업의 활동에 따라 이익을 얻기도 하고 반대로 해를 입기도 하는 집단이나 개인을 가리킨다. 더욱 좁은 의미

2019년 페이스북 주주총회에 CEO 마크 저커버그를 비롯한 주주들이 모였다. 같은 해 스타벅스 주주총회에서 CEO 케빈 존슨이 주주들에게 커피를 나눠주며 악수하고 있다.

로는 그 기업의 존속과 성공에 불가결한 집단을 의미한다. 오너, 종업원, 고객, 공급자, 커뮤니티 그리고 경영자가 이에 해당한다.

　기업의 주요 이해관계자는 기업의 존재 이유에서 찾을 수 있다. 기업은 이윤추구를 목적으로 하는 중요한 경제 3 주체(정부·기업·가계) 중 하나다. 기업은 이윤을 극대화하는 데 있어 주주를 늘 염두에 둔다. 이는 '주주의 이윤을 극대화한다'는 기업의 목적에 대한 가장 고전적인 견해를 대표한다. 밀턴 프리드먼(Milton Friedman)은 기업과 연관 있는 개인이나 집단들은 각각 기업과 맺은 묵시적 혹은 명시적 계약에 따라 보상을 받으며, 기업이 가장 우선적으로 고려해야 할 대상은 기업의 소유주인 주주라고 보았다.

　하지만 기업의 이해관계자는 주주만 있는 것이 아니다. 기업은 주주를 우선시했지만 시대가 다른 이해관계자들도 관심을 가지고 적극 관리하게끔 만들었다. 오늘날 정보통신기술의 발달로 정보의 흐름이 자유로워졌다. 온라인 공간은 누구나 정보를 생산, 유통, 소비할 수 있는 권한을 주었다. 기업 입장에서는 기업을 감시하고 감독하는 주체가 더 많아졌고, 더 복잡해졌다. 기업이 주주만 생각하고 경영하는 것은 이제 어려워졌고, 흐름에 맞지도 않다. 사회가 기업에 기대하고 요구하는 수준이 점점 높아지고 있다. 기업 본연의 목적인 이윤추구보다 고차원적 모습을 사회가 기업에 바란다는 점에서 기업의 이해관계자는 주주만이 전부가 아니다.

이에 대한 대안적 접근은 기업을 둘러싸고 있는 다양한 이해관계자와 바람직한 관계를 맺는 것이다. 이해관계자 이론에 따르면 기업의 안정성이나 생존은 그들의 이해관계자들이 원하는 부, 가치, 만족 등을 얼마나 충족시켜 줄 수 있느냐 하는 문제와 직접적인 연관성이 있다. 기업은 그들의 행위와 전략에 영향을 미칠 수 있는 다양한 독립체들의 영향을 받으며, 이들과 지속적으로 상호작용을 하고, 그 과정에서 기업운영의 전략적 방향이 결정된다.

시대가 변화하고 있다. 과거 방식만 고집하는 기업은 불확실성이 높은 미래에 지속적으로 성장하는 데 한계가 있다. 그리고 도처에 위기로 발전할 수 있는 요인들이 가득하고, 위기는 기업과 관계 맺고 있는 이해관계자와의 관계가 원활하지 않을 때 발생한다.

기업은 자신의 기업활동 영역과 특성 등을 고려해 목표 이해관계자(target stakeholder)를 규정하고, 우선순위를 정해 관리할 필요가 있다. 모든 이해관계자를 관리할 필요는 없고 관리할 수도 없다. 기업의 규모와 특성은 다양하다. 기업에서 가용할 수 있는 인력, 예산, 제반 사항 등에도 차이가 있다. 따라서 기업에 큰 영향을 주거나 받을 수 있는 목표 이해관계자를 선정하고 차별적으로 관리하는 전략이 요구된다.

최근에는 미디어와 정보 유통 및 소비의 변화로 과거에 존재하지 않았거나 주요 이해관계자 집단에 포함하지 않았던 이해관계자를 기업이 주목하고, 그들과의 관계를 원활히 유지하는 업무를 추가했다. 인플루언서, 1인 미디어 등이 이에 해당한다.

2. 이해관계자의 유형

이해관계자를 분류하는 방법은 지속적으로 연구되었고 현재진행형이다. 고전적으로 이해관계자를 분류하는 방법부터 요즈음 기업들이 실질적으로 활용하는 이해관계자 분류법까지 다양하다. 이해관계자의 중요도와 영향력에 따른 분류, 이해관계자의 범주에 따른 분류, 이해관계자의 속성에 따른 분류, 이해관계자의 기능에 따른 분류 등이 그것이다.

1) 중요도와 영향력에 따른 유형

프리먼이 이해관계자 이론을 제시한 이후 이해관계자 개념은 다른 연구자들에게 적극적으로 받아들여졌다. 이후 프리먼과 동료들은 다양한 이해관계자들의 '관계'를 체계화하여 모형으로 제시했다. 이해관계자는 그 중요도와 영향력에 따라 1차 이해관계자(*primary stakeholder*)와 2차 이해관계자(*secondary stakeholder*)로 분류된다. 전자는 고객, 직원, 공급업자, 지역사회, 금융권 등이며, 후자는 정부, 미디어, 경쟁사, 특수 이해관계 그룹, 소비자보호 그룹 등이다(Maon et al., 2009).

1차 이해관계자와 기업이 긍정적 관계가 유지되지 않으면 기업은 큰 위기에 처할 수 있으며, 심할 경우 기업의 문을 닫을 수도 있다. 투자자와의 관계 실패는 투자자가 해당 기업에 투자하지 않거나 투자금을 회수하는 문제를 불러일으킬 수 있다. 소비자와의 관계 실패는 특정 기업의 제품 및 서비스 구매를 감소시키고, 심지어 소비자의 불매

그림 3-1 1차 · 2차 이해관계자 유형

● 1차 이해관계자   2차 이해관계자

출처: Freeman (1984).

운동 참여에 영향을 미칠 수 있다. 직원과의 관계가 원활하지 않고, 기업과 직원들 사이에 갈등과 마찰이 증가하면, 직원들이 태업이나 파업 등 강경한 행동주의로 나서면서 제품 생산을 막을 수 있다. 1차 이해관계자들은 실질적 기업활동의 근간이며, 시간이 경과할수록 기업이 백기투항할 수밖에 없는 강력한 힘을 보유한 주체이다.

　2차 이해관계자는 1차 이해관계자처럼 기업에 직접적으로 심각한 타격을 주지 않는다. 하지만 2차 이해관계자들과의 관계가 원활하지 않으면 시간이 지나면서 이들이 기업에 위기를 가져오는 도화선 역할을 한다. 가령 2차 이해관계자 중 하나인 미디어의 경우, 뉴스나 탐사보도 프로그램에서 기업의 부정적 이슈를 보도 · 방송하면 다음 날 중요한 의제로 설정되면서 세간의 주목을 끌 수 있다. 이로 인해 여론이 형성되고, 사법당국에서 해당 기업 조사에 들어가면 결국 그 기업은 심각한 위기에 처하게 된다.

2) 범주에 따른 유형

기업은 소유권과 권리, 관심사 등을 기반으로 여러 이해관계자와 관계를 맺는다. 즉, 기업의 이해관계 범주에 따라 이해관계자를 규정할 수 있다.

첫째, 기업의 소유권(*ownership*)과 관련되는 이해관계자가 있다. 소유권은 자본을 출자한 대가로서 주어지는 기업의 자산 또는 각종 재산에 대한 법률적 청구권을 의미한다. 예를 들어, "내가 이 회사를 설립했으므로 이 회사는 내 것이다"라고 하거나 "나는 이 회사 주식의 10%를 갖고 있으므로 영향력을 발휘할 수 있는 대주주이다"라는 표현 등이 이를 보여준다. 기업에서 경영자를 기업경영의 주체로 간주한다면, 소유권에 근거한 이해관계를 지닌 집단은 대주주와 일반주주(소액주주) 등이라고 할 수 있다.

둘째, 권리(*rights*)와 관련되는 이해관계자가 있다. 여기서 말하는 권리란 기업의 생존과 경영활동에 필요한 각종 투입물과 에너지를 제공하고 이에 대해 보장받는 청구권을 의미한다. 이를테면 직원은 노동력을 제공하고 임금이나 공정한 근로조건을 제공받아야 한다. 소비자들은 비용을 지불하고 그에 상응하는 대가로 믿을 수 있는 제품이나 서비스를 제공받아야 한다. 금융권과 채권자는 자금을 제공하고 원금이나 이자를, 그리고 공급업자들은 부품을 제공하고 납품대금이나 계약이행 등을 약속받을 권리를 가진다. 이런 청구권 외에도 직원들의 단체행동권, 단체교섭권, 남녀고용평등권, 소비자권리, 채권자권리 등이 이해관계자들의 권리와 관련된다. 직원 및 노동조합, 소비자, 금융권, 채권자, 공급업자 등이 권리와 관련된 이해관계자 집단이다.

그림 3-2 범주별 이해관계자 유형

주: 소유권 관련 이해관계자에는 대표이사, 사내이사, 감사 등이 포함된다.
　　권리 관련 이해관계자에는 소비자, 구독자, 에디터, 디자이너, 광고주,
　　기업, 브랜드 등이 포함된다. 이익 관련 이해관계자에는 경쟁 미디어,
　　해외 팬클럽, 지방 팬클럽 등이 포함된다.
출처: Carroll (1989).

　셋째, 기업의 이익 또는 이해(*interest*)와 관련되는 이해관계자가
있다. 보통 이익 또는 이해란 어떤 결정이나 행동에 의해 영향을 받
는 것을 의미한다. 넓게 해석하면 소유권이나 권리를 모두 포함하지
만, 좁게는 이들을 제외한 어떤 이익 및 손해관계가 있음을 의미한
다. 예를 들어 지역사회에서 지역경제 및 사회발전, 지역전통문화
보존 등과 관련된 이해, 환경보호단체를 포함한 생태적 환경에서는
공해예방과 환경보전, 환경산업 발전 등과 관련된 이해가 여기에 속
한다. 그러나 이런 이해를 근간으로 한 이해관계자들은 소유권이나
권리에 근거한 이해관계자들보다 직접적 이해의 강도가 크지 않다.

3) 속성에 따른 유형

이해관계자의 속성은 영향력(*power*), 정당성(*legitimacy*), 긴급성
(*urgency*)으로 분류할 수 있다. 영향력이란 자신이 원하는 결과를 얻
어낼 수 있는 힘을 가진 사람의 능력을 뜻하고, 이러한 영향력은 근
원에 따라 강제적 영향력, 공리적 영향력, 규범적 영향력으로 세분
화된다. 그리고 정당성은 사회적으로 구축된 규범, 가치, 신념, 정
의 등의 범위 내에서 어떤 주체의 행위가 바람직하다고 여겨지는 일
반화된 지각이나 가정을 의미한다. 마지막으로 긴급성은 이해관계
혹은 권리가 시간상으로 민감하거나 해당 이해관계자에게 매우 중요
하여 이를 강제적으로 몰아가는 의무적 상황을 의미한다.

미셸 등은 이러한 이해관계자의 3가지 속성에 따라 이해관계자를
잠재적 이해관계자, 기대적 이해관계자, 정의형 이해관계자로 나누
고, 다시 잠재적 이해관계자와 기대적 이해관계자가 어떠한 속성을
지녔는가에 따라 추가로 3가지씩 세분화했다(Mitchell et al., 1997).

잠재적 이해관계자는 영향력의 속성만 갖는 휴먼형 이해관계자,
정당성의 속성만 갖는 자유재량형 이해관계자, 긴급성의 속성만 갖
는 요구형 이해관계자를 포함한다. 이 그룹에 속한 이해관계자들은
다른 속성을 겸하지 않기 때문에, 경영자에게 인식되기 어렵고 그에
따른 우선순위를 부여하기도 쉽지 않다.

기대적 이해관계자는 영향력과 정당성을 갖춘 지배형 이해관계
자, 긴급성과 정당성을 갖춘 의존형 이해관계자, 영향력과 긴급성을
갖춘 위험형 이해관계자가 여기에 속한다. 지배형의 경우 주주, 채
권자, 고객, 직원과 같이 일반적 의미에서 기업경영에 심대한 중요

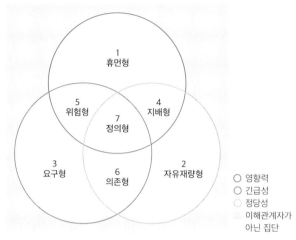

그림 3-3 3가지 속성별 이해관계자 유형

1
휴먼형

5
위험형

7
정의형

4
지배형

3
요구형

6
의존형

2
자유재량형

○ 영향력
○ 긴급성
○ 정당성
■ 이해관계자가
  아닌 집단

출처: Mitchell et al. (1997).

성을 갖는 이해관계자들이다.

의존형은 실질적으로 해당 기업에 영향을 주기는 어렵다. 하지만 사안의 긴박함과 사회적 정당성에 근거해 행정적·사법적 수단을 동원하는 일이 가능해지는 추세이므로 향후 두드러진 이해관계자가 될 수 있다. 만일 석유회사의 유조선에서 기름유출 사고가 발생한다면, 기름유출로 피해를 입는 지역주민이 의존형 이해관계자로 분류된다.

위험형 이해관계자의 경우는 정당성이 결여되었지만 영향력과 긴급함을 수단으로 파업이나 태업 또는 극단적 테러리즘으로 치달을 가능성이 있다. 기업에 맞서는 각종 활동가들이 그 예이다.

마지막으로 정의형 이해관계자는 경영자의 인식과 명백성을 제일 두드러지게 획득함으로써 가장 우선적인 이해관계자 경영의 수혜자가 될 수 있다. 대개 지배형 이해관계들이 사안의 긴급함을 더하면서 이 그룹에 속하는 경우가 많다. 만약 정의형 이해관계자에 대한 경영자의 인식과 명백성이 부정확하다면, 그 결과에 부합하는 부적절한 의사결정이 내려지고, 결국 경영자는 자신의 자리에서 물러나게 된다. 따라서 이들은 다른 이해관계자보다 우선적으로 관심과 노력을 기울여야 하는 대상이다.

4) 기능에 따른 유형

다울링(Graham Dowling)은 이해관계자를 기능에 따라 4가지로 세분화했다. 첫째, 규범집단은 기업활동에 대한 일반적 규칙 및 규제를 제공하는 집단으로, 정부기관, 투자자 및 애널리스트, 신용등급기관, 전문가집단, 주주, 이사회 등이 있다. 다울링은 가장 영향력 있는 규범집단의 예로 신용등급기관을 들고 있다.

그림 3-4 기능에 따른 이해관계자 유형

출처: Dowling (2001).

둘째, 직무집단은 일상적으로 기업에 직접적 영향을 끼치는 집단으로, 기업활동을 촉진하고 고객에게 봉사하며, 이해관계자 집단 중 가장 눈에 띈다. 종업원, 공급사, 노동조합, 제조업자, 서비스공급자가 직무집단에 포함되며, 여기서 가장 중요한 집단은 종업원이다.

셋째, 확산집단은 기업에 관심을 가지는 특정 유형의 이해관계자로서, 이들이 주목하는 이슈들은 다양하다. 예를 들어 저널리스트, 지역사회, 특정 이익집단이 있으며, 이들 집단 중 가장 중요한 이해관계자는 저널리스트, 즉 미디어와 언론이다.

마지막으로 고객은 이해관계자 중 가장 중요하다. 고객의 다양한 이해와 요구는 기업에 대한 자신들의 이익과 문제해결이 차별화되기를 원할 것이다.

5) 영향잠재력과 협력관계에 따른 유형

사비지 등은 기업의 이해관계자 집단을 4개로 유형화했는데, 분류기준은 상황에 따른 영향잠재력과 협력관계였다(Savage, 1991). 첫째, 최대한 협력관계를 구축하고 영향력 및 잠재력이 낮은 이해관계자로 공급업체 및 종업원 등이 이에 속한다.

둘째, 협력관계가 낮고 잠재력도 낮은 이해관계자로 경쟁업체 및 지역주민 등이 이에 해당한다.

셋째, 협력관계는 낮으나 높은 영향력 및 잠재력을 가진 이해관계자로 언론 및 미디어 등이 대표적이다.

넷째, 일반적 협력관계를 갖고, 매우 높은 영향력 및 잠재력을 보유한 이해관계자로 주주, 투자자, 고객 등을 꼽을 수 있다.

이렇게 구분한 4개 그룹 이해관계자 집단의 요구를 충족시키기 위해 선택 가능한 전략은 다시 4가지로 정리할 수 있다. 첫째, 수용전략이다. 최대한의 협력과 낮은 잠재력을 가진 이해관계자들을 대상으로 한 수용전략은 이해관계자들을 기업의 의사결정에 참여시킴으로써 높은 협력 및 협조관계를 구축할 수 있다.

둘째, 감시전략이다. 감시전략은 협력관계도 낮고 잠재력도 낮은 이해관계자를 대상으로 한다. 해당 이해관계자 집단은 기업이 그들의 행위를 최소경비로 관찰할 수 있도록 해준다.

셋째, 방어전략이다. 협력관계는 낮으나 높은 영향력을 행사하는 이해관계자를 대상으로 한 방어전략은 기업에 대한 의존성을 대결이나 분쟁의 토대를 축소시켜 사전에 예방하는 전략 형태이다.

넷째, 협력전략으로 일반적 협력관계를 갖고 구축하려는 전략이다. 이와 같은 전략은 이해관계자 집단의 예상되는 행동과 영향력 및 이의 행사시도에 대해 보다 효율적인 대비를 유지하기 위해 각 이해관계자를 예측하고 통제한다(이기훈, 2005; 2006).

3. 이해관계자의 분석

1) 이해관계자 분석의 개념 및 절차

평판관리는 이해관계자 관리라고 해도 과언이 아닐 정도로 이해관계자와의 유기적이고 우호적인 관계 형성이 필수다. 기업의 특성과 규모에 따라 이해관계자의 특성과 규모도 달라진다. 이해관계자 이론

이해관계자 분석절차

1. 분석그룹의 브레인스토밍을 통해 잠재적 이해관계자 리스트를 작성한다.
2. 이해관계자별 차트를 한 장씩 만들어 상단에 이름을 기재하고 해당 이해관계자의 조직에 대한 요구사항과 기대사항을 리스트 형식으로 정리한다.
3. 이해관계자의 요구사항(기대사항)별로 (분석그룹이 생각하기에) 이해관계자의 입장이 얼마나 충족되는지 판단하고, 색깔별 원형 스티커를 붙인다 (만족-초록, 보통-노랑, 불만-빨강).
4. 이해관계자별로 단기간에 개선할 수 있는 상황을 파악하고 기록한다. 이해관계자 개별 또는 집단으로 중장기적으로 해결해야 하는 문제들을 파악하고 기록한다.
5. (상기의 분석절차 수행 이후 실무적으로 가능하다면) 각 이해관계자가 어떠한 방법으로 조직에 영향을 미치는지, 조직이 각 이해관계자에게 필요로 하는 것은 무엇인지 등을 명확히 하고, 조직에 대한 이해관계자들의 중요성을 기준으로 서열화한다.

출처: Bryson (2003).

에서처럼 모든 이해관계자를 확인하고 그들과 지속적 관계를 유지하는 것은 실제로는 불가능하다. 따라서 가용한 자원을 가지고 이해관계자 관계를 더 잘 경영하기 위한 방법이 요구된다. 이해관계자 관리도 선택과 집중이 필요하다. 이를 위해 이해관계자 분석과 대응전략에 대해 살펴보자.

2) 이해관계자 분류방법

영향력-관심도 격자(*the power-interest grid*)는 기본적 이해관계자 분석에서 도출된 이해관계자들을 조직이나 당면한 문제에 대한 이해관

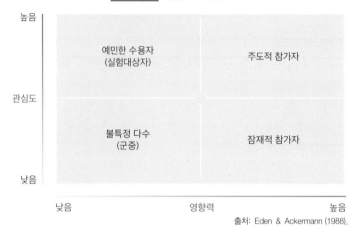

그림 3-5 영향력-관심도 격자

높음	예민한 수용자 (실험대상자)	주도적 참가자
관심도		
	불특정 다수 (군중)	잠재적 참가자
낮음		
	낮음 영향력 높음	

출처: Eden & Ackermann (1988).

계자의 관심도와 조직이나 당면 문제의 미래에 대한 이해관계자의 영향력이라는 2개 축에 배치한 것이다. 그 결과 각각의 카테고리별로 (또한 카테고리 내 하위범주에서) 합리적 대응방안을 모색하는 데 도움을 줄 수 있다.

주도적 참가자(players)는 조직의 목적달성에 높은 관심도와 영향력을 모두 갖춘 이해관계자로, 기업은 이들과 협력관계를 발전시켜야 한다. 특히 조직 또는 당면한 문제의 초기 단계에 매우 중요한 이해관계자이다. 긍정적이든 부정적이든 조직 경영층이 지속적 주의와 관심을 기울여야 하는 이해관계자이다.

예민한 수용자 또는 실험대상자(subjects)는 조직의 목적달성에 깊은 이해관계를 갖지만 영향력이 부족한 이해관계자이다. 이들의 필요가 파악되지 않거나 충족되지 않으면 조직의 목적이나 당면 문제 해결이 성공했다고 볼 수 없다. 정책의 대상이 되는 집단이거나 정책 집행에 가장 민감하게 영향을 받는 집단으로 개별적으로 파악이 어려울 경우에는 소득, 지역, 연령, 관심도 등에 따라 세분화할 수 있는 이해관계자 집단이다.

잠재적 참가자(context setters)는 조직의 목적달성에 중요한 영향력을 끼칠 수 있으나 직접적 관심이 부족한 이해관계자이다. 이들의 관심이 문제해결에서 우선순위는 아니지만, 정책(또는 전략)의 실행과정에서 이들의 (구체적이지 않지만) 기본적 요구가 충족되지 않을 경우 중대한 위험이 될 수 있는 이해관계자 집단이다. 향후 의사결정 과정에서 조직 경영층이 주의 깊게 동향을 파악하고 관계를 개선해야 하는 집단으로 긍정적 하위집단은 주도적 참가자로 전환시켜야 한다.

불특정 다수 또는 군중(crowd)은 영향력과 관심도 측면에서 모든 것이 부족하여 실질적 이해관계자로 분류하기 힘든 집단이다. 향후 영향력과 관심도가 제고될 수는 있지만 조직 경영층 입장에서 시간과 노력을 기울일 가치는 없다. 이 집단에 대한 기본적 전략은 너무 멀지 않은 거리를 유지하면서 이해관계자 관리에 조직의 최소한의 자원만 활용하는 것이다.

이해관계자의 관심도는 호기심이나 흥미를 측정하는 것이 아니다. 조직(전략)의 목적달성 또는 문제해결이 이해관계자의 필요나 관심을 충족시키는 정도를 의미한다. 이해관계자의 영향력은 조직의 의사결정 과정에 영향을 미치는 정도로 그 영향력은 긍정적이거나 부정적일 수 있다. 또한 예산결정 권한을 행사하는 것처럼 직접적이거나, 특정 의사결정에 압력을 가하고 설득하는 능력을 보이면서 간접적일 수도 있다(조용호, 2015). 기업이 시간과 예산, 인력을 투입하여 관리해야 하는 주요 이해관계자는 관심도와 영향력 격자 구간에서 두 차원 모두 높은 대상이다.

이해관계자 분류과정

1. 4장의 차트 종이로 벽면에 큰 격자를 만든다(대안으로 대형 화이트보드 등을 사용할 수 있다).
2. 적당한 크기의 포스트잇으로 기본적 이해관계자 분석에서 도출한 이해관계자 리스트에 있는 개별 이해관계자 명칭을 기재한 레이블을 만든다.
3. 각 레이블의 전체 격자상의 상대적 위치에 대해 분석그룹 멤버 전원이 만족할 때까지 레이블 위치를 변경한다. 분석그룹은 이러한 이해관계자 배치의 결과가 갖는 의미나 시사점에 대해 충분히 토론한다.
4. 분석그룹은 토론을 통해 각 사분면 내에서 각 레이블 위치를 최종적으로 결정한다. 분석그룹이 대규모일 경우, 소규모 그룹별로 분석과정을 진행한 후 전체 분석그룹이 모인 자리에서 결과를 공유하고 추가적 토론을 한다.

출처: 조용호 (2015).

영향력-관심도 격자분석은 조직의 목표달성이나 당면 문제해결을 위해 어떤 이해관계자의 관심과 능력을 중요하게 고려해야 하는지 결정하는 데 도움을 준다. 그리고 이를 위해 누구를 끌어들여야 하는지, 누구의 동의(지원)를 받아야 하는지, 옹호하거나 억제해야 할 이해관계자 연합은 어떤 것인지 파악하는 데도 도움을 줄 수 있다. 결과적으로 이해관계자들이 그들의 견해를 바꿀 수 있도록 설득할 수 있는 정보를 제공해 준다.

4. 효과적인 이해관계자 관계관리

1) 사회적 압력에 대한 대응전략

기업은 이해관계자와의 관계에 따라 그 행동을 달리한다. 예를 들어, 특정 시민단체가 압력을 가하면 어떤 기업은 이들의 요구를 수용하겠지만, 다른 기업은 이들의 압력에 적극적으로 대응하여 사회적 압력을 회피하고자 시도할 것이다(황호찬, 2007).

이해관계자의 압력에 대한 기업의 대응전략을 클락슨은 〈표 3-1〉과 같이 분류했다(Clarkson, 1995). 이 분류에 따르면 기업의 사회적 대응 전략은 반작용(reactive), 방어(defensive), 타협(accommodative), 적극적 순응(proactive)으로 나뉘는데, 각각에 대해 기업의 전략과 실행 방침이 다르다.

첫째, 반작용은 책임을 회피하는 전략이다. 가령 어떤 기업은 회계 투명성에 대한 사회적 요구가 있으면 이를 회피하는 반작용 전략을 세워 사회에서 요구하는 수준보다 낮게 실행에 옮긴다. 실제로 사회문제가 되는 경우, 사회적 요구에 반하는 기업군의 행동이 나타난다.

표 3-1 이해관계자 압력에 대한 기업 대응전략

유형	전략	실행
반작용	책임 회피	요구사항보다 덜 실행
방어	책임 인정하나 투쟁	요구사항의 최소한을 실행
타협	책임 인정	요구사항을 모두 실행
적극적 순응	책임 예상	요구사항보다 더 실행

출처: Clarkson (1995).

둘째, 방어는 책임을 인정하나 투쟁하는 전략이다. 예컨대 어느 기업은 회계투명성에 대한 요구를 인정하지만 투쟁하는 방어 전략을 선택한다. 이들은 회계투명성에 대해 최소한의 요구사항만 실행한다.

셋째, 타협은 책임을 인정하는 전략이다. 가령 회계투명성에 대한 사회적 요구를 인정하는 타협 전략을 선택하는 기업도 있다. 이 부류에 속한 기업은 회계투명성에 대한 모든 요구사항을 실행에 옮긴다.

넷째, 적극적 순응은 책임을 예상하는 전략이다. 예컨대 어떤 기업은 회계투명성이란 사회적 요구를 충분히 숙지하고 이행하는 적극적 순응 전략을 선택한다. 이 기업은 회계투명성에 대한 요구사항을 모두 지킬 뿐 아니라 요구하지 않은 수준까지 적극적으로 실행에 옮긴다.

이해관계자 압력 대응 사례로, 온라인 편집샵 무신사의 박종철 열사 희화화 사건을 꼽을 수 있다. 무신사는 여름세일 이벤트를 기획할 당시에 박종철 열사를 희화화하는 광고 문구를 사용해 물의를 빚었다. 고객들이 담당자의 처벌과 공개 사과를 요구하며 불매운동까지 번지는 큰 사건이었다. 이에 무신사는 전 직원에게 역사교육을 다시 시키고, (사) 민주열사박종철기념사업회에 1,000만 원을 기부하는 매우 적극적인 대응으로 큰 위기를 모면했다.

2) 네트워크 이론을 활용한 행동분석

롤리는 네트워크 이론을 접목하여 기업의 행동을 분석한다(Rowley, 1997). 이해관계자들은 단순히 개별적으로 존재하는 것이 아니라 상호 간 긴밀한 계약관계로 존재하며(Freeman & Evan, 1990), 기업도 기업환경의 특성에 따라 행동을 달리한다. 그리고 기업의 대응전략

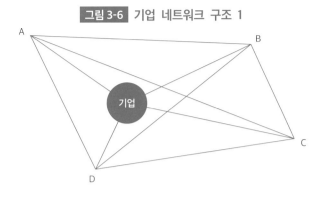

그림 3-6 기업 네트워크 구조 1

은 이해관계자 간 네트워크의 응집력(*density*)과 기업이 처해 있는 환경의 중심성(*centrality*)에 의해 좌우된다. 네트워크 응집력이란 각각 객체 간의 연결 정도를 의미한다. 즉, 특정 네트워크에서 발생 가능한 모든 연결에서 특정 객체 간에 직접적으로 연결된 상대적 정도를 나타낸다(Oliver, 1991).

예를 들어, 총 4개의 객체(A: 거래처, B: 주주, C: 정부, D: 채권자)가 직접적으로 상호 연결되어 있으면 이때 응집력의 값은 1이다. 그러나 현실적으로 모든 객체가 직접적으로 연결된 경우는 희소하므로 응집력 값은 1보다 작은 것이 일반적이다. 총 연결 경우의 수가 10이고 B(주주)와 C(정부)가 직접적으로 연결되지 않았다면, 이때 네트워크 응집력의 값은 0.9이다. 종합하면, 이해관계자 네트워크 응집력이 증가할수록 파워가 형성되어 해당 이해관계자의 특정 기업 행위에 대한 통제력이 증가한다.

한편 기업의 중심성이란 객체의 개별 특성이 아니라 전체 네트워크 구조에 의해 기업이 획득하는 파워다(Rowley, 1997). 특정 기업의 중심성이 높다는 것은 네트워크 구조상 여타 객체들이 이 기업을 중심으

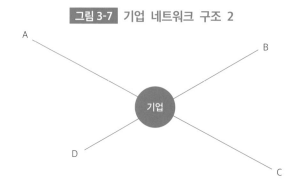

그림 3-7 기업 네트워크 구조 2

로 연결되어 있어 그만큼 파워를 행사할 수 있다는 의미다. 이 중심성
은 직접관련성(*degree*), 근접성(*closeness*), 간격성(*betweenness*)의 관
점에서 측정할 수 있다.

직접관련성은 특정 기업이 다른 객체들과 어느 정도 직접적으로 연
결되어 있는지 나타낸다. 즉, 특정 기업이 동일 네트워크상에 있는 다
른 기업에 비해 더 많은 연결고리가 있으면(직접관련성이 높으면) 더 중
심적이다.

근접성은 특정 기업이 타 객체와 얼마나 가깝게 연결되어 있는지를
나타낸다. 이는 동일 네트워크상에 있는 다른 객체에 접근할 수 있는
최단거리의 합으로 측정한다. 이 관점에 따르면 근접성이 높을수록
단기간에 적은 비용으로 정보를 획득할 수 있기 때문에 효율적 의사소
통이 가능하여 중심적 위치를 확보하게 된다.

간격성은 근접성과 유사하지만 다른 주체를 어느 정도 통제할 수 있
는지에 따라 측정하므로, 타 객체에 대한 통제력이 높을수록 중심성
은 높아진다(Freeman, 1979). 예컨대 직접관련성 관점에서 살펴보
면, 해당 기업은 모든 이해관계자(A: 거래처, B: 주주, C: 정부, D: 채

| 표 3-2 | 이해관계자 응집력 및 기업 중심성에 따른 기업행동 분류 |

구분		기업의 중심성	
		높음	낮음
이해관계자 네트워크 응집력	높음	타협자	하급자
	낮음	상급자	은둔자

권자)와 직접적으로 연관되므로 매우 중심적이다. 만약 다른 제3의 기업이 채권자(D)와 직접적 연관이 없는 경우라면 이 기업은 덜 중심적일 것이다.

이해관계자의 응집력과 기업의 중심성에 따라 기업행동은 다음의 4가지 유형으로 분류된다.

첫째, 타협자(compromiser)는 이해관계자의 네트워크 응집력이 높고 기업의 중심성도 높은 경우다. 이때 이해관계자는 응집력이 높아 특정 기업의 행동을 통제할 수 있고, 특정 기업 역시 중심성이 높기 때문에 이해관계자의 압력을 거절할 능력이 있다. 이런 상황에서는 기업은 이해관계자와 협상을 통해 특정 사안에 대해 타협하고자 할 것이다.

둘째, 상급자(commander)는 기업의 중심성이 높은 반면 이해관계자의 응집력은 낮은 경우다. 이런 상황에서 특정 기업은 이해관계자의 압력을 거부할 능력이 있지만, 이해관계자는 낮은 응집력으로 인해 정보흐름이 손상되고 감시 노력도 저하된다. 민츠버그는 이해관계자의 응집력이 낮으면 이해관계자 간 상호 협조가 부족하여 기업행동에 대해 소극적일 수밖에 없음을 지적했다(Mintzberg, 1983).

셋째, 하급자(subordinate)는 이해관계자가 높은 응집력을 보이고 기업은 낮은 중심성을 보이는 경우다. 이때 기업은 이해관계자의 요구에 순응할 수밖에 없는데, 그것은 이해관계자의 정보흐름에 대한 기업의 접근이 허용되지 않기 때문이다.

마지막으로 은둔자(*solitudinarian*)는 이해관계자의 네트워크 응집력이 낮고 기업의 중심성도 낮은 경우다. 이런 상황에서는 기업이 자신의 행동을 숨길 수 있으므로 은둔자의 전략을 선택하여 이해관계자의 압력을 회피하고자 한다(황호찬, 2007).

5. SK텔레콤과 POSCO의 사례

1) SK텔레콤

(1) 이해관계자 참여 정책

SK텔레콤은 이해관계자를 임직원, 주주, 고객, 비즈니스 파트너, 정부, NGO 및 지역사회를 6대 이해관계자로 명확히 구분하고 소통에 기반한 경영활동을 추진한다. SK텔레콤의 존속과 발전이 이해관계자를 위한 가치 창출과 사회·경제 발전 및 인류 행복에 밑거름이 되도록 다양한 이해관계자들의 기대와 요구를 파악하고 이에 부응하기 위해 노력을 기울이고 있다.

2013년에는 이해관계자 참여 정책을 수립, 공표함으로써 이해관계자 참여에 대한 SK텔레콤의 약속(*commitment*)을 대내외에 밝힌 바 있다. 이를 바탕으로 이해관계자 참여를 통해 경영의 투명성과 효율성을 더욱 제고하고 이해관계자들로부터 지지와 신뢰를 획득하고자 한다.

SK텔레콤 이해관계자 참여 정책은 내외부 이해관계자가 SK텔레콤의 모든 경영활동에 참여하기 위한 요건을 정의하고, 사내 관련 조

직에 이해관계자 커뮤니케이션과 관련한 전사적 관점의 지침과 이해
관계자 이슈 해결 프로세스를 제공한다. SK텔레콤은 이 정책을 해외
법인을 포함한 SK텔레콤의 모든 경영활동에 적용한다.

(2) 이해관계자 커뮤니케이션

SK텔레콤의 이해관계자별 커뮤니케이션 채널은 이해관계자 참여 정
책에 따라 개별 부서에서 관리하고 처리하도록 담당 조직과 담당자
를 지정하여 책임제로 운영한다. 이해관계자별 커뮤니케이션 채널
을 통해 접수된 의견과 조치 사항은 영향력이 크거나 중요 사안으로
판단할 경우, 이사회 산하 기업시민위원회에 보고한다.

그림 3-8 **SK텔레콤의 주요 이해관계자 및 커뮤니케이션 채널 운영**

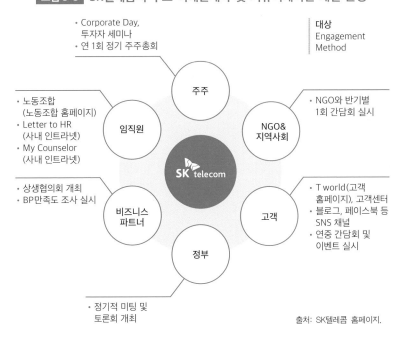

- Corporate Day,
  투자자 세미나
- 연 1회 정기 주주총회

대상
Engagement
Method

주주

- 노동조합
  (노동조합 홈페이지)
- Letter to HR
  (사내 인트라넷)
- My Counselor
  (사내 인트라넷)

임직원

NGO&
지역사회

- NGO와 반기별
  1회 간담회 실시

SK telecom

- 상생협의회 개최
- BP만족도 조사 실시

비즈니스
파트너

고객

- T world(고객
  홈페이지), 고객센터
- 블로그, 페이스북 등
  SNS 채널
- 연중 간담회 및
  이벤트 실시

정부

- 정기적 미팅 및
  토론회 개최

출처: SK텔레콤 홈페이지.

2) POSCO

POSCO는 이해관계자와 관련해 크게 두 가지 입장에서 이해관계자 관리를 수행한다. 이해관계자 참여 정책과 이해관계자 커뮤니케이션을 활성화시키려고 노력한다.

(1) 이해관계자 참여 정책

POSCO는 회사의 경영활동은 이해관계자에서부터 출발한다는 인식을 바탕으로 이해관계자의 의견을 경청하기 위해 지속적으로 커뮤니케이션하고 있다. POSCO는 이해관계자를 사회, 파트너, 주주·투자자, 고객, 직원, 환경 등으로 분류하여 각 이해관계자로부터 사랑받는 길을 모색한다.

(2) 이해관계자 의견 청취

이해관계자 커뮤니케이션 채널을 통한 소통 외에도 POSCO는 보고서 발간 전에 주요 이슈에 대한 이해관계자의 의견을 청취한다. 그리하여 매년 사회책임투자자, NGO, 지속가능경영 평가기관, 학계 등 여러 분야의 이해관계자 의견을 보고서에 담고 있다.

(3) 이해관계자 대화

2011년부터 POSCO는 환경분야 오피니언 리더를 초청하여 이해관계자 대화를 진행하고 있다. 이 대화에는 POSCO 임원도 참여하여 이해관계자들의 의견을 경청한다. 환경분야 이해관계자 대화를 통해 POSCO는 환경이슈와 관련된 POSCO의 역할과 이를 해결하기

그림 3-9 POSCO의 이해관계자 커뮤니케이션

출처: POSCO 홈페이지.

사회 Society
사업장이 위치한 지역사회는 포스코가 성장할 수 있는 터전으로 지역사회와 상생이 지속가능한 발전을 위해 필수적입니다.

파트너사 Parter
든든한 동반자로서 파트너(공급사, 외주사 등 협력사)가 건강해야 기업생태계가 튼튼해지며, 장기적으로 기업경쟁력 향상에 중요한 역할을 합니다.

투자자 Investor
주주 및 투자자는 포스코의 주인이자 자본의 공급자, 장기적 파트너입니다.

고객 Customer
고객은 포스코 성장의 원천입니다. 고객가치 창출을 위한 포스코의 노력으로 고객의 지속성장할 때 포스코도 지속성장이 가능합니다.

직원 Employee
천연자원이 부족한 한국에서 출발한 포스코는 인적자원을 가장 소중한 자원이자 경쟁력의 원천으로 여깁니다.

환경 Environ-ment
철강산업을 비롯한 소재산업은 에너지집약적산업이기 때문에 환경에 대한 고려가 없다면 지속성장은 불가능합니다.

커뮤니케이션 채널

사회	파트너사	투자자	고객	직원	환경
· 포항·광양 지역협력팀 · 포스코신문 · 기업 이미지 조사 · 설명회·간담회	· 공급사관계 관리시스템(CRM) · 동반성장 협의회 · 공급사정보 교류회 · 외주파트너사 교류회 · 우수공급사 초청간담회	· CEO포럼(연 1회) · 기업설명회(분기 1회) · 공시 (웹사이트) · 연대면회의(수시) · 신용평가 정례협의	· 고객관계 관리시스템(CRM) · 고객만족도 조사 · 공동연구(EVI: Early Vendor Involvement) · 고객감사의 밤	· 노경협의회: 노사 간 협의체 · 열보드 · 직원만족도 조사 · POSCO&(사내 블로그) · 운영회의	· 환경개선 협의회(포항·광양) · 환경정보 시스템 · 철강 컨퍼런스

그림 3-10 POSCO의 사랑받는 기업 현장

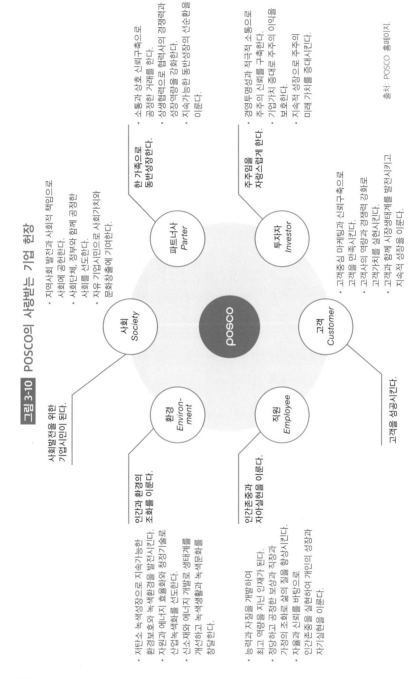

사회발전을 위한 기업시민이 된다.

- 지역사회 발전과 사회적 책임으로 사회에 공헌한다.
- 사회단체, 정부와 함께 공정한 사회를 선도한다.
- 자유 기업시민으로 사회가치와 문화창출에 기여한다.

한 가족으로 동반성장한다.

- 소통과 상호 신뢰구축으로 공정한 거래를 한다.
- 상생협력으로 협력사의 경쟁력과 성장역량을 강화한다.
- 지속가능한 동반성장의 선순환을 이룬다.

주주임을 자랑스럽게 한다.

- 경영투명성과 적극적 소통으로 주주의 신뢰를 구축한다.
- 기업가치 증대로 주주의 이익을 보호한다.
- 지속적 성장으로 주주의 미래 가치를 증대시킨다.

인간과 환경의 조화를 이룬다.

- 저탄소 녹색성장으로 지속가능한 환경보호와 녹색환경을 발전시킨다.
- 자원과 에너지 효율화로 청정기술과 산업녹색화를 선도한다.
- 신소재와 에너지 개발로 생태계를 개선하고 녹색생활과 녹색문화를 창달한다.

인간존중과 자아실현을 이룬다.

- 능력과 지질을 개발하여 최고 역량을 지닌 인재가 된다.
- 정당하고 공정한 보상과 직장과 가정의 조화로 삶의 질을 향상시킨다.
- 자율과 신뢰를 바탕으로 인간존중을 실현하여 개인의 성장과 자기실현을 이룬다.

고객을 성공시킨다.

- 고객중심 마케팅과 신뢰구축으로 고객을 만족시킨다.
- 고객사의 역량과 경쟁력 강화로 고객가치를 실현시킨다.
- 고객과 함께 시장생태계를 발전시키고 지속적 성장을 이룬다.

출처: POSCO 홈페이지.

위한 방안에 대한 이해관계자의 의견을 듣고, 참여한 이해관계자들은 POSCO에 대한 이해를 넓혀간다. 이해관계자 대화는 의미 있는 행사로 자리매김했다.

(4) 사랑받는 기업 헌장 제정

POSCO는 국민기업으로 성장과 발전을 거듭하면서 세계적 경쟁력을 갖춘 강하고 튼튼한 기업, 위대한 기업을 지향해왔다. 이제 위대한 기업을 넘어 사랑받는 기업으로 재도약하여 POSCO의 이념과 가치 실현으로 지속가능한 사회발전과 인류복지에 공헌하고자 한다. POSCO는 사업가치, 인간가치, 사회가치, 환경가치를 균형 있게 추구하여 모든 이해관계자들로부터 사랑받는 기업이 되기 위해 노력하고 있다.

4장

평판관리의 첫걸음, 평판측정

1. 미식가의 바이블, 〈미쉐린 가이드〉

프랑스 미식 문화의 대명사인 〈미쉐린 가이드〉(*Michelin Guide*)는 매년 봄에 출간되어 미식가들의 관심을 끈다. 〈미쉐린 가이드〉에서는 해마다 유럽과 미국, 홍콩, 일본 등 33개국의 최고 레스토랑을 소개한다. 단순히 레스토랑을 소개하는 것에 그치지 않고, 레스토랑을 심사해 요리와 서비스 수준에 따라 별점을 매긴다. 그리고 매년 이를 기준으로 성대한 시상식을 치르는데, 최고등급인 별 3개를 수여받는 요리사는 최고의 명성을 얻는다. 100년의 역사를 바라보는 〈미쉐린 가이드〉는 그 엄격성과 신뢰성으로 오늘날 '미식가들의 바이블'과 같은 위치를 차지하고 있다.

〈미쉐린 가이드〉는 레스토랑을 대상으로 평판을 측정하는 사례로, 측정방식은 베일에 감추고 암행활동을 하는 인스펙터(평가관)에 의해 평가가 이루어진다. 측정항목이 명확히 제시되지 않아 주관

'미쉐린 가이드 서울 2020' 시상식. 출처: 미쉐린 가이드 홈페이지.

적 평가라는 문제점도 제기되지만, 인스펙터들이 조사한 레스토랑의 평판 결과는 신뢰성을 인정받는다. 〈미쉐린 가이드〉에서 높은 점수를 받은 레스토랑은 고객들로부터 전적인 신뢰를 받고 먼 길을 마다 않고 찾아가 음식을 즐기는 데 동기를 부여한다. 실제로 프랑스뿐만 아니라 홍콩과 일본 레스토랑을 대상으로 한 〈미쉐린 가이드〉가 출간되었을 때, 이를 보고 해당 레스토랑의 요리와 서비스를 경험하기 위해 홍콩과 일본을 찾는 외국인 관광객 수가 증가했다. 이는 〈미쉐린 가이드〉가 오랫동안 쌓아온 명성과 함께 〈미쉐린 가이드〉가 평가한 레스토랑의 평판에 대한 신뢰에 기인한 결과다.

이처럼 평판은 다양한 분야에 적용되며 그 개념의 중요성에 많은 사람들이 공감한다. 그러나 평판은 일반 상품처럼 유형적 모습을 띠지 않기 때문에 실증적으로 측정하는 데 어려움이 있다. 평판 개념의 중요성이 입증되었음에도 측정의 어려움 때문에 일반 조직 및 기업에서 적극적으로 활용하는 데 한계에 부딪치는 경우가 많다.

국내외에서 평판의 개념과 평판을 구성하는 요인에 대한 연구가 지속적으로 진행되는바, 이를 활용하여 평판을 구체적으로 측정하기 위한 방법에 대해 알아보겠다. 특히 그 대상과 목적에 따라 차이가 있으므로 어떠한 방식이 가장 적절한지 살펴보고자 한다.

2. 평판측정의 이유

평판은 눈에 보이는 개념이 아니다. 따라서 일정한 측정법을 사용하여 그 수치를 제시하기 어렵다. 평판이나 이미지와 같이 눈에 보이지 않지만 기업이나 개인에게 중요한 가치를 제공하는 것을 무형적 자산이라고 칭한다. 일반적으로 무형적 자산은 통일된 측정법이 존재하지 않는다. 그 대상과 관점에 따라 측정법이 달라지기 때문에 간혹 연구자의 주관성이 강하게 개입되는 경우도 있다. 따라서 객관성을 지닌 측정방법 개발이 요구된다.

그동안 평판에 대한 측정방법 연구는 학계 중심으로 이루어졌지만, 평판이 지닌 의미의 중요성과 활용가능성이 증가하면서 기업에서도 관심을 가지게 되었다. 특히 명성 높은 경제매거진 〈포춘〉(Fortune) 에서는 오래전부터 평판을 측정하기 위한 방법을 연구했으며, '미국에서 가장 존경받는 기업' 순위를 발표하면서 평판 개념을 실질적으로 측정하는 계기를 마련했다.

평판이 학계와 업계에서 주목받는 이유 중 하나는 무형적 자산임에도 재무적 가치와 순이익 등 경영성과에 영향을 미치기 때문이다.

워렌 버핏(버크셔해서웨이 CEO)과 빌 게이츠(마이크로소프트
창업자, 전 CEO)는 자신들이 쌓은 막대한 부를 사회에 공헌하여
개인뿐만 아니라 소속 기업까지 세계인에게 좋은 평판을 받았다.

기업 입장에서는 좋은 평판을 쌓으면 시장점유율을 높일 수 있을 뿐
만 아니라, 유능한 인재를 영입하고 더 우호적인 미디어 보도를 이끌
어 낼 수 있다. 또한 투자자를 유치하여 불경기를 헤쳐나갈 수 있는
재정적 지원도 가능하다.

　이외에도 평판이 중요하게 거론되는 이유 중 하나는 기업이 장기적
으로 지향하는 바와 관련 있다. 사회구성원들은 기업을 점점 하나의
시민으로 간주하고, 재무성과 이외에 사회를 위해 노력하는 기업의
모습을 기대한다. 몇몇 글로벌기업이 수익창출을 통한 재정적 안정을
목표로 삼지 않고 다른 목표를 기업비전으로 삼는 이유도 여기에 있
다. 글로벌기업은 재무적으로 탄탄한 모습에서 더 나아가 존경할 만
한, 그리고 신뢰할 만한 대상으로 발전하기 위해 노력하고 있다. 평판
관리는 존경받는 기업으로 나아가기 위해 반드시 필요하며, 호의적
평판 구축은 기업에게 조직 발전과 함께 경제적 이점을 제공해 준다.

3. 평판측정의 방법

평판이라는 개념은 정체성과 이미지 등의 개념과 혼용되면서 측정방법에 대해서도 많은 논란이 있었다. 평판에 대한 관심과 중요성이 부각됨에 따라 평판측정 방법에 대한 개발과 활용이 점차 증가하고 있다. 하지만 평판은 이미지나 정체성에 비교해 측정방법이 많지 않다. 따라서 이미 많은 연구가 진행된 이미지와 비교하여 평판측정에 대한 이해를 돕고자 한다.

평판은 어떻게 측정할까? 눈에 보이는 물건의 크기나 무게, 사람의 키나 몸무게 등은 이를 측정하는 도구가 있다. 물건의 무게를 측정할 때 일반적으로 저울을 사용하고, 사람의 키를 잴 때는 신장측정기를 사용한다. 하지만 평판은 눈에 보이지 않는 자산이기 때문에 측정에 대한 다양한 시도가 있었지만 합의된 측정법은 아직 없다.

그동안 진행된 평판의 측정방법은 크게 두 가지로 정리할 수 있다. 하나는 평판을 측정하는 척도를 개발하여 이를 측정하는 방법이다. 다른 하나는 기업이 구축한 차별화된 가치가 온전히 잘 수행되는지 평가함으로써 기업 평판이 좋은지 혹은 나쁜지 결과적으로 알아보는 방법이다. 전자를 형성적 지표(*formative indicator*)를 통한 평판측정, 후자를 반영적 지표(*reflective indicator*)를 통한 평판측정이라고 한다.

1) 〈포춘〉의 평판측정법

여러 평판측정 모델 가운데 평판을 위협하거나 높이는 데 중요하게 작용하는 요인에 대한 척도가 꾸준히 연구되었다. 그중 가장 유명한 평판조사 중 하나는 1983년부터 지속적으로 발표된 '미국에서 가장 존경받는 기업'과 유사한 '세계에서 가장 존경받는 기업'에 대한 〈포춘〉의 연례 보고서다. 〈포춘〉에서는 기업 평판을 관리능력, 제품과 서비스의 질, 혁신성, 장기적 투자가치, 재정적 안정성, 매력, 인재고용과 개발, 지역사회 봉사 및 환경보호 등에 대한 태도로 평가한다.

2) 평판연구소의 평판측정법

평판을 측정하고 지속적으로 결과를 발표하고 있는 평판연구소(The Reputation Institute)의 평판척도 또한 중요한 평판측정법이다. 해리스 인터랙티브(Harris Interactive)와 공동으로 작업하여 평판에 대한 측정치로 사용되는 기업평판지수(Reputation Quotient)를 개발했고, 그 결과를 매년 발표한다.

조사과정은 총 2단계로 진행된다. 1단계는 추천단계로 일반 소비자들에게 전화와 온라인 인터뷰를 통해 가장 가시성이 뛰어난 기업을 추천받는다. 2단계는 평가단계로 미국에서 가장 가시성이 뛰어난 기업을 평가하는 심층적 조사와 온라인 인터뷰를 병행한다. 이를 통해 최종적으로 평판지수가 도출된다. 평판지수 평가도구는 총 6개 차원 20가지 속성을 7점 척도를 사용하여 측정한다. 6개 차원은 감성소구, 제품과 서비스, 사회적 책임, 비전과 리더십, 근무환경, 재무성과 등이다.

기업의 평판지수 조사 예제

1. 감성소구 요인 (1 = 강하게 부정, 7 = 강하게 동의)

   ○○○은 느낌이 좋은 기업이다 _____

   ○○○은 신뢰가 가는 기업이다 _____

   ○○○은 동경하고 싶은 기업이다 _____

2. 제품과 서비스 (1 = 강하게 부정, 7 = 강하게 동의)

   ○○○ 제품과 서비스의 품질은 좋다 _____

   ○○○ 제품과 서비스는 혁신성이 높다 _____

   ○○○ 제품과 서비스는 지불할 가치가 있다 _____

3. 사회적 책임 (1 = 강하게 부정, 7 = 강하게 동의)

   ○○○은 공익사업에 관심을 가지고 지원한다 _____

   ○○○은 환경문제에 책임감을 가지고 있다 _____

   ○○○은 지역사회에 책임감을 가지고 있다 _____

4. 비전과 리더십 (1 = 강하게 부정, 7 = 강하게 동의)

   ○○○은 탁월한 리더십을 갖춘 기업이다 _____

   ○○○은 명확한 비전을 제시하는 기업이다 _____

   ○○○은 시장에서 경쟁력 있는 기업이다 _____

5. 근무환경 (1 = 강하게 부정, 7 = 강하게 동의)

   ○○○은 최적의 근무환경을 가지고 있다 _____

   ○○○은 양질의 직원을 보유하고 있다 _____

   ○○○은 직원에게 적절한 보상을 한다 _____

6. 재무성과 (1 = 강하게 부정, 7 = 강하게 동의)

   ○○○은 기업 이윤을 많이 낸다 _____

   ○○○은 향후 성장 전망이 밝다 _____

   ○○○은 투자하기 좋은 기업이다 _____

   ○○○은 경쟁사보다 뛰어난 업무수행을 한다 _____

평판연구소와 해리스 인터랙티브는 그들이 개발한 평판척도에 대해 통계학적 분석을 실시했다. 이 모델은 한 기업이 기존 평판을 5% 올리려면 소비자들에 대한 감성소구를 7% 개선해야 함을 보여준다. 또 감성소구를 7% 개선하려면 해당 기업의 제품과 서비스에 대한 인식은 10%, 사회적 책임 24%, 근무환경 26%를 개선해야 한다.

이런 통계는 기업 평판에 대한 인식 변화를 이끌려면 감성적 변화가 선행되어야 함을 시사한다. 기업 입장에서 평판관리를 할 때 상대적으로 적은 노력으로 감성적 변화를 유도하려면 평판척도 관리의 우선순위를 정해야 한다. 우선 제품과 서비스 개선에 집중하고, 다음으로 사회적 책임과 근무환경 순으로 인식 변화를 위한 노력을 기울여야 한다.

그림 4-1 평판 개선을 위한 평판척도 방정식

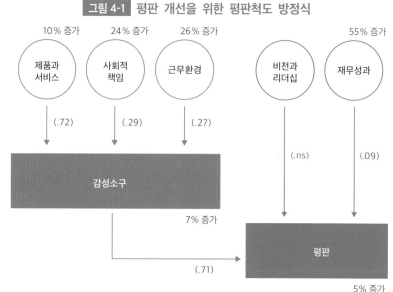

주: 1) 괄호 안 수치는 회귀계수로 영향을 주는 변수가 영향을
　　　받는 변수에 미치는 크기를 의미하는 통계값이다.
　　2) ns는 non-significant를 뜻한다.
출처: Fombrun & van Riel (2003).

한편 기업의 재무성과에 대한 호의적 인식이 평판에 상당한 변화를 일으키려면 55%까지 개선되어야 한다. 흥미로운 점은 기업의 재무성과 척도와 비전과 리더십 척도는 소비자들의 기업 평판에 별 효과를 발휘하지 못한다는 점이다. 기업에 대한 인상을 형성할 때, 비즈니스에 핵심적 요인일지라도 이해관계자에 따라 노골적으로 평가절하하는 경향이 있다. 그러나 평판을 측정하는 형성적 지표로서 비전과 리더십, 재무성과는 중요한 척도이다. 특히 투자자와 애널리스트, 저널리스트, 기업 임직원들에게는 말이다.

3) 평판연구소 렙트랙 측정법

평판연구소는 평판척도의 발전된 모형으로 2005년 기업 평판을 추적하고 측정하기 위한 분석도구인 렙트랙(RepTrack)을 도입하였다. 렙트랙은 매년 27개국 6만 명 이상의 소비자를 대상으로 조사를 실시하여, 600개에서 1,000개의 기업에 대한 평판을 측정한다. 렙트랙은 형성적 지표의 하나로 평판연구소와 해리스 인터랙티브의 초기 평판척도 모델이 진화한 모델이다.

평판척도가 6가지 20가지 속성으로 이루어졌다면, 렙트랙 모델은 7가지 차원과 23가지 속성들로 구성된다. 7가지 차원은 제품과 서비스, 혁신성, 근무환경, 지배구조, 시민정신, 리더십, 성과 등이다. 이 요인들에 대한 평가로 인식되는 기업 평판은 이해관계자들의 감정적 반응에 영향을 받는다고 가정한다. 평판연구소는 이러한 감정 요인을 기업을 향해 형성된 느낌, 신뢰, 존경, 감탄이라는 요인들로 구성했다.

그림 4-2 평판연구소의 렙트랙

출처: The Reputation Institute (2019).

렙트랙의 특징은 우선 평판척도가 가진 20가지 속성들 사이에서 나타나는 다중공선성을 제거하기 위해 노력했다. 다중공선성 문제가 있다는 것은 회귀모형에서 영향을 주는 변수들끼리 상관관계가 있음을 의미한다. 평판을 측정하는 각각의 변수들끼리 상관관계가 없이 서로 배타적이어야 척도로서 의미가 있다. 다중공선성 문제를 제거함으로써 렙트랙의 차원은 통계적으로 각각 다르게 독립적 요인으로 분류하도록 구성했다. 이는 각 차원이 기업 평판 형성에 기여하는 상대적 영향력에 대한 측정을 강화했다.

둘째, 이해관계자들의 감정적 반응인 감성소구 요인을 평판 속성 중 하나가 아니라 전체적 평판측정 형성과 관련된 요인으로 제시했다. 셋째, 다양한 이해관계자 집단을 대상으로 조사를 실시하여 세계적으로 최초의 표준화된 평판측정 기준이자, 기업 평판을 추적할 수 있는 통합된 도구이다. 넷째, 미디어 보도와 관련된 이해관계자들의 기업 평판 구축에 대한 이해를 도와준다. 미디어 보도가 기업에 대한 이해관계자들의 감정적 반응에 유독 큰 영향을 미친다는 것이다. 이는 평판의 주요 이해관계자인 미디어의 영향력에 대한 실증적 근거를 제시하는 계기를 마련해 주었다.

주요 이해관계자를 중심으로 그들의 기대와 요구가 무엇이며, 어떻게 실질적으로 측정할 수 있는가에 대한 질문을 통해 평판을 설명하기도 한다. 레이너(Rayner)는 7가지 평판요인을 중심으로 평판을 살펴보았다. 즉, 재정적 성과와 장기 투자가치, 기업의 지배구조와 리더십, 커뮤니케이션과 위기관리능력, 규제준수, 기업사회 책임성,

그림 4-3 레이너의 7가지 평판요인에 대한 기대와 경험 방정식

이해관계자들의
7가지 평판 요인에 대한
기대와 경험

1 재정적 성과와 장기 투자가치
2 기업의 지배구조와 리더십
3 커뮤니케이션과 위기관리능력
4 규제준수
5 기업사회 책임성
6 근무환경에 대한 매력과 문화
7 고객과의 약속 준수

$$평판\ (reputation) = 경험^*\ (experience) - 기대^*\ (expectations)$$

* 경험: 기업이 실제적으로 행동하는 것에 대한 측정치
* 기대: 기업이 특정한 상황에서 어떻게 행동할 것이라는 믿음

근무환경에 대한 매력과 문화, 고객과의 약속 준수 등 기대와 실제 평가의 관계를 통해 평판을 설명했다. 특정 대상의 평판을 측정했을 때, 그 대상은 여러 이해관계자의 요구와 기대를 만족시켜 좋은 평판을 얻을 수 있다. 반대로 기업 행위가 이해관계자가 요구하거나 기대한 것에 비해 만족스럽지 못할 때에는 나쁜 평판을 얻을 수도 있다.

4) 반영적 지표를 통한 평판측정 방법

반영적 지표를 이해하려면 우선 정체성, 이미지, 평판의 관계를 알아야 한다. 반영적 지표를 통한 평판측정은 기업이 가진 정체성과 이미지 관계 속에서 나타나는 최종 평가치로 평판을 측정하는 것이기 때문이다.

정체성으로 번역되는 아이덴티티는 한 조직을 다른 조직과 구별짓는 조직의 고유한 가치로 정의할 수 있다. 이는 다양한 이해관계자에게서 드러나는 표현방식으로 하나의 차원으로 이루어지지 않는다. 많은 학자들이 기업 아이덴티티를 다차원적 아이덴티티 카테고리를 통해 이해하려 한다. 버킷(Birkigt)과 스태들러(Stadler)는 기업 아이덴티티를 3가지 구성요소로 구분했고, 행위와 커뮤니케이션, 심벌을 서로 혼합함으로써 나타낼 수 있다고 주장했다.

첫째 커뮤니케이션(*communication*)은 기업이 언어 형태의 메시지를 통해 자사의 정체성을 드러내는 것이다. 이는 대부분 전술적 수단을 가진 경영자들이 정체성을 전달하기 위한 목적으로 사용하며, 추상적 신호를 이용하여 소통한다. 이러한 추상적 신호는 목표 이해관계자에게 더 쉽게 전달되고 평가될 수 있다.

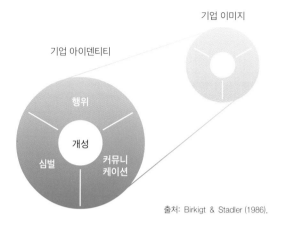

그림 4-4 기업 아이덴티티 요소와 기업 이미지 관계

기업 이미지

기업 아이덴티티

행위

개성

심벌   커뮤니
케이션

출처: Birkigt & Stadler (1986).

둘째 행위(*behavior*)는 기업이 활동모습이나 사회적 주도권을 통해 자사의 정체성을 드러내는 것이다. 활동은 정체성을 표현하는 데 있어 가장 중요한 수단이 될 수 있다. 목표 이해관계자들은 기업활동을 통해 기업을 판단하게 된다.

셋째 심벌(*symbolism*)은 기업이 시각적이거나 청각적인 상징을 통해 자사의 정체성을 드러내는 것이다. 기업의 로고, 사인, 소리, 태그라인 등이 심벌의 예다. 기업은 단순히 하나의 심벌을 이용하기도 하고, 이들을 조화롭게 사용하거나, 나름대로 자사를 상징하는 데 필요한 심벌을 재창조하기도 한다.

기업 아이덴티티는 긍정적 개념이다. 기업 홈페이지나 기업 소개 자료를 살펴보면, 자사의 기업 아이덴티티를 세부적으로 잘 제시한다. 기업 이미지는 기업 아이덴티티가 외부에 보인 것으로, 기업 아이덴티티가 온전히 커뮤니케이션되어서 그 모습 그대로 표현되거나 받아들여지기도 하고, 왜곡되어 전달되기도 한다.

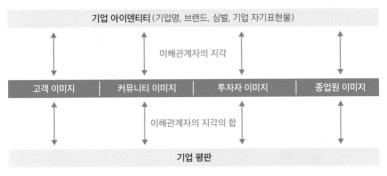

그림 4-5 평판 프레임워크

기업 아이덴티티 (기업명, 브랜드, 심벌, 기업 자기표현물)

이해관계자의 지각

| 고객 이미지 | 커뮤니티 이미지 | 투자자 이미지 | 종업원 이미지 |

이해관계자의 지각의 합

기업 평판

출처 : Forman & Argenti (2005).

기업 아이덴티티는 다양한 이해관계자 집단에서 커뮤니케이션되고, 이해관계자들은 이 기업 아이덴티티를 자신들이 지각하는 범위에서 평가한다. 기업 아이덴티티에 대해 각 이해관계자들이 감성적으로 느끼고 인지한 내용이 이미지이며, 각각의 이해관계자들이 지각하는 기업에 대한 이미지 총합이 바로 평판이다.

기업 평판 = 고객 이미지 + 커뮤니티 이미지 + 투자자 이미지 + 종업원 이미지 +
… 다른 여러 이해관계자 이미지

이를 가장 잘 설명하는 모형이 포먼(Forman)과 아젠티(Argenti)의 평판 프레임워크이다. 모든 기업은 아이덴티티를 가지고 있고, 이들 아이덴티티에 대한 이해관계자의 지각이 이미지가 된다. 기업과 직간접적으로 관계를 맺는 이해관계자는 무수히 많고, 이들이 기업 아이덴티티에 접근할 수 있는 정보의 양은 차이가 있다. 내부 이해관계자인 종업원은 외부 이해관계자 중 하나인 고객보다 더 세밀하고 구체적인 기업 아이덴티티 정보를 경험한다. 기업 아이덴티티 정보를 파악하려는 열정도 이해관계자에 따라 차이가 있다.

따라서 각각의 이해관계자들이 기업의 다양한 정체성을 경험하고 지각한 평가가 이미지가 되고, 이들 이해관계자별 이미지의 총합이 평판이 된다. 마치 퍼즐 맞추기 게임처럼 완전체가 평판인 것이다. 내부, 외부, 위, 아래, 좌, 우 모든 차원에서 기업의 정체성을 경험하고 이들 차원에서 파악한 정보는 일관성 있고, 믿을 수 있으며, 신뢰할 수 있다. 많은 사람들이 기업과 관련된 의사결정을 내릴 때, 평판에 주목한 이유가 여기에 있다.

다울링(Dowling)은 평판 구축과 관련된 연구에서 매우 설득적인 모델을 제시했다. 기업 평판에 영향을 미치는 구성요인과 기업 이미지 그리고 기업 평판과의 관계에 대해 설명한 것이다. 그는 기업 평판은 기업이 가진 이미지가 이해관계자들의 가치를 반영하여 구축된다고 주장했다. 그리고 그 평가는 존중, 존경, 신뢰, 확신과 같은 형태로 나타난다. 때문에 평판은 긍정적일 수도 있고, 부정적일 수도 있다.

그림 4-6 기업 아이덴티티, 기업 이미지, 기업 평판의 형성

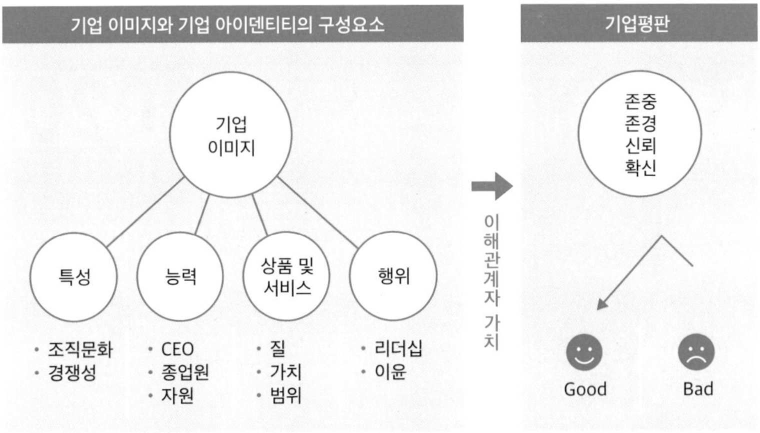

출처 : Dowling (2004).

4. 〈포춘〉 등의 사례

평판측정은 학계에서 연구될 뿐만 아니라, 유명 경제지나 전문 조사 기관 및 컨설팅 회사에서도 관련 서비스를 제공한다. 〈포춘〉을 비롯해 〈파이낸셜 타임스〉, 〈아시안 비즈니스〉, MORI, 〈한경비즈니스〉 등 미국과 영국, 일본, 한국을 포함한 여러 국가의 경제계에서 학계와 협력해 평판을 측정하기 위한 다양한 시도가 이루어져 왔다. 〈포춘〉처럼 현재까지 평판조사를 정기적으로 실시하여 발표하는 곳도 있으나, 몇 해에 걸쳐 조사를 실시하다 더 이상 진행하지 않는 기관도 있다. 그동안 진행한 평판조사 방법을 소개하면 다음과 같다.

1) 〈포춘〉의 '가장 존경받는 기업'

'가장 존경받는 기업'(Most Admired Companies)은 1983년 경제지 〈포춘〉이 미국 기업을 대상으로 한 조사에서 출발하여 지금은 전 세계 기업을 대상으로 한 평판측정으로 그 권위를 인정받고 있다.

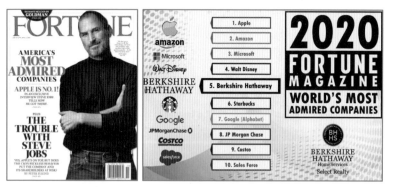

2008년 〈포춘〉의 '가장 존경받는 기업' 1위 애플의 CEO 스티브 잡스가 〈포춘〉(2008. 3) 표지모델로 등장했다. 2020년 〈포춘〉 홈페이지에서 같은 랭킹 Top 10을 발표했다.

〈포춘〉은 65개 산업군에서 최대 매출을 올린 기업에 대한 설문조사 결과를 바탕으로 매년 '가장 존경받는 기업'을 선정한다. 이 설문조사에는 전 세계 1만 3,000여 명의 경영자와 증권분석가들이 참여한다. 선정기준은 혁신능력, 종업원 능력, 인재채용 및 개발유지 능력, 자산의 유효활용도, 사회적 책임, 경영능력, 해외 경영능력, 재무건전성, 장기적 투자가치, 제품과 서비스의 질 등이다. 분석대상은 금융전문가, 기업대표, 소비자, 개인투자자, 영향력 있는 미국인, 제품과 서비스 이용자, 네티즌 등이고, 샘플 수는 5,000명이다.

2) 〈파이낸셜 타임스〉의 '세계에서 가장 존경받는 기업'

전 세계 최고의 경제신문으로 평가받는 영국의 〈파이낸셜 타임스〉(Financial Times)도 1994년부터 유럽과 아시아 등 세계 기업들을 대상으로 '세계에서 가장 존경받는 기업'(The World's Most Respected Companies)을 선정해왔다. 500대 기업 관련 설문조사에서 경영자, 증권분석가, 사회단체들이 응답한 결과를 바탕으로 매년 발표한다. 선정기준은 혁신능력, 제품과 서비스의 질, 브랜드 이미지, 효과적 경영전략, 경영성과의 향상도, 탁월한 경영성과, 고객만족도, 주주 및 사회와의 관계 등이다.

3) 〈아시안 비즈니스〉의 '아시아에서 가장 존경받는 기업'

홍콩의 경제 월간지 〈아시안 비즈니스〉(Asian Business)는 1992년부터 '아시아에서 가장 존경받는 기업'(Asia's Most Admired Companies)을 선정했다. 〈아시안 비즈니스〉가 선별한 업종별 대표 아시아 기업

289개사의 경영자 9,000명을 대상으로 설문조사를 실시해 발표하는 것이다. 평가기준은 전반적 평판, 경영의 질, 제품·서비스 품질 우수성, 지역경제 기여도, 종업원 대우, 성장잠재성, 정직성과 윤리성, 미래 수익잠재성, 경제 환경변화에 대한 적응력 등이다.

4) MORI의 '평판조사'

미국·영국 합작 시장여론 조사기관인 MORI(Market and Opinion Research Institute)는 수십 년간 기업 이미지와 평판을 측정해왔다. MORI는 평판이 조직에 대한 감성적·이성적 태도의 총합이라고 정의하면서, 브랜드와 명확히 구분했다. 브랜드는 조직이 고객이나 종업원에게 제공하는 경험과 관련되는 데 비해, 평판은 조직이 무엇이며, 어떻게 운영되고, 무엇을 표현하는지에 대한 가정, 인식, 믿음과 관련된다. 평판측정 요인은 제품과 서비스의 질, 재무성과, 종업원 대우, 환경에 대한 책임, 사회적 책임, 리더십 등으로 구성된다.

5) 〈다이아몬드〉의 '기업평판조사'

일본의 경제전문 주간지 〈다이아몬드〉(Diamond Weekly)는 '기업평판조사'를 통해 기업 평판을 측정한다. 이 조사는 1984년에 시작된 일본 상장기업들에 대한 독자 설문조사 결과를 바탕으로 14개 항목으로 평판을 평가하여 기업 순위를 결정한다. 평가항목은 제품품질과 서비스, 고객만족도, 기술력, 연구개발 능력, 경영능력, 재무건전성, 활력 있는 조직 분위기, 인재육성과 활용, 성장능력, 혁신능력, 상품기획력, 광고능력, 윤리성, 국제화 진전도 등이다.

6) 카렌과 동료들의 '평판지수'

카렌과 동료들은 CEO 650명을 대상으로 실시한 조사를 토대로 기업 평판을 측정하고 관리하는 평판지수(reputation index)를 개발했다 (Karen, 2003). 이들은 평판요소를 가장 중요한 2가지 요소, 즉 고품질의 제품과 서비스, 신뢰할 수 있는 기업, 그리고 기타 구성요소, 즉 높은 품질관리, 모든 거래에서의 부가가치, 인간존중 사업활동, 혁신자의 위상으로 구분하였다. 또한 무형자산 측정을 위해 기업 평판지수는 주로 비계량적 요소들의 내적 평가에 기초하고 내외적 정보를 기초로 평가했으며, 기본적 지수에는 일반적으로 기업 평판 평가에 적절한 공통요소를 포함했다.

기업 평판의 평가대상은 고객, 공급자, 고용자, 제휴·협력 파트너, 경쟁자 등이다. 이들에게 제품, 고용자, 외부 이해관계자, 혁신과 가치창출, 재무적 강점과 생존능력, 전략, 문화, 무형채무 등 평판지수 구성요소의 설명인자들을 9점 척도로 측정했다. 다음으로 개별 값에 대한 평균값을 산출하고, AHP(Analytic Hierarch Process)를 사용하여 개별 구성요소에 가중치를 부여한 종합가치를 산출했다. 마지막으로 순위 선정을 위해 종합적 단일척도값(0~9)으로 바꾸어 무디 (Moody)가 개발한 채권등급과 유사하게 9개로 분류하여 등급화했다.

표 4-1 기업 평판지수 등급

지수값	A1	A2	A3	B1	B2	B3	C1	C2	C3
등급범위	9	8~8.9	7~7.9	6~6.9	5~5.9	4~4.9	3~3.9	2~2.9	1~1.9

주. A1은 이상적인 기업 평판 수준이고, C3는 기업 평판이 거의 없는 경우이다.
출처: Karen et al. (2003).

표 4-2 평판지수 구성요소

지수 구성요소		측정요소	가중값 범위
제품과 서비스		연상되는 품질, 기업명칭과 제품과 서비스에 대한 대중 인지도, 브랜드와 모브랜드 범위, 보증요구, 책임요구	30~60%
고용자	모든 고용자	고용자의 사용자에 대한 만족, 노동이동, 인터뷰 창구, 공개구직 응시자 수, 교육훈련과 발전 노력, 고용자 욕구 부합과 관련된 고용자 피드백, 기능 및 사업 분야를 교차시키는 협력과 커뮤니케이션 노력	1~20%
	경영진	CEO 평판, 능력, 노동이동, 전략적 목적과 보수 평가 패키지, 목표의 조화, 부하직원으로부터의 정보수집	
외적 관계 (비고객)	공급자	지불기간, 주요 공급자 질, 주요 전략적 파트너의 인지, 주요 전략적 파트너의 평판, 공동투자계약 협정	0~1%
	파트너	제휴관계 존재, 제휴관계 기간, 주요 전략적 파트너 인지, 주요 전략적 파트너 평판, 공동투자계약 협정	
	경쟁자	산업 참여, 주요 기업 주도권에 대한 경쟁자 대응	
	투자자	시장할증, 시장 안정성	
	환경	환경정책, 전담직원 지정, 책임요구, 규제 간섭	
	사회	자선 노력, 종업원의 창의적 삶의 질	
혁신		혁신 발생 및 평가를 위한 공식 프로그램, 고객 요구 관련 성장, 신제품·서비스 개발	0~20%
가치창출		고객 요구 확인 및 대응, 고객 유지	5~20%
재무적 강점		연차보고서의 정보내용, 추가적 발표	0~10%
전략		평판 관련 전략적 우선권, 사업단위 간 전략 통합, 관리통제 시스템 육성의 일관성	1~10%
문화		윤리정책, 윤리적 침해에 대한 보고절차, 상위경영자 태도, 중역의 윤리위원회	0~1%
무형채무		부적합한 연구개발 과정, 정보 하부구조 부족, 조직구조-유연성 부족, 고객들 간 나쁜 소문 구전, 부적당한 유통채널	0%

출처: Karen et al. (2003).

7) The Good Reputation Index

The Good Reputation Index는 호주의 Reputation Measurement Pty Ltd에 의해 2000년에 개발된 기업 평판 측정방법이다. 평판평가는 호주에서 사업을 영위하는 100개 기업을 대상으로 직원관리(*employee management*), 환경성과(*environmental performance*), 사회적 영향력(*social impact*), 윤리와 기업지배구조(*ethics and corporate governance*), 재무성과(*financial performance*), 경영과 시장중심(*management and market focus*) 등 6개 부문에 대하여 공동체 이해관계자와 전문가로 구성된 22개 연구집단의 인식과 의견을 집계하여 이루어진다. 평판지수는 *The Age and The Sydney Morning Herald*에 발표된다.

8) 〈한경비즈니스〉의 '한국기업 명성지수'

한국에서는 경제 주간지 〈한경비즈니스〉와 종합홍보 대행사 코콤포터노벨리가 2004년에 '한국기업 명성지수'를 발표했다. 문헌연구 및 자료수집, 기업임원 심층 인터뷰, 각계 전문기자 설문, 그리고 기업 실무자와 언론인, 일반 소비자에 대한 설문조사를 바탕으로 기업의 평판을 측정하는 것이다. 조직 철학, CEO의 리더십, 사회공헌도, 경영성과, 인적 자산, 대외 홍보, 기업 이미지 등을 평가기준으로 삼는다.

2부

성공적 평판관리를 위한 가이드

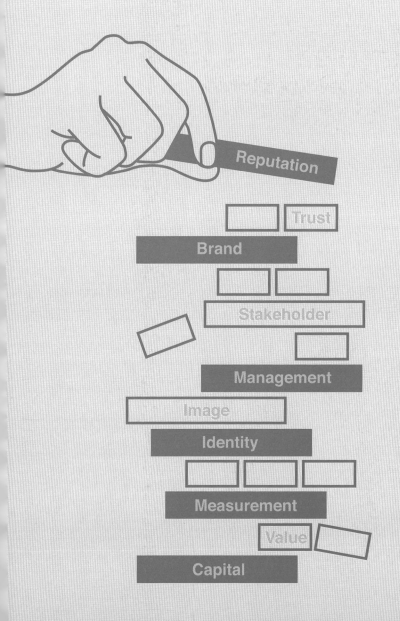

5장

글로벌 디지털 시대의 평판관리

1. 스타벅스를 구한 트위터 사과문

평판은 쌓는 데 수십 년이 걸리지만, 잃는 것은 순간이다. 디지털미디어 환경에서 평판은 한 개인과 기업의 운명을 짧은 시간에 좌지우지한다. 호의적으로 구축된 평판은 한 사람과 기업 브랜드를 하루아침에 세계적 스타로 만들 수 있다. 하지만 사실이 아닌 인터넷 글이 가짜뉴스로 변질되고, 가짜뉴스는 사실 확인이 이뤄지기 전에 SNS를 통해 급속히 유포되면서 수많은 악성댓글을 양산하여 개인과 기업을 절망에 빠뜨릴 수도 있다. 글로벌 디지털 평판 사회에서는 특정 국가에서 나타나는 이슈가 순식간에 글로벌 이슈로 발전해 개인과 기업이 장기간에 걸쳐 쌓아 놓은 호의적 평판을 하루아침에 모두 빼앗아가 버릴 수 있다.

한 예로 스타벅스 흑인 체포사건을 들 수 있다. 2018년 4월 미국 필라델피아 스타벅스 매장 내에서 백인 경찰이 인종차별적 언행으로 흑인 2명을 체포하여 큰 논란을 낳았다. 이에 커피 대기업 스타 벅스는 곧바로 트위터를 통해 이 사건으로 놀라움과 공포를 경험한 두 고객에게 진심으로 사과한다는 공개 사과문을 발표했다. 그들은 즉각적이고 진정성이 느껴지는 직접적 사과에 이어 스타벅스 내부 에서 취할 수 있는 행동에 대해 정책적 검토를 했다. 결국 스타벅스 는 하루 동안 인종차별 금지교육을 위해 전국의 모든 매장 문을 닫 았다. 이러한 진정성 있는 사과와 행동을 한 스타벅스는 소비자에게 안정감을 줬고, 그간 구축해온 브랜드 평판자본의 급락을 막을 수 있었다.

그림 5-1 스타벅스의 공개 사과문 트윗

출처: 스타벅스 트위터.

그림 5-2 트위터 가짜뉴스(큰 노드)와 진짜뉴스(작은 노드) 확산속도 비교

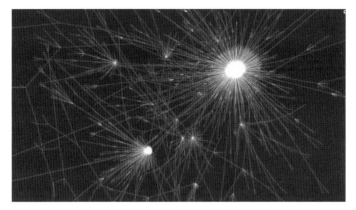

출처: 〈사이언스〉 홈페이지.

　글로벌 디지털미디어 플랫폼에서는 과거에 비해 여론이 빠르게 형성되고 확산된다. 2018년 3월 영국 〈파이낸셜 타임스〉에서 미국 매사추세츠공대 연구진이 발표한 바에 따르면, 가짜뉴스의 온라인 확산속도가 진짜뉴스보다 6배 빨랐다. 트위터 이용자 1,500명에게 도달하는 시간을 기준으로, 가짜뉴스는 평균 10시간이 걸렸으나 진짜뉴스는 60시간이 소요되었다. 따라서 좋은 평판을 유지하고 위험을 관리하려면 인터넷과 모바일과 같은 디지털미디어 플랫폼 환경에서 이해관계자와 새로운 사회적 가치를 생산하고 호의적 관계를 유지하는 일이 매우 중요하다.

2. 광고, 브랜드, 평판 간의 관계

유나이티드테크놀로지(UnitedTechnologies)는 2005년 여론조사를 통해 투자자의 기업에 대한 부정적 인식이 주가에 영향을 미치는지 알아보기 위해 연구를 의뢰했다. 의뢰받은 연구소는 이 회사 브랜드에 대한 소비자 인식, 직원 만족도, 주식 분석가와 전문가 견해, 기업 보도자료, 미디어 기사, 기업 재무정보, 일일 주가변동 등을 추적한 후 주가와의 상관관계를 분석했다. 그리고 이 회사의 주식가치의 27%가 브랜드 평판과 같은 무형자산과 연관 있다는 결론을 내렸고, 기업 평판을 높이기 위해 새로운 광고캠페인을 시작했다. 물론 여러 요인도 작용했겠지만 광고캠페인 시작 후 2006년 6월부터 2007년 12월 사이 유나이티드테크놀로지 주가가 21% 상승했다.

　일반적으로 기업이나 개인은 디지털미디어상에서 평판을 형성하는 뉴스와 댓글의 제작과 확산을 동시에 통제하기 힘들다는 것을 알 수 있다. 그러나 브랜드 이미지나 평판 개선을 위해 광고를 기획하고 제작해서 배포하는 것은 기업이나 개인에 의해 어느 정도 통제가 가능하다. 이러한 이유로 세계 유수기업은 자사의 브랜드 평판을 높이기 위해 천문학적인 광고캠페인을 집행하며, 그 효과를 측정하여 기업 브랜드 이미지나 평판 개선 여부를 평가한다. 특히 디스플레이 광고나 영상 광고는 이해관계자에게 감성적으로 소구함으로써, 기업과 제품이 추구하는 가치를 높이고 소비자에게 기업과 제품에 대한 좋은 평판을 심어 주는 역할을 한다.

　미디어의 디지털화가 가속됨에 따라 기업은 광고캠페인 전략을 설계할 때 몇 가지 주의해야 할 사항이 있는데, 그중에서도 가장 중요한 것은 바로 주장하는 콘텐츠의 진실성이다. 예를 들어, 수용자는 광고주가 주장하는 '세계 최고'라는 제품의 진실성을 확인하기 위해 다른 제품과 비교하고 분석한다. 그들은 광고나 제품 홍보기사 (advertorial)를 시청한 후 그 회사 제품을 구입하기 전에 다른 제품과 비교하기 위해서, 그 제품에 대한 의견이 많은 사이트에 들어가 공유된 의견을 분석하고 광고의 진실성 여부를 파악한다. 만약 광고주가 광고를 통해 주장하는 내용이 투명하고 진실하다면 수용자가 바라보는 이 회사의 브랜드 가치는 올라가고 회사 평판에 직접적으로 긍정적 영향을 미친다. 반면 거짓이면 평판이 하락함과 동시에 제품 판매도 떨어져 재무적 손실을 가져온다.

이처럼 광고, 브랜드, 평판이라는 3가지 무형자산은 서로 유기적으로 연결되어 있다. 따라서 이들의 관계를 효과적으로 관리하려는 노력이 필요하다.

3. 디지털 환경에서의 평판관리

평판은 커뮤니케이션 기술의 발달과 긴밀한 관계가 있다. 최초에 인간은 수화나 손짓을 통해 면대면 커뮤니케이션을 했다. 그러나 상형문자 나아가 활자의 발명을 계기로 미디어를 통해 자신의 의견을 전달할 수 있는 도구를 발명했다. 그 도구는 시간이 지나면서 기술적으로 더욱 발전하여 더 빠르고, 더 정확하며, 더 많이 자신의 커뮤니케이션 내용을 이해관계자에게 전달할 수 있게 되었다.

미디어 초기 단계에는 양피지나 파피루스에 활자를 적어 콘텐츠를 보관하고 이동했지만, 구텐베르크가 금속활자를 발명하면서 인쇄술 혁신을 가져와 지식 전달을 확산시켰다. 그 후 전파를 이용한 라디오, 텔레비전의 발명은 인류의 문명을 바꾸는 계기가 되었다. 전파와 같이 혁명적인 또 하나의 미디어 기술인 컴퓨터와 인터넷의 발명은 기존의 일방적인 일대다 매스커뮤니케이션을 일대일 양방향으로 바꾸었다. 모바일 기술의 발달은 미디어 이동성을 증가시켜 시간과 장소에 구애받지 않고 디지털 콘텐츠를 생산, 소비, 공유, 확산시킬 수 있는 환경을 마련했다.

디지털 평판은 디지털미디어와 관련이 깊다. 디지털미디어, 즉 인터넷, 모바일, OTT(Over The Top) 등은 양방향 실시간 커뮤니케이션 방식으로 미디어의 지형을 완전히 바꿔 놓았다. 디지털미디어상에서 생산되고 배포되는 뉴스를 비롯한 다양한 디지털 콘텐츠는 실시간으로 수용자에게 전달된다. 종이신문, 아날로그 TV와 같은 미디어는 생산자 중심 콘텐츠를 제작하여 대중에게 일방향적으로 배포하기 때문에 과거의 미디어 파워와 명성을 잃어버린 지 오래다.

글로벌 디지털미디어의 특징은 콘텐츠 접촉 후 때와 장소를 가리지 않고 이용자가 자신의 의견을 자유롭게 게재하고 배포할 수 있다는 것이다. 대중이 좋아하거나 싫어하는 타인의 콘텐츠를 소셜미디어 플랫폼을 통해 언제든지 공유하고 전파함으로써 뉴스와 소문의 확산속도가 전통적 미디어와 비교할 수 없을 정도로 빨라졌다. 부정적 소문 하나로 하룻밤 사이에 어떤 사람은 평판에 큰 타격을 입고, 호의적 뉴스 한 토막으로 어떤 사람은 자고 일어나 유명인이 되기도 한다.

이러한 글로벌 시대 기업은 디지털미디어 멀티플랫폼을 통해 자사의 고객과 주요 이해관계자들을 만나 실시간으로 커뮤니케이션하고 이들의 니즈를 파악해야 한다. 이로써 다가올 브랜드 평판의 위기를 감지하고 관리함과 동시에 좋은 뉴스를 통해 지속적으로 호의적 평판을 구축할 필요가 있다. 디지털미디어 멀티플랫폼 환경에서 좋은 평판을 구축하고 수용자와의 적극적 커뮤니케이션을 통해 이들을 잘 관리하면 위기의 순간 강력한 무기가 된다. 전통적 미디어가 기업의 문제를 지속적으로 제기하고 좋지 않은 사건을 확산시켜 기업을 위험하게 만들 때 이를 극복할 수 있게 하는 새로운 미디어 도구로 활용 가능하다.

이러한 사례는 글로벌 미디어기업에서 종종 나타난다. CNN, BBC 같은 유력 매체에서 한 기업에 대한 비판 기사와 프로그램을 방영한다고 가정해 보자. 관련 기업은 전통적 미디어와 맞대응하기보다 양방향 커뮤니케이션이 가능한 디지털미디어 멀티플랫폼을 활용할 것이다. 여기서 그들만의 디지털 채널을 구축하고 이해관계자에게 사과하거나 사건에 대한 보상 문제를 긴밀하게 논의하여 이전과 같은 수준으로 자사의 기업 브랜드 평판을 회복시킬 수 있다.

디지털미디어는 오프라인에서 전통적 미디어를 통해 하락한 평판을 회복시킬 수 있는 수단이 된다. 현명한 위기관리는 즉각적으로 브랜드 자산가치의 하락을 막고 기존과 같은 수준으로 평판을 유지할 수 있게 한다. 이는 곧바로 자사 고객의 이탈을 막고 브랜드의 신뢰도와 충성도를 유지함으로써, 기업의 재무제표에 양적 현금흐름을 발생시킬 뿐만 아니라 평판자본이라는 무형자산의 증가를 가져온다.

4. 글로벌 디지털 평판의 측정

글로벌 디지털 평판 사회에서 개인이나 조직 평판의 중요성은 이전보다 더 강력해졌다. 정보통신기술의 급속한 발전으로 평판은 그들이 원하든 원하지 않든 전 세계 여기저기에 흩어지며(ubiquitous), 지속적으로 존재하고(permanent), 손쉽게 획득할 수 있다. 당신이 어디에 가든지, 혹은 대외적 활동을 거의 하지 않은 채 세상과 단절되더라도, 사람들은 당신의 평판정보를 동의 없이 즉각적으로 접근할 수 있을 뿐만 아니라 실시간으로 분석할 수 있다.

이것이 쉽게 가능해진 이유는 미디어의 디지털화로 커뮤니케이션 방식이 일방향에서 양방향 소통으로 바뀌었고, 글로벌 디지털 소셜 플랫폼의 등장과 더불어 다양한 종류의 수용자 데이터를 실시간으로 수집하고 분석하는 알고리즘 기술이 개발되었기 때문이다. 개인이나 기업은 소셜미디어 플랫폼에서 이해관계자와 관련된 다양한 종류의 거대한 빅데이터를 과거보다 저렴하고 쉽고 빠르게 수집, 저장해서 분석할 수 있다.

예를 들면, 수용자의 인터넷이나 모바일상 행동은 로그와 쿠키 데이터를 수집하여 분석할 수 있다. SNS상의 댓글과 같은 비정형 데이터에서는 설문조사와 같은 능동적 데이터에서 파악할 수 없는 소비자의 진심이 담긴 고급정보를 수집하여 분석할 수 있다. 기업은 이렇게 수집된 데이터를 융합하여 자사 제품을 구매할 고객을 타기팅한다. 그리고 자사 브랜드가 유해 사이트에 노출되지 않도록 기계학습으로 걸러진 안전한 사이트를 통해 홍보 콘텐츠를 노출함으로써 자사의 브랜드 평판을 지키면서 성공적 마케팅 캠페인을 수행할 수 있다.

글로벌 디지털 평판관리의 단계

글로벌 디지털 환경에서 기업이 글로벌마케팅 캠페인을 전개할 때 최저비용으로 최고효과를 거두고 이에 더해 자사의 브랜드 평판가치를 유지하는 방법을 단계적으로 설명하면 다음과 같다.

- 1단계: 마케팅 캠페인 집행 예정인 주요 미디어에서 모든 영상과 텍스트 문서를 수집한다.
- 2단계: 추출한 텍스트와 영상자료를 기계학습을 통해 범주화해서 분류한다.
- 3단계: 마케팅 브랜드 콘텐츠를 목표하는 타깃에게 문맥상 정확히 전달하고, 유해 사이트 등에 노출되지 않도록 브랜드 평판을 실시간으로 모니터링한다.

출처: Comscore Agency Digital Media Planning and Buying Webinar (2020. 6. 2)

디지털 환경에서는 우리의 흔적이 고스란히 남고 마케팅에 활용되며 고의로 지우지 않는 한 영원히 어디엔가 저장된다는 점을 명심해야 한다. 따라서 개인은 디지털 환경에서 자신의 흔적을 남기는 데 더욱 주의를 기울여야 한다. 기업은 데이터를 만들고 이를 마케팅에 활용하는 데 더 많은 연구를 수행함과 동시에 신기술을 지속적으로 개발해야 할 것이다.

5. 평판 빅데이터의 특징

디지털 글로벌 평판자본을 형성하고 분석하는 데 사용되는 디지털 평판 사회의 빅데이터 특징은 다음과 같다.

첫째, 모든 데이터는 저장된다는 것이다. 디지털 평판 사회에서는 거의 모든 것이 디지털 형태로 변환되어 저가의 저장장치에 쉽고 빠르게, 하나 또는 다른 형태(정형, 비정형, 반정형)로 저장되고 보존된다. 실제로 용량이 작은 디지털 데이터 저장장치의 비용은 거의 무료이며,[1] 대용량 데이터 저장비용도 매우 저렴해졌다. 클라우드 서비스는 데이터 저장환경의 큰 변화를 가져왔다. 이전에는 컴퓨터 전문가와 과학자만이 개발하고 관리하던 데이터 저장 관련 기술이 클라우드 서비스 기술의 발달로 더 이상 필요하지 않게 되었다. 이제 일반인도 간편하게 대용량 데이터 저장공간을 활용할 수 있게 된 것이다.

따라서 글로벌 디지털 평판을 관리하는 기업은 이러한 클라우드 저장공간에 우리의 디지털미디어 행동데이터를 기록하고 저장한다. 하루에, 1주일, 혹은 1년에 얼마나 많은 평판 빅데이터가 저장될까? 한마디로 알 수 없을 정도로 큰 데이터다. 그렇다면 큰 데이터란 무엇인가? 이를 이해하려면 먼저 데이터 크기를 나타내는 기본 단위부터 거대한 빅데이터를 나타내는 데이터 크기의 단위까지 살펴볼 필요가 있다. 이를 통해 디지털 사회에서 얼마나 많은 데이터가 생산되고 저장되는지 실질적으로 이해할 수 있다.

---

1 구글과 네이버는 GB 단위로 무료 이메일 및 클라우드 저장공간을 제공한다.

디지털 평판 빅데이터의 크기

- 1 바이트(B) : 하나의 글자 또는 숫자
- 1 킬로바이트(KB) = 1,024 bytes : 타이핑한 문서 반 페이지 분량의 텍스트
- 1 메가바이트(MB) = 1,048,576 bytes : 중간 수준 품질의 사진 1장
- 1 기가바이트(GB) = 1,073,741,824 bytes : HD 영화 한 편
- 1 테라바이트(TB) = 1,099,511,627,776 bytes : 국내외 총 책 수 2,100,629권 (2020. 2. 29 기준), 국내외 총 종 수 1,162,300종(2020. 2. 29 기준)
- 1 페타바이트(PB) = DVD 영화(약 6GB) 17만 4,000편을 담을 수 있는 용량
- 1 엑사바이트(EB) = 1024PB : 인간이 태초부터 2003년까지 만든 데이터양 이 5 엑사바이트다.
- 1 제타바이트(ZB) = 1024 EB : 2009년에 800EB의 데이터가 존재했다면 2020년에는 35ZB데이터가 존재할 것으로 예상된다.

두 번째 디지털 평판 사회의 빅데이터 특징은 데이터 구매비용이 매우 저렴하다는 것이다. 즉, 데이터 보존을 위해 전문 프로그래머를 고용해 불필요한 데이터를 주기적으로 삭제하는 비용보다 이러한 데이터를 그대로 보존하고 유지하는 비용이 훨씬 더 저렴하다. 데이터 삭제는 기업에서 오랫동안 숙고해야 할 정도로 시간과 비용이 많이 든다. 특히 데이터 구조가 복잡할 경우 전문 프로그래머도 데이터를 삭제하는 데 수십 시간이 걸리며, 삭제 비용도 매우 높다. 이러한 비용으로 클라우드 서비스 같은 저렴한 저장공간을 구매해 데이터를 보관하는 편이 훨씬 경제적이며 나중에 데이터 분석 등을 활용해 더 많은 가치를 창출할 수 있다. 이 같은 이유로 글로벌 디지털 평판 사회에서는 기업이 더 이상 데이터를 삭제하기 위해 고민하거나 비싼 프

로그래머를 고용할 필요가 없게 되었다.

구글 G메일의 경우에도 2004년에 이미 1GB 용량을 개인에게 할당했으며, 삭제 버튼 대신에 기록 보관 버튼을 만들어 과거 이메일을 구글 클라우드에 모두 저장해 놓고 있다. 네이버는 이메일 기본 용량 5GB를 제공하며, 최대 15GB를 메일로 가져올 수 있다.[2] 페이스북과 트위터도 이용자 정보를 지우지 않고 매일 저장한다. 이 같은 현상은 수없이 많은 다른 디지털 도메인에서도 일어나고 있다.

이는 곧 디지털미디어에서 상호작용한 우리의 커뮤니케이션 흔적이 현재는 분석되거나 사용되지 않더라도 필요할 때 다시 찾아 쓸 수 있도록 어느 한 곳에 실시간으로 저장되고 있음을 의미한다. 디지털 평판 데이터는 은행에서 재무거래에 사용되거나, 정부기관에 보고될 수 있다. 소셜미디어에 올린 글이 다음날 일간지에 기사화될 수도 있다.

글로벌 디지털 평판 사회에서 존재하는 기업과 개인의 데이터는 마치 작은 먼지와 같다. 먼지는 어느 곳에나 존재하지만 완벽히 제거하는 것은 불가능하다. 디지털 평판 데이터도 이와 같은 성격을 가지고 있어서, 기업과 개인의 잘못된 글과 행동이 디지털상에 흔적을 남기면 디지털 세상에 빠르게 확산되어 이를 완벽히 모두 지우기란 불가능하다. 따라서 SNS상의 개인정보에 대해 '잊힐 권리'를 가져야 한다는 목소리가 끊임없이 나오지만 실현 가능성은 요원하다.

---

2 네이버 메일 용량 안내를 참고했다(2020. 7. 1).

디지털플랫폼의 데이터 종류

글로벌 디지털플랫폼 환경에서 우리가 활동하면서 쌓는 거대한 데이터를 종류별로 구분하면 다음과 같다.

- 신용카드 구매이력(반정형 데이터): 기업이나 개인이 법인카드로 구매한 이력 데이터는 해당 신용카드 회사에 저장되며, 판매자의 지불 관련 컴퓨터 프로세서에 저장된다. 이 디지털 데이터는 다른 소매상에 판매되거나, 타깃 브랜드 마케팅에 활용된다.
- 약국 처방전(정형·비정형 데이터): 제약회사와 약국 간의 거래 데이터나 개인과 약국 간의 처방전 데이터는 관계형 데이터 베이스시스템(RDBMS)에 저장된다.
- 온라인 데이팅 프로파일(정형·비정형 데이터): 디지털플랫폼에서 사람들이 나눈 모든 대화는 서버에 저장된다. 예컨대 결혼하고 자녀를 낳은 후에도 과거 여인과 데이트하며 나눈 대화는 여전히 서버에 저장되어 존재한다.
- 통신기록(정형·반정형·비정형 데이터): 핸드폰과 유선전화로 통화한 데이터는 통신사에 기록되고 저장된다.
- 간접 기록 및 저장되는 데이터: 링크드인에 가입하지 않더라도 친구 또는 지인의 언급으로 기업과 개인 이력 및 정보가 디지털 세계에 노출될 수 있다. 가령, 대학교 동창회 연락처를 블로그에 올릴 경우 본인뿐만 아니라 동창생들의 개인정보(성별, 나이, 학력, 주소, 전화번호, 회비내역 등)가 공개된다.
- 소셜미디어 데이터: 소셜미디어 사업자는 이용자들의 디지털 활동 데이터를 모두 저장한다. 이 데이터는 개인의 성격을 파악하고, 글로벌마케팅 및 정치 캠페인을 실행하는 데 사용한다. 예를 들어 페이스북은 전 세계 21억 명의 개인정보를 보유하고 있으며, 2020년 기준 월간 이용자가 8억 4,500만 명, 일간 '좋아요'와 댓글 수가 27억 건이라고 발표했다(위키피디아 참고).

세 번째 글로벌 디지털 평판 사회의 빅데이터 특징은 데이터는 분석과 범주화를 통해 분류된 후 점수화되어 저장된다는 것이다. 우리는 매일 같이 우리의 어마어마한 정보가 지속적으로 수집되고 저장된다는 사실을 알고 있다. 그러나 수집된 모든 데이터가 의미 있지는 않다. 문제는 사람들이 우리 정보를 가지고 무엇을 할지 우리는 전혀 모른다는 것이다. 앞서 살펴보았지만 현재 디지털 환경에서 우리의 행동데이터, 즉 상품구매, 웹서핑, 댓글은 물론 디지털 재무이력, 업무수행 능력과 같은 데이터는 이미 실시간으로 축적되고 있고 미래 행동을 예측하는 데 사용된다. 데이터 수집능력과 분석능력은 분산병렬처리, 클라우드 서비스 기술 개발과 더불어 인공지능, 기계학습, 딥러닝과 같은 분석기술의 융합으로 가능해졌다.

오늘날 우리의 평판점수는 2진 숫자(binary digits)로 매겨진다. 컴퓨터는 선악에 대한 도덕적 판단은 할 수 없지만, 기부 횟수나 기부금 자료를 통해 높은 평판점수를 산출한다. 만약 우리가 범죄 경력이나 탈세 경력, 속임수 횟수가 많고, 트위터나 페이스북에서 거짓말한 이력이 많다면, 이를 평가해 마이너스 디지털 평판점수를 줄 가능성이 높다. 이것을 가능하게 만든 것은 하둡(Hadoop)과 같은 소프트웨어 기술이다. 이 기술은 평판을 측정할 수 있는 다양한 디지털 데이터를 쉽고 빠르게 수집하고 분석한 후 숫자화한다.

평판을 점수화하면 수많은 기업과 수많은 소비자 선호가 비교 가능한 형태로 깔끔하게 정리된다. 또한 빅데이터 기술은 기업과 개인고객을 이해하는 데 많은 도움을 준다. 개인과 기업의 이익창출과 더불어 어떤 중요한 사안을 결정할 때도 믿고 의지할 수 있는 효과적 도구가 된다. 빅데이터 기술로 수집되어 과학적 통계 알고리즘으로 점수화된 디지털 평판점수는 애매모호하지 않다. 인간의 편견이 개입되지 않았다는 점에서 객관적이고, 양적으로 분석된 깔끔한 고급정보이다.

이러한 이유로 많은 사람들이 다른 방식으로 분석 평가된 평판점수보다 과학적으로 수집되고 분석된 빅데이터 기반 평판점수를 더욱 신뢰한다.

6. 글로벌 디지털 평판측정 사례

디지털 평판점수는 고용시장에서도 큰 영향력을 가질 수 있다. 고용주는 우리의 직업 점수(*job score*)를 바탕으로 우리를 채용할 것인지 말 것인지를 결정하고, 얼마의 연봉을 책정할 것이며, 언제쯤 승진시킬 것인지 미리 결정할 수 있다. 사실은 우리가 전혀 인식하지 못하는 사이에 이 모든 일들이 일어나고 결정된다.

또한 다양한 고객 서비스를 제공하는 회사는 사회공유 서비스를 제공할 때 신뢰성 점수(*credibility scores*)로서 평판점수를 활용할 수 있다. 즉, 고객이 자사 서비스를 이용하는 데 적격자인지 판단할 때 평판점수를 참고할 수 있다. 예를 들어 어떤 사람이 공항에서 내린 후 쏘카나 그린카 등의 공유자동차를 이용한다고 가정해 보자. 서비스 회사에서는 그의 사고 이력, 렌트비 지불 이력 등을 검색하여 평판점수가 좋으면 낮은 가격(50% 이상 할인 또는 무료 쿠폰 제공)에 공유자동차를 이용하도록 할 것이다. 아니면 다른 사람보다 비싸게 공유자동차를 이용하게 하거나 이용을 거절할 수도 있다.

다음으로 보험업자가 투자자와 고용주를 상대로 발행하는 건강과 장수에 대한 점수(*health and longevity scores*)가 있다. 리기캐피탈 파트너(Rigi Capital Partners)라는 회사는 섬뜩한 스코어링 시스템이 있는데, 이것은 어느 고객이 언제 죽을지 파악하는 시스템이다. 회사는 시스템 분석을 통해 곧 죽을 고객의 생명보험을 산다. 그 고객이 살아 있는 동안에 보험금을 납부하고 그가 죽으면 납부한 보험금은 이 회사의 소유가 된다. 회사는 어느 고객이 먼저 죽을지 분석하기 위해 전형적 의료기록을 분석한다. 뿐만 아니라 페이스북 사진과 포스팅을 분석하여 고객이 얼마나 활동적인지 활동지수를 측정한다. 만약 잠재고객이 소셜포스팅상에서 락 콘서트에 가고 스키를 즐기며 매우 활발한 활동을 하는 경우, 이 회사는 그 사람의 보험매입에 대한 투자를 꺼릴 것이다. 활동적인 고객은 비활동적 고객에 비해 좀더 오래 살 가능성이 있기 때문이다.

친구의 평판점수나 기업 파트너의 평판순위가 개인과 기업의 평판점수에 영향을 미칠 수도 있다. 즉, 투명성이 높고 재무상황이 건전하며 좋은 사회적 평판을 가진 기업이나, 올바른 사회관계망을 형성하는 데 많은 시간을 보내야 더 높은 평판점수를 획득할 수 있다. 만약 평판 알고리즘이 판단하길, 어떤 기업의 파트너 회사가 파산위기에 있거나 사회에 악영향을 미치는 행동을 하면, 그 기업의 평판점수는 하락할 가능성이 높으며 좋은 비즈니스 기회를 획득하기 어려워진다. 또한 어떤 사람의 친구가 나쁜 영향력을 행사하는 평판이 나쁜 사람이라면 그는 좋은 영향력을 미치는 사람과는 멀어질 것이다.

한 예로 프레이밍햄하트 스터디(FraminghamHeart Study)에서는 매사추세츠주 프레이밍햄에 거주하는 5,000명 이상의 30년간 건강

기록을 분석한 결과 놀랄 만한 사실을 발견했다. 어떤 대상이 비만이면 그의 친구들도 비만이 될 확률이 두 배로 높다는 것이다. 또한 친구가 파산하면 그 주위 친구들도 파산할 확률이 높다. 따라서 개인의 평판은 그의 주변 친구의 행동과 그들의 평판을 분석함으로써 예측 가능하다.

표 5-1 글로벌 디지털 평판가치 측정 사이트

사이트명	측정 내용
comscore.com	• 개인과 기업의 호의적 브랜드 평판자산을 디지털미디어 플랫폼상에서 보호하기 위해 유해 콘텐츠가 포함된 미디어에 개인과 기업 브랜드가 노출되지 않도록 빅데이터와 인공지능 시스템을 통해 관리하는 서비스를 제공한다. • 미디어에 노출된 브랜드 콘텐츠의 현금가치를 실시간으로 측정하여 보고해 준다.
socialbakers.com	• 글로벌 AI 기반 〈포춘〉 선정 500대 기업을 포함해 수천 개 기업 브랜드를 대상으로 소셜미디어(페이스북, 인스타그램, 트위터, 유튜브, 링크드인, 구글플러스, VK, 핀터레스트 등) 상에서 디지털 평판을 관리한다. • 인플루언서 마케팅을 실행할 수 있는 글로벌 디지털 마케팅 플랫폼이다.
honestly.com	• 직원의 고용점수를 측정한다. • 측정되는 합산 고용점수로 지역별·부서별 관리자로서의 역량점수, 만족도, 역량, 개인성장, 동료 관계, 관리자 관계, 인지와 피드백, 문화, 호의, 복지 요인을 평가한다.
kred.com	• 개인의 소셜 영향력을 측정한다. • 영향력과 활동이라는 두 가지 변수는 소셜미디어 콘텐츠를 공유하려는 가능성과 성향이라고 조작적 정의를 한 후 컴퓨터 알고리즘으로 이를 점수화한다.
newsle.com	• 이용자와 관련된 사람에 대한 중요한 뉴스가 무엇인지 찾아 이를 그 사람에게 전달한다. • 링크드인과 통합 서비스를 제공한다.

유유상종(類類相從)은 같은 공동체 안에서 서로 왕래하여 사귄다는 뜻으로 비슷한 부류의 인간 모임을 비유한 말이다. 높은 평판의 사람이나 회사와 좋은 관계를 맺을 때 부와 명예가 따라올 확률이 높다. 그렇지 않으면 개인과 기업은 하루아침에 불명예를 안고 나락으로 떨어질지 모른다. 따라서 항상 깨어서 자신의 주변 친구를 살피고 관리해야 한다.

7. 글로벌 디지털 평판관리의 전략

디지털미디어 환경에서는 기업이나 개인이 부정적 내용을 감추기보다 이를 해명하기 위해 적극적 정보를 생산해야 한다. 이러한 행동을 통해 평판을 측정하는 컴퓨터 알고리즘이 기업과 개인에게 좋은 평판점수를 주도록 만들어야 한다. 자신이나 자사에 관한 긍정적 내용의 콘텐츠를 계속 생산하는 것은 평판을 측정하는 컴퓨터 알고리즘을 학습시키기에 매우 좋은 방법이다.

1) 컴퓨터 알고리즘을 활용한 평판 구축 전략

그렇다면 좋은 평판을 얻으려면 어떻게 컴퓨터 알고리즘을 학습시킬 것인가? 몇 가지 전략을 제시하면 다음과 같다.

첫째, 컴퓨터가 이해할 수 있는 방법으로 기업과 개인에 대한 긍정적 정보를 입력한다. 예를 들면, "내 대학 졸업 평점은 좋았다"라는 추상적 표현보다 "내 졸업학점은 4. 5 만점 기준 4. 0이었다"라는 숫자로 표현하는 방식을 택한다. 기업의 경우 어떤 제품을 "많이 판매했다"보다 "2019년 총 판매금액 대비 10% 증가했다"라는 구체적 표현을 사용하는 것이 유리하다. 매우 높은 평판점수를 받을 수 있는 기부행위에 대해서도 "기부를 많이 했다"보다 "2020년도 총 기부금액은 10억 원이다"라고 정보를 입력해야 컴퓨터 알고리즘의 이해도가 훨씬 높아 좋은 평판점수를 받는다.

둘째, 글로벌 디지털마케팅 커뮤니케이션 전문가를 확보하고 이들을 디지털미디어 플랫폼 최전선에 배치한다. 유명 연예인을 포함한 글로벌기업은 자신에게 유리한 뉴스가 글로벌 디지털미디어 환경에서 이해관계자들의 입에 오르내리기를 원한다. 이를 위해 기업과 개인은 이해관계자들과 건설적 대화가 지속될 수 있도록 글로벌 디지털마케팅 커뮤니케이션 전문가를 고용해서 배치해야 한다.

이들은 디지털미디어상에서 타깃 대중과의 토론 내용을 모니터링하고 시의적절한 댓글을 작성할 책임과 권한이 있다. 그리고 개인과 기업의 이익을 항상 염두에 두면서도 모든 대화에 투명성, 일관성, 신뢰성을 보여주어야 한다. 그렇지 않으면 어떤 사안에 대한 댓글이 한쪽으로만 치우쳐서 부정확한 시각만 전달하고 투명성, 일관성, 신뢰성이 떨어져 기업과 개인의 브랜드 평판을 한순간에 악화시킬 수 있다.

또한 이들은 데이터 분석능력을 갖추어야 한다. 고객의 댓글과 질문을 유형별로 분류하고 비교, 분석할 수 있는 통계학과 같은 과학적 분석방법론과 지식을 보유해야 한다. 분석결과를 바탕으로 디지털 루머의 조기경보 신호를 알아차리고 부정적 댓글, 질문, 루머에 적절한 답변을 만들어 대응해야 한다. 그리고 결과를 요약, 정리하여 경영진과 이해관계자가 이해하고 주목하게 하는 일처리 능력이 요구된다. 담당자가 직접 배치 형식으로 데이터를 수집해 그때그때 분석하는 방법뿐만 아니라, 실시간 데이터 수집 및 분석 가능한 솔루션을 구매해서 분석에 활용하는 능력도 키워야 한다.

셋째, 글로벌 디지털미디어 환경에서 공개된 전문 네트워크 사이트(페이스북, 링크드인, 위키피디아 등)에서 기업과 개인의 정보를 지속적으로 업데이트한다. 위키피디아는 디지털미디어를 활용하는 누구나 자유롭게 글을 쓸 수 있는 이용자 참여 온라인 백과사전이다. 따라서 기업의 최신 뉴스를 지속적으로 업데이트하면 이용자들이 기업에 호의적인 평판점수를 주는 데 기여할 수 있다. 개인의 경우 링크드인과 같은 전문 네트워크 페이지에서 학력과 경력을 포함해 과거·현재·미래 프로젝트와 책임을 계속 업데이트하는 것이 매우 중요하다.

넷째, 정보의 내용을 판단해 다른 사람이 보지 않기를 바라는 모든 정보를 디지털미디어 환경에서 없앤다. 이를 위한 몇 가지 방법이 있다. 첫 단계는 문제를 일으키는 정보의 유형을 확인하는 것이다. 만약 긍정적 소음을 유발하는 정보[3]가 네이버, 다음, 구글, 빙, 야후와 같은 포털사이트에서 발견되면 이를 가능한 한 많이 활용해 긍정적 뉴스가 디지털미디어상에서 최대한 널리 퍼지게 한다. 반면에 적극적 행동을 통해 나쁜 소문과 거짓 정보는 제거한다. 네이버,[4] 구글의 경우에는 기업과 개인과 관련된 정보를 삭제해 달라고 요청하면 제거해 준다.

---

[3] 예를 들면 전문분야의 수상경력, 건강검진 결과표, SNS(트위터, 페이스북, 링크드인, 인스타그램, 핀터레스트, 텀블러 등) 프로필 업데이트 등이 있다.

[4] 네이버는 개인의 프라이버시 보호를 위해 네이버 프라이버시센터에서 이용자 개인정보 보호는 물론이고 이용자의 프라이버시 침해 문제를 해결해 준다.

다섯째, 컴퓨터는 아직 인간보다 여러 면에서 어리석다는 것을 기억한다. 즉, 인공지능도 인간이 제공한 데이터와 인간이 개발한 알고리즘의 범위 안에서 데이터를 분석하고 판단한다는 사실을 명심한다. 다시 말해, 디지털 환경에서는 평판 데이터를 조작하여 평판을 높일 수 있다. 예를 들어, 어떤 사람이 착용자의 운동 활동을 모니터링하는 핏빗(Fitbit)을 자신의 손목이 아니라 강아지나 아이들에게 부착한 후 그 데이터를 SNS를 통해 공유한다고 가정해 보자. 그는 운동을 열심히 하는 건강한 사람이라고 컴퓨터 알고리즘에 인식되고 좋은 평판점수를 얻을 것이다.

디지털노마드 시대인 오늘날 운영하는 유튜브나 스마트스토어, 쇼핑몰이 있거나, 어떤 전문분야에 종사하며 전문적 서비스를 제공한다면, 그 서비스에 대해 최고 평가를 한 댓글을 찾아라. 이러한 댓글이 적다면 호의적 댓글을 자발적으로 작성하도록 고객에게 특별한 인센티브를 지급한다. 수많은 디지털미디어 사이트에서 호의적 댓글을 찾아 하나로 조합하고, 자신의 서비스에 열광적으로 반응하는 고객을 찾아 이들에게 더 많은 인센티브를 준다면 사업체는 쉽게 매출을 증가시킬 수 있다. 좋은 디지털 평판을 얻는 것은 덤이다. 반대로 제품과 서비스에 불만이 있어 낮은 평점과 부정적 댓글을 단 고객에게는 적극적인 자세를 취해라. 예를 들면 고객에게 직접 전화해서 불만족한 부분을 듣고 이를 해결해 준 후 댓글과 평점의 수정을 요청한다. 그리고 실시간으로 댓글을 모니터링해야 한다. [5]

글로벌 디지털미디어 플랫폼상에서 지속적으로 호의적 평판을 유

---

5 유튜브 채널 '신사임당'의 "최저가보다 비싸도 잘 팔 수 있었던 이유"(임병훈 인터뷰 2부)를 참고했다.

지하고 이를 방어할 수 있는 핵심기술은 자신의 이름으로 무절제한 발언을 하는 것을 자제하고, 부적절한 사진을 페이스북과 같은 SNS에 올리지 않으며, 만약 이런 자료가 있다면 바로 삭제하는 것이다. 그리고 자신의 제품과 서비스의 '적'을 만들지 않고 '팬'을 만들 수 있는 방법을 항상 고민하고 연구해야 한다. 호기심으로 평판에 부정적인 영향을 미치는 부적절한 제품을 구매할 때에도 신용카드보다 현금으로 결제한다. 언제 어디서나 자신이 남긴 디지털 흔적에 경계를 게을리하지 않고 주의해야 한다.

여섯째, 동영상을 통해 글로벌 디지털 평판을 호의적으로 구축하는 것에 관심을 갖는다. 유튜브는 국내 기준 이용시간이 카카오톡, 네이버, 페이스북을 압도한다. 최근 몇 년 사이에 다른 디지털미디어보다 사용시간이 3배 이상 증가하며 눈부신 성장세를 기록했다. 그 이유는 MZ세대[6]가 디지털 환경에 매우 익숙하며 텍스트보다 영상을 즐기기 때문이다. 유튜브는 영상을 재미로 보는 기능 외에도 이용자의 궁금증을 검색하면 이를 해결해 주는 기능을 제공하여 종합검색 플랫폼으로 자리 잡았다.

이것이 가능하게 된 이유는 인공지능이 결합된 기계학습 추천 알고리즘 덕분이다. 이용자가 관심 있게 시청한 영상을 분석하고 관련 영상을 지속적으로 추천해 줌으로써 유튜브에 머무는 시간이 더욱 증가했다. 이용자가 잘 모르는 지식도 유튜브 검색을 통해 찾을 수 있기 때문에 굳이 포털사이트에 들어가 활자로 검색할 필요가 없다.

유튜브에서는 동영상이 마음에 들면 '좋아요' 버튼을 누르고 그 숫

---

6 1980년대 초에서 2000년대 초에 출생한 밀레니얼 세대와 1990년대 중반에서 2000년대 초반에 출생한 Z세대를 통칭하는 말이다.

자가 많아질수록 상위권에 랭크된다. 싸이의 〈강남 스타일〉, BTS의 여러 히트곡뿐만 아니라 '신사임당', '삼프로TV 경제의 신과 함께', '김작가TV' 등의 채널은 이러한 디지털 평판으로부터 힘을 얻어 국내를 넘어 세계적으로 성공한 사례다. 특히 BTS의 〈불타오르네〉, 〈쩔어〉, 〈피 땀 눈물〉, 〈DNA〉, 〈낫 투데이〉, 〈세이브 미〉, 〈다이너마이트〉 등 총 17편의 뮤직비디오는 유튜브에서 2억 뷰를 돌파했다.

2) 유튜브를 통한 평판 구축 전략

오늘날 조직, 특히 대기업이나 비영리단체에서 유튜브를 활용하는 사례가 늘고 있다. 그렇다면 이들은 어떻게 유튜브를 이용해 호의적 평판을 쌓을 수 있을까?

첫째, 디지털 시각 커뮤니케이션 또는 디지털 시각 콘텐츠 전문가를 고용해야 한다. 그리고 기업이나 단체에서 생산하는 제품과 서비스에 대한 생산방식, 생산과정, 제품의 내구성과 기능성, 독창성을 만드는 힘을 보여줄 영상을 제작한다. 필요에 따라 제품사용법, 수리방법, 폐기방법(친환경적 방법)까지 자세히 다뤄야 한다. 무엇보다 영상에서 제품과 서비스를 통해 고객을 만족시킬 수 있다는 자신감과 진정성이 드러나야 한다.

둘째, 디지털 콘텐츠 제작 책임자는 업로드한 영상을 지속적으로 모니터링해야 한다. 긍정적 평판을 얻은 영상은 조직에 이롭게 활용하고, 부정적 평판을 받은 동영상은 빠르게 조치를 취하여 위기를 초기에 차단해야 하기 때문이다. 하나의 채널을 운영하기보다 5개

그림 5-3 디지털 콘텐츠 브랜드 평판 실시간 관리 플랫폼

이상의 채널에서 각각 다른 콘셉트로 영상을 제작한 후에 수용자 반응이 좋은 콘텐츠와 영상 플랫폼을 적극적으로 키우는 전략을 세워야 한다.

글로벌 디지털 소셜미디어 플랫폼상에서 동영상을 통해 디지털 문화를 구축하는 것이 중요한 시대가 되었다. 동영상 문화 시대가 디지털 문화를 지배하고 있다. 동영상 같은 시청각적 커뮤니케이션은 이해관계자들과 인간적으로 가까워질 가능성이 더 높고, 개인과 기업에 더 감성적이고 친근하게 다가가는 콘텐츠 형식이기 때문이다.

유튜브 같은 동영상 플랫폼을 활용하여 호의적 글로벌 평판을 구축하려면 다음의 사항을 사전에 검토해야 한다. 우선 디지털 세상에서 벌어지는 일을 파악하고 모니터링하는 것을 넘어 조직과 관련된 이해관계자들과 접촉하려고 노력해야 한다. 둘째, 목표 이해관계자의 니즈를 충족시키는 콘텐츠를 제작한 후 매체별 동영상의 시청 효과를 과학적 방법으로 측정해야 한다. 동영상 제작 시 길이는 짧고, 디지털 세상에서 빠르게 확산되도록 공유가 가능하게 만들어야 한

136

다. 셋째, 동영상의 확산속도에 맞게 대응전략을 세워야 한다. 넷째, 동영상 콘텐츠 제작에 이해관계자를 참여시켜 좋은 생각과 아이디어를 담도록 노력해야 한다. 다섯째, 디지털 동영상 라이브러리를 구축해야 한다. 여섯째, 불만 이해관계자들을 잘 관리해야 한다. 기업의 제품과 서비스가 아무리 좋아도 SNS 상에서는 반드시 불만에 찬 이해관계자(고객, 직원, 경쟁자, 소비자, 친구 동료 등)가 존재한다. 이들은 기업에 손해를 끼치는 의견을 게재할 수 있다. 이러한 경우 앞에서 언급한 방법으로 긍정적 정보가 더 많이 검색될 수 있도록 노력해야 한다.[7]

서비스 회복 패러독스

1,000명의 고객이 만족을 느끼더라도 반드시 10명 정도는 불만을 가질 수 있다. 기업은 이러한 불만의 소리에 귀 기울인 후 자사의 제품과 서비스를 개선하고 불만을 해소시켜 줄 때 오히려 더 좋은 평판을 얻을 수 있다. 이것을 '서비스 회복 패러독스'(Service Recovery Paradox)라고 부른다. 고객 서비스에 불만이 많은 사람일수록 회사가 잘못된 부분을 인정하고 그 부분을 개선한 후 더 나은 서비스를 제공하면 더 기뻐한다는 것이다. 또한 이들은 이런 사실을 더욱 많이 퍼뜨려 결국 기업의 좋은 평판을 형성하는 씨앗이 된다.

디지털 평판관리는 언제든지 문제가 발생할 수 있다고 가정하고 시작해야 한다. 그리고 이를 해결하기 위한 계획을 미리 세우고 문제가 발생했을 때 최대한 빠른 시간 내에 해결책을 실행에 옮겨 기업 평판의 훼손을 예방하는 것도 잊어서는 안 된다.

---

7 네이버 블로그 "스마트스토어 리뷰 수정과 관리방법"을 참고했다.

3) 디지털 평판관리의 로드맵

디지털 환경에서는 평판점수가 높은 기업과 개인에 대한 사회적 보상이 즉각적으로 발생하고 할당된다. 다시 말해, 일관성과 신뢰성을 갖고 책임감 있게 행동한 사람은 평판점수가 즉시 개선되고 이에 대한 보상으로 재무적 혜택을 받는다. 다른 사람이 받지 못하는 특별한 대우와 제안을 받으며, 어디를 가든지 VIP로 자신의 지위와 서비스가 승격된다.

한편 보상 시스템의 유일한 문제점은 컴퓨터 알고리즘의 오판이다. 오판은 잘못된 정보습득으로 발생하는데, 이때 컴퓨터는 통제 불가능하게 되고 감당하기 힘든 위기를 만든다. 대표적 사례가 거짓 뉴스, 거짓 소문, 거짓 비방이다. 이러한 소문을 만들어 내는 공장이 바로 디지털 세계다. 수많은 사람이 이로 인해 비극적 결말을 맞이했고, 다수의 글로벌기업이 천문학적 손해를 본 채 파산하거나 적대적 합병을 감행했다.

지금까지 살펴본 바와 같이, 글로벌 디지털 평판은 사실이든 허구이든 즉각적으로 조직이나 개인의 삶에 영향을 미친다. 마치 토네이도와 같다. 글로벌 디지털미디어 플랫폼상의 작은 소문은 처음엔 조용히 시작하지만 며칠 또는 몇 시간 안에 완전히 세상을 뒤집어 버릴 수 있다. 그러나 언제나 깨어 있다면 그 폭풍을 조종할 수 없더라도 그것이 지나갈 때까지 잠시 대피할 수 있다. 가림막 아래 지하 은신처로 들어가 위험을 피하고 목숨을 건질 수 있다.

기업과 개인의 글로벌 디지털 평판을 측정하는 컴퓨터 알고리즘은 데이터가 사실인지 아닌지를 구별한 후 분석하기보다 입력 정보에 의해서만 디지털 평판점수를 매긴다. 따라서 입력(*input*) 데이터가 거짓이면 출력(*output*) 분석 데이터도 거짓인 경우가 많다. 결국 개인이든 조직이든 잘못된 정보로 디지털 평판이 하락하는 것을 막기 위한 최선의 방법은 항상 깨어 있는 것이다.

또한 이런 상황을 감시할 수 있는 상용 솔루션과 오픈소스 솔루션을 사용하는 것도 좋은 방법이다. 위에서 언급한 Comscore Audience Activation, VMX, VCE와 함께 Google Alert, Socialbakers가 대표적 예다. 이들 시스템을 통해 기업 브랜드 평판과 더불어 개인 평판에

표 5-2 기업의 디지털 평판관리 로드맵

단계	평판관리 사항
1단계	기업의 이해관계자 파악 후 그들이 중요하게 생각하는 사안을 분석한다
2단계	이해관계자로부터 기업 평판을 측정한 후 분석한다
3단계	평판관리의 우선순위와 목표를 설정한다
4단계	이해관계자와 오프라인 및 온라인 접촉 기회를 모색한다
5단계	핵심 사안에 대해 독창적 방법으로 긴밀한 대화를 추진한다
6단계	디지털 브랜드 평판을 감시, 평가한 후 전술을 조정한다

표 5-3 개인의 디지털 평판관리 로드맵

단계	평판관리 사항
1단계	디지털미디어상에서 자신의 이름이 검색되고 있는지 확인한다
2단계	긍정적 내용과 부정적 내용을 분리 분석한다
3단계	나의 이해관계자는 누구인지 파악한다
4단계	나의 이해관계자에게 호의적 인상을 줄 수 있는 전략을 수립한다
5단계	디지털미디어상에서 공개되는 나의 정보를 정확히 업데이트한다
6단계	디지털미디어상에서 포스팅 글과 이미지, 영상 업로드에 신중을 기한다
7단계	같은 이름, 같은 ID를 사용한다
8단계	평판 모니터링 후 전술을 조정한다

대한 현 정보와 변화된 위치를 월간 또는 실시간 단위로 정기적 업데이트를 하고 감시해야 한다. 위기상황이 발생했을 때는 잘못된 소문의 확산을 방지하고 문제해결을 위한 빠른 행동을 취해야 한다. 지식이 힘이다. 온라인, 모바일과 같은 디지털 환경에서는 더욱 그렇다.

글로벌 디지털 평판 사회와 이를 구성하는 디지털 경제에서 평판에 심각한 문제가 발생했다고 해서 평판 복원을 포기할 필요는 없다. 왜냐하면 한 번 잃어버린 평판도 반드시 회복시킬 수 있기 때문이다. 기업과 개인이 보유한 디지털 평판은 은행계좌 잔고의 미미한 움직임이라기보다 소소한 기사 한 줄에도 출렁이는 주가흐름과 같기 때문이다. 주가가 바닥으로 떨어지면 반드시 반등하듯이, 지금 평판이 암흑 상태에 있을지라도 다시 튀어 오를 수 있다.

그 방법은 모든 상황을 앞서서 주도하는 것이다. 사람들이 말하는 것과 측정하는 것을 통제할 수 있다면 당신은 당신의 선호에 맞게 그 대화를 바꿀 수 있다.

6장

스타의 성공공식, 평판관리

1. 한류 급성장과 연예인 평판의 중요성

최근에 영화, 드라마, 음악 등의 연예산업이 눈부신 속도로 성장하면서 그 중심에서 활동하는 연예인의 사회적 지위와 가치도 함께 향상하고 있다. 연예인은 이 시대의 핵심적 문화상품으로 사회·문화적 측면뿐만 아니라 경제적 측면에서도 강력한 영향력을 발휘한다. 그리고 연예산업이 이룩한 각종 문화 콘텐츠 수출은 연예인들의 해외시장 진출을 가속화시켰으며, 국내외에서 지속적 부가가치를 만들어 내고 있다(허행량, 2002; Koku, 1995; Shayre & King, 2003).

1990년대 후반부터 동남아시아 지역을 기점으로 시작된 한국 문화 콘텐츠 수출은 '한류'(韓流)라는 이름으로 해당 국가 대중들에게 사회·문화·경제적으로 큰 영향을 끼치고 있다. 한류는 한국 제품 평가는 물론 구매의도에 영향을 미치며(홍성태·강동균·대옥제언, 2007), 그동안 주목받지 못했던 한국 대중문화의 우수성과 한민족의

2020년 아카데미 4관왕에 오른 영화 〈기생충〉은 한국 영화와
문화에 대한 세계인의 관심과 평판을 높이는 계기를 마련했다.

자긍심을 높이는 역할을 하고 있다(이동윤·안민아, 2007).

　2020년 2월 미국 LA에서 열린 제92회 아카데미 시상식에서는 큰
이변이 일어난다. 한국 봉준호 감독의 영화 〈기생충〉이 비영어권 최
초로 작품상을 비롯해 감독상, 각본상, 국제장편영화상까지 4관왕을
휩쓴 것이다. 영화 〈기생충〉은 한류의 우수성을 세계에 널리 알리는
계기가 되었다. 영어가 아닌 언어로 만들어진 아시아 영화였지만 본
상 후보에 노미네이트되어 작품상과 감독상을 동시에 수상했다. 한
국영화 역사 101년 만에 처음 있는 일이었다. 1962년부터 아카데미에
한국영화 작품을 출품한 이래 58년 만에 이룬 쾌거였다. 이는 한국영
화사를 넘어 아카데미 시상식의 역사를 새로 쓴 사건으로 한국영화의
위상을 높이고 한국문화 수준을 재평가받는 기회가 되었다.

　특히 영화 속에서 주인공이 먹었던 '채끝살 짜파구리'는 영화가 흥

행하면서 해외에서 큰 관심과 주목을 받았다. 이에 농심에서는 유튜브 채널에 짜파구리 조리법을 11개 언어로 소개하는 영상을 게재했는데, 이틀 만에 2만 건의 조회 수를 달성하기도 했다. 또 영화 속에서 박소담이 경력을 속이고 부잣집 미술치료 교사로 들어가는 과정에서 〈독도는 우리 땅〉 노래를 개사해 만든 〈제시카송〉은 외국인들에게 엄청난 인기를 끌며 휴대폰 벨소리로도 사용되고 있다. 이는 단순히 노래를 공유하는 것을 넘어 한국과 일본의 국토분쟁을 전 세계에 알리며 우리의 정치적 문제를 공유했다는 점에서 의미가 크다.

주목할 점은 이러한 한류현상의 시작과 중심에 한국의 유명 연예인이 있다는 사실이다. 한국 연예인들은 중국을 비롯한 동남아시아 국가 대중들의 영화, 음악, 드라마 등 문화 콘텐츠에 영향을 끼친다. 또한 한국 유명 연예인에 대한 인기와 관심은 그들을 직접 보거나 그들이 출연한 드라마나 영화 촬영지를 구경하려는 외국인들의 한국 방문을 이끈다. 나아가 한국음식과 한글 등 한국 고유문화를 경험하는 데 영향을 미치기도 한다(김호석, 2001; 윤재식, 2003; 한은경·박승배·박원기·이상돈·유재하, 2005).

그러나 2000년대 후반에 한류 연예인의 주무대이던 중국, 일본, 베트남, 싱가포르 등지의 TV와 신문에서 한류 연예인에 대한 부정적 뉴스를 보도하면서, 한국 연예인의 이미지가 막대한 타격을 입었다. 연예인은 언론을 통해 형성된 평판을 바탕으로 대중에게 관심과 명예를 얻고 부를 축적하는 특수한 사회적 지위를 갖고 있다(정혜경, 1996). 그래서 검증되지 않은 소문이나 비방은 연예인의 국제무대 진출에 큰 부담이 된다. SNS, 유튜브, 틱톡 등 다양한 미디어를 통한 소통이 일반화된 요즘, 평판은 그들에게 더 중요한 요소가 되었다.

따라서 연예인들이 국제무대에서 장기적이고 지속적인 연예활동을 하기 위해서는 연예인의 정체성에 맞는 전략적 평판관리가 필요하다. 평판(reputation)이란 다양한 이해관계자에게 조직의 장점을 전달하고, 수용자들을 만족시키며, 경쟁사에 차별성을 갖는 것으로 조직과 이해관계자 간의 이성적이고 감성적인 관계를 말한다(Fombrun & Shanley, 1990; Fombrun, 1996; Rindova & Fombrun, 1998).

이 장에서는 평판 개념을 연예인에게 적용해 그들의 사회적 관심과 영향력에 대해 이해해 보고자 한다.

2. 연예인 평판의 개념과 축적된 연구

네이버 사전에 따르면, "연예인은 연예계에 종사하는 사람들을 통틀어 일컫는 말"이라고 간략히 정의된다. 과거 연예인은 대중적 취미대상이나 가십거리로 치부되면서 '딴따라'로 불릴 만큼 사회적 지위가 높지 않았다. 그러나 생활의 양적 성장을 우선시하던 산업사회 단계가 지나면서 사람들은 점차 삶의 질 향상을 추구하며 마음의 풍요를 생각하게 되었다. 경제와 문화의 상호관계, 즉 물질적 삶과 정신적 가치의 조화에 대해서도 종전과 다른 방식으로 접근하게 되었다. 이는 물질적 가치를 중시하는 경제시대에서 정신적 가치를 중시하는 문화시대로의 이행이 일반화되는 것을 의미한다(대통령자문 21세기위원회, 1994).

연예인은 일반인과 달리 공인 신분을 갖는다. 공인이란 업적·명성·생활양식에 의하여 또는 일반인에게 그 행위·사건·인격에 정당한 관심을 갖게 하는 직업을 선택함으로써 공적 인물이 된 사람을 말한다(정요한, 2003). 공인의 범위에는 공적 관심의 대상으로서 활동 대부분이 언론을 통해 알려지고, 그 지위가 언론보도에 의해 발생하거나 획득되는 연예인도 포함된다.

연예인들은 문화산업의 주요 행위자로서 대중매체를 통해 끊임없이 모습을 드러내야 하고, 대중매체 역시 연예인의 등장을 필요로 한다. 다시 말해, 연예인은 일반인과 달리 언론에 노출되어 인기를 끄는 공인으로서의 특수성을 갖는다. 이는 미국 명예훼손법상의 논리에서 공인을 규정하는 근거와 유사하다. 여기서 공인은 공개적으로 대중의 관심이나 이목을 얻고자 하며 언론에 대한 접근성이 높다는 점에서 일반인과 구분된다(Gertz v. Welch, 418 U.S. 323, 1974).

또한 연예인은 청소년의 우상으로 부각되었고, 연예인의 비행에 대한 한국 사회의 비난 수준이 매우 높다는 점, 연예인에 관한 연구와 판례에서 이들은 일반적으로 공무원, 정치인, 언론인 등과 함께 '공적 인물'로 분류한다는 점도 연예인의 공인으로서의 위치를 뒷받침한다(이승선, 2004). 이처럼 연예인은 단지 문화 콘텐츠를 생산하고, 전달하는 객체에서 발전하여 공인으로서 대중에게 패션, 문화, 가치관 등 다양한 영향력을 행사하는 문화 전도자로서의 역할을 한다.

그러나 연예인의 사회적 지위와 영향력에 비해 연예인과 관련된 연구는 다양하지 않다. 광고모델을 통한 광고효과나 패션스타일, 연예인 이미지 연구가 주를 이룬다. 김유진은 스타모델에 대한 광고효과를 연구했다. 그 결과, 스타모델에 대한 선호도가 높은 집단과 이미지 일치도가 높은 집단에서 광고효과가 크게 나타난다는 사실을 확인했다(김유진, 2001). 백형중은 유명 연예인의 사생활 정보가 광고효과에 미치는 영향에 대해 연구했다. 연구 결과, 사생활에 대한 가벼운 정보는 모델에 대한 선호도, 상표 태도에 영향을 미친다는 점을 제시했다(백형중, 2002).

연예인의 스타일을 분석한 연구는 연예인들의 패션 및 헤어스타일에 대해 살펴보았다. 이동은은 대중가수 의복이 그 시대의 유행을 나타내며, 청소년들은 패션에 관심도가 높아 대중가수의 비주얼 측면인 복식이 대중가수의 선호도를 결정하는 중요한 요소라고 했다(이동은, 2001). 안현경은 TV 드라마 여배우의 헤어스타일을 정리하고 패션 감성별 헤어스타일 이미지 메이킹 차트를 제작했다(안현경, 2004). 이 차트는 8가지 이미지에 따른 헤어스타일 형태와 색채, 소품 등을 제시했다.

또 다른 연예인 관련 연구는 스타시스템, 스타마케팅에 관한 것이다. 한국 대중문화 영역에서 스타시스템은 대중문화산업의 발전과 함께 산업적 성격이 강화되고 있으며, 스타의 이미지는 일상적이고 평범한 이미지로 변화하고 있다(정혜경, 1996). 스타시스템에서 나타나는 산업성 강화는 스타의 상품성 강화를, 일상성 강조는 스타에 대한 대중의 모방심리와 동경 강화를 의미한다. 그리고 대중문화 상품은 스타파워를 확대, 재생산하기 위해 스타에 대한 정보를 생산하고 유통하는데 미디어에 크게 의존한다. 스타시스템이 정교화되고 의존도가 심화되면서 기획사들은 성장을 통한 기업화가 이루어지는 실정이다(이진만, 2002). 이에 따라 연예인들은 각기 나름대로의 방식으로 차별화와 일관성을 유지하며 스타브랜딩 전략을 구사한다.

이러한 연예인 영향력이나 효과에 대한 연구와 더불어 연예인 이미지나 특성을 측정하기 위한 연구도 진행되었다. 오윤경과 이경희는 국내 여자 연예인을 중심으로 스타일 유형과 이미지를 측정하는 연구를 시도했다(오윤경·이경희. 2006). 그들의 연구에 따르면, 연예인 이미지 구성요인은 발랄함, 매력성, 외향성, 친근함, 4가지 차원과 21개 하위항목으로 이루어진다. 그러나 연구에서 제시한 이미지 구성요인은 주로 겉으로 드러나는 외형적 모습을 통해 평가할 수 있는 항목을 포함한다. 이는 이미지 요인만으로 실질적 연예인 활동이나 성과를 평가하는 데는 한계가 있음을 보여주는 단적인 예이다.

또한 한은경과 유재하는 한류의 인적 브랜드 자산 측정 연구에서 한류스타의 이미지 측정항목으로 한류스타의 가격, 광고, 품질, 가치, 혜택, 보증, 유사성 등 9가지 항목을 제시했다(한은경·유재하, 2005). 가격·가치요인은 한류스타가 높은 출연료 또는 관심을 얻을 능력이 있는지, 광고요인은 적절한 언론노출을 통해 홍보가 이루어지는지 측정한다. 혜택·보증요인은 정신적 즐거움을 주는지, 유사성 요인은 문화적 유대감과 친밀감, 동질성을 느끼는지 등을 측정한다.

따라서 이 장에서는 연예인의 평판 구성요인을 전문성에만 국한시키지 않고 다차원적으로 살펴보고자 한다.

3. 방탄소년단의 사례

방탄소년단(BTS)은 아이돌그룹 브랜드 평판 1위를 2017년부터 최근까지 연속해서 차지하고 있는 국내 남성 아이돌그룹이다. 미국 빌보드는 2018년 5월 마지막 주 '빌보드 200 차트'에 BTS의 〈러브 유어셀프: 티어〉 앨범이 1위에 진입했다고 밝혔다. 이후 2019년과 2020년에도 빌보드 200 차트 1위로 진입한 BTS의 성공을 알렸다.

2018년 5월 BTS는 〈러브 유어셀프: 티어〉 앨범으로
'빌보드 200 차트' 정상에 올랐다. 출처: 빌보드 홈페이지.

한국 가수가 이 차트에서 1위를 차지한 것은 빌보드 78년 역사상 처음 있는 일이었다. 또한 2020년 8월 〈다이너마이트〉로, 10월에는 〈새비지 러브〉로 '빌보드 핫 100 차트' 1위에 오르며 또 다른 기록을 달성하기도 했다.

그동안 많은 K-POP 그룹들이 미국시장 진출을 위해 노력했지만 번번이 실패했다. 하지만 방탄소년단은 달랐다. 이들의 영문 약칭인 BTS는 이미 빌보드에서 하나의 장르로 인정받으며 글로벌 대세임을 입증했다. 그들은 발매하는 앨범마다 빌보드 차트에 이름을 올리며 한국 가수로서 최고 진입기록을 달성했다. 소셜미디어 영향력에서는 이미 몇 년 전부터 저스틴 비버, 셀레나 고메즈, 아리아나 그란데, 션 멘데스 등 내로라하는 영미권 톱스타들을 제쳤다.

'총알을 막는 보이스카우트'라는 뜻을 가진 방탄소년단의 시작은 화려하지 않았다. 독특한 이름 덕분에 기억에는 남았지만, 다른 K-POP 아이돌과 달리 비트가 강한 힙합과 랩을 하는 보이그룹에 주목하는 사람은 많지 않았다. 그러나 7년이 지난 지금 BTS는 빅뱅, 엑소 등 다른 아이돌을 뛰어넘는 K-POP 대표주자로 급성장했다. 대형기획사의 도움 없이 오직 소년들 스스로 일군 성공이었다.

'흙수저 아이돌'의 세계 정복은 어떻게 가능했을까? 4가지 비결로 분석해 보면 다음과 같다.

1) 글로벌 트렌드에 맞는 음악

> 딱 들으면 K-POP이란 걸 느낄 수 있는 다른 아이돌 음악에 비해 BTS의 음악은 그렇지 않다. BTS는 글로벌 시장 트렌드에 근접한 음악을 구현해냈다.
>
> 〈아이돌로지〉 편집장 미묘

BTS 이전 K-POP 아이돌의 음악장르는 댄스곡 일색이었다. 영미권 음악의 트렌드는 라틴팝과 EDM(*Electronic Dance Music*) 위주로 흘러갔지만, K-POP은 댄스음악 하나로 국내와 아시아 시장을 공략했다. BTS는 이 틀을 깨고 영미권 트렌드에 맞춘 음악을 과감하게 시도했다. K-POP을 제3세계 음악으로 취급하던 영미권 팬들은 흑인 리듬의 힙합과 EDM을 결합한 비트에 K-POP 특유의 '칼군무'를 조화시킨 BTS의 퍼포먼스에 금세 빠져들었다.

그러나 데뷔 초 힙합 하는 아이돌에 대한 기존 힙합신의 평가는 그다지 좋지 못했다. 대중 역시 BTS의 음악을 낯설어했다. 〈불타오르네〉, 〈피 땀 눈물〉, 〈DNA〉 등은 BTS의 대표곡이지만 국내 음원 차트에서 하루 이상 1위를 기록한 적이 없고, 단 몇 시간 동안만 실시간 1위에 올랐다. BTS는 해외에서 먼저 반응을 얻고 그 성과를 바탕으로 국내로 역수입되는 방식으로 활동했다. 해외에 BTS가 알려진 계기는 2015년에 발표한 〈쩔어〉와 〈Not Today〉의 히트였는데, 두 곡 모두 힙합비트가 강한 곡이다.

BTS가 애초에 힙합을 택한 것은 단지 댄스 위주 아이돌 시장에서 블루오션을 찾겠다는 이유만은 아니었다. 멤버들 모두 힙합을 진심으로 좋아했고, 힙합에 애정이 있었기에 모험을 감행할 수 있었다. BTS 소속사인 빅히트엔터테인먼트의 방시혁 대표는 멤버들이 하고 싶은 것을 할 수 있도록 자유로운 분위기를 만들어 주었다. 유명 작곡가의 곡을 돈으로 사와서 군무를 훈련하는 기존 아이돌 제작방식과 분명히 거리를 둔 방식은 기존 아이돌과 다른 그들만의 자생력을 갖게 했다.

힙합으로 시작한 BTS의 음악범위는 점점 넓어지고 있다. BTS 멤버들 전원이 랩, 보컬에 능숙할 뿐만 아니라 작사, 작곡에 참여한다. BTS는 뭄바톤 트랩, 이모힙합 등 다양한 서브장르의 힙합뿐만 아니라 라틴팝, 신스펑크, R&B 발라드, 하우스, 랩록 등을 시도한다. 멤버들이 만든 곡을 뼈대로 해당 장르 전문가들이 참여하여 최신 트렌드에 맞춰 가는 식이다.

글로벌 음악 트렌드 속에서 어느 것 하나 놓치지 않으려는 BTS의 이러한 노력은 음반에 대한 긍정적 평가를 이끌어 내고 있다. 일본 음악프로듀서 가메다 세이지는 "섹시한 R&B 보컬에 하드하고 문학적인 랩까지 BTS는 더 위켄드, 저스틴 비버, 드레이크, 포스트 말론이 한 그룹 안에 있는 것 같다"며 극찬했다.

2) 강력한 팬덤 형성

미국의 한 평범한 가정집에서 엄마가 딸을 위해 깜짝 선물을 준비했다. 봉투를 열어 보니 BTS 콘서트 티켓이 들어 있다. 딸은 너무 기쁜 나머지 펄쩍 뛰다가 눈물까지 흘린다. 유튜브에 올라온 아메리칸 뮤직어워드 홍보영상의 한 장면이다.

BTS는 K-POP을 넘어 보이그룹의 고유명사가 되었다. 보이그룹이 K-POP에만 있는 것은 아니다. 영미권에도 전설적 보이그룹의 계보가 있다. 1970년대 비치 보이스, 1980년대 뉴키즈 온 더 블록, 1990년대 백스트리트 보이즈는 시대를 대표하는 그룹이다. 거슬러 올라가면 마이클 잭슨의 잭슨 파이브와 비틀즈도 이 계보 안에 들어 있다. 미국 토크쇼 사회자 엘렌 드제네러스는 BTS를 향해 환호성을 지르는 미국 소녀팬들을 보며 "비틀즈가 온 것 같다"라고 말하기도 했다.

BTS 이전에 K-POP 스타로는 글로벌 가수 싸이가 있었다. 싸이는 한국인 외모와 한국어 가사로도 유튜브를 통해 글로벌 톱스타가 될 수 있음을 증명했다. 하지만 지금 BTS 열풍은 싸이 때와 다르다. 싸이는 음악적으로 평가받았다기보다 그들에게 없던 댄스를 선보인 문화충격 효과가 더 컸다. 〈강남스타일〉이 흘러나오면 다들 말춤을 췄지만 그 이상으로 발전하지 못했다. 결정적으로 팬덤을 형성하지 못하면서 싸이가 아닌 음악 그 자체만 흥행시키는 데 그쳤다.

하지만 BTS는 강력한 팬덤을 형성했다. BTS 팬들을 총칭하는 '아미'(ARMY)는 공식적 집계는 없지만 전 세계적으로 1,000만 명 이상에 달할 것으로 추정된다. 2019년 11월 19일에 열린 아메리칸 뮤직

2019년 5월 미국 로즈볼 스타디움에서 열린 BTS 공연에
엄청난 수의 팬들이 모였다. 출처: 빅히트엔터테인먼트 홈페이지

어워드 무대에서도 아미의 함성은 브루노 마스, 션 멘데스, 비욘세, 체인스 모커스 등 그날 참석한 다른 뮤지션들을 압도했다. 팬덤은 호감과 열정, 연대감이 결합될 때 탄생한다. 과거의 팬덤이 호감과 열정의 산물이었다면 소셜미디어 시대에는 연대감이 더 중요해졌다. 팬들은 스타와 연대하고 또 팬들끼리 연대하기도 한다. BTS는 끊임없이 자신들이 팬들과 함께 일상을 살아가는 평범한 존재임을 각인시키며 팬들과의 거리를 좁힌다. 슈퍼스타가 된 지금도 팬들의 눈높이에서 소통하려는 태도가 팬들과의 연대감을 강화하고 있다.

그러나 팬덤에도 부작용은 존재한다. 누군가를 지나치게 좋아하면 관용을 잃기 쉽다. 스타와의 연대감이 강해진 나머지 일부 팬들은 스타의 잘못된 행동도 옹호하거나 다른 그룹에 공격적 행동을 보이는 경우도 종종 목격된다. BTS 팬들은 표절문제를 놓고 한때 샤이니, 빅뱅, 엑소 팬들과 언쟁을 벌이기도 했다. 잘못된 팬덤에 대한 비난은 스타와 직결된다. 팬덤의 주체가 스타인 만큼 팬덤이 잘못된 방향으로 흐르지 않도록 관리하는 것도 강력한 팬덤을 가진 스타의 숙명이다.

152

3) 기준이 된 소셜미디어 활용

빌보드 탑 소셜아티스트상 2년 연속 수상, 빌보드 소셜 50 차트 64주
1위, 트위터 최다 활동 남성그룹 부문 기네스 세계기록 등재, 트위터
최다 리트윗 아티스트 1위 ….

BTS에 대해 쏟아지는 기사들의 상당수는 소셜미디어에 관한 것
이다. 소셜미디어 활용에 관한 한 BTS는 타의 추종을 불허한다.
트위터로 정치를 하는 미국 트럼프 대통령조차 BTS 리트윗 수의
절반에도 미치지 못한다. 트위터 리트윗 수로 따지면 2017년 말 기
준 트럼프가 2억 1,300만 회인 데 비해, BTS는 5억 200만 회로 세
계 1위를 기록했다. 적어도 트위터에서는 BTS가 트럼프의 영향력
을 능가한다.

과거의 스타들이 신비주의 마케팅으로 이미지를 아끼며 희소성으
로 승부했다면, 소셜미디어 시대의 스타는 정반대다. 이미지를 폭발
적으로 제공해 친근감으로 승부한다. BTS는 소셜미디어에 일상 사
진을 찍어 올린다. 뿐만 아니라, 멤버들이 1인 크리에이터로서 개인
방송도 하는데 그 영향력이 웬만한 방송국을 능가한다. BTS의 개인
방송이 올라오는 유튜브 '방탄 TV'(BANGTANTV) 채널은 2020년 7월
기준으로 구독자 3,290만 명, 조회 수 54억 회에 달했다. BTS는 사
소한 일상부터 해외투어, 무대 비하인드스토리, 개인적 취향을 담은
다양한 콘텐츠까지 유튜브 채널을 통해 생산한다.

BTS가 여느 K-POP 그룹보다 소셜미디어 활용을 잘하게 된 것은
역설적으로 소셜미디어 외에는 홍보수단이 없었기 때문이다. 지금

유튜브 BTS 채널인 방탄 TV 홈 화면

이야 빅히트엔터테인먼트가 대형기획사를 능가할 정도로 규모가 커졌지만,[1] 처음부터 그랬던 것은 아니다. 대형기획사에서 신인그룹의 인지도를 높이기 위해 물량공세를 퍼붓는 것과 달리 BTS는 데뷔 초에 방송활동 기회를 잡기도 힘들었다. 정규 1집 타이틀곡 〈데인저〉는 공개한 지 1시간 만에 차트아웃되는 굴욕을 겪기도 했다. BTS가 좀처럼 돌파구를 찾지 못하자 방시혁 대표는 한때 그룹해체를 생각한 적도 있다.

하지만 멤버들은 이대로 끝낼 수 없다는 오기로 똘똘 뭉쳤고 소셜미디어를 적극적으로 활용해 드라마틱한 반전을 이루어 냈다. 멤버들은 콘텐츠를 대량 생산하고 팬들의 댓글에 일일이 반응하며 친근하게 다가갔다. 방송출연 영상은 저작권에 문제가 있을 수 있지만 멤

---

1 2017년 영업이익에서 빅히트엔터테인먼트는 SM, YG, JYP를 앞질렀다. 증권가에서는 추정하는 빅히트엔터테인먼트 시가총액은 SM의 9,300억 원을 뛰어넘는 1조 원이다.

버들이 소셜미디어에 직접 올린 콘텐츠는 저작권 걱정이 없다는 것도 이들의 콘텐츠가 확대, 재생산되는 데 한몫했다.

아이돌 평론가 미묘는 "과거에는 기획사가 가진 기획력이 중요했다. 빅뱅 때만 해도 팬들은 아이돌이 어떤 식으로 데뷔했는지 소개받으면 만족했다. 하지만 이제 팬들은 그들의 뒷모습을 보길 원한다"면서 "소셜미디어가 아이돌의 성공공식을 바꾸고 있다"고 말했다. 수억 회의 조회 수를 기록하는 뮤직비디오와 함성 가득한 콘서트장에서 보이는 그들의 무대 위 모습뿐만 아니라, 그들이 직접 찍어 올리는 정돈되지 않은 뒷모습으로 제작한 콘텐츠가 지금의 BTS를 만든 힘이다. BTS의 소셜미디어 성공사례는 워낙 독보적이어서 이제 데뷔하는 모든 아이돌 그룹에게 일종의 지침서가 되고 있다.

그러나 소셜미디어 활용이 긍정적인 부분만 있는 것은 아니다. 소셜미디어를 활발하게 활용하다 보면 종종 논란에 휩싸이기도 한다. BTS는 선배가수를 추모하는 기간에 춤추는 영상을 올려 비난을 받는가 하면, 소속사와의 갈등을 그대로 노출시켜 문제가 되기도 했다. 또 타인의 소셜미디어에서 퍼온 글을 가사로 써서 표절 논란에 휩싸이기도 하고, 여성혐오 가사와 발언으로 젠더감수성이 부족하다는 지적을 받기도 했다.

BTS는 이런 논란을 겪을 때마다 신속한 사과와 수정, 대안 마련 등으로 직면한 위기에 적극적으로 대처하면서 성장해왔다. 이러한 BTS의 위기대처 방식은 추후 더 깊이 있는 분석을 통해 연구할 만한 가치가 있다.

4) 성장하는 소년들의 메시지

대부분의 K-POP 그룹은 그들의 음악을 정치화하거나 논쟁적 주제를 다루는 데 주저했지만, BTS는 여러 차례 정신건강, 왕따, 사살 등의 문제를 다루었다. 이런 비전형적 접근방식이 미국에서 BTS의 인기를 높였다.

빌보드 닷컴

BTS의 노래에는 또래의 고민이 있고, 사회를 바라보는 시선이 있다. 미국 CNBC는 BTS의 성공비결을 분석하면서 다른 K-POP 팀과의 가장 큰 차이점으로 '진정성 있는 메시지'를 꼽았다. BTS 음악에는 '편견과 억압을 막아 내겠다'는 메시지가 있다. 데뷔 초 '학교 3부작'에서는 청소년이 바라보는 현실과 꿈을 노래했고, '화양연화 2부작'은 위태로운 청춘을 담았다. 학교와 집, PC방을 쳇바퀴처럼 오가는 답답한 현실을 묘사한 〈N. O〉, 부모 등골 빼는 자식을 향한 〈등골브레이커〉, N포세대 이야기를 다룬 〈쩔어〉, 열정페이와 수저론을 다룬 〈뱁새〉, '탕진잼'에 빠진 흙수저 청년세대를 응원하는 〈고민보다 Go〉, 사랑과 자아를 찾아가는 〈러브 유어셀프〉 4부작 등이 그렇다.

불안한 청춘의 성장기는 동서양 모두 공감할 수 있는 보편적 메시지다. 이런 메시지를 만들기 위해 BTS는 문학작품과 영화에서 아이디어를 얻는다. 팬들은 BTS가 음악에 담아 놓은 메시지와 스토리를 해석하기 위해 즐거운 상상을 하기도 한다. 새 음반과 뮤직비디오가 공개될 때마다 유튜브에는 팬들의 자발적 해석이 담긴 콘텐츠가 올라온다. 또 BTS가 참고했다고 알려진 문학작품은 갑자기 판매량이 급증하는 효과를 보이기도 한다. 사랑 이야기가 주류인 음악시장에서 BTS가 꾸준히 내놓는 진정성 있는 메시지와 스토리의 앨범에는 음악을 통해 인생과 사회에 대한 고민을 대중과 함께 나누고자 하는 마음이 담겨 있다.

그러나 단지 메시지를 담았다고 공감을 얻을 수 있는 것은 아니다. BTS의 멤버 슈가는 기자간담회에서 BTS가 담아내는 '불안한 청춘'이라는 메시지에 대해 "불안함과 외로움은 평생 함께하는 것 같다. 그걸 어떤 방식으로 풀어내느냐는 평생 공부해야 한다. 상황과 순간마다 감정이 너무 달라서 매 순간 고민하는 것이 삶이라고 생각한다"며 자신의 소회를 털어놓았다. 이렇듯 메시지는 발화하는 주체, 전달되는 형식, 수용자의 감수성 등이 맞아떨어져야 비로소 소통으로 연결될 수 있다. 똑같은 메시지도 누가 어떤 식으로 누구에게 하느냐에 따라 다르게 해석되기 때문에 시의적절한 메시지를 위해 끊임없이 고민해야 한다.

4. 사랑받는 연예인의 평판관리 전략

1) 연예인 평판관리 체크리스트

이제 연예인 평판이 어떤 하위개념으로 구성되는지 알아보고, 연예인 평판관리 체크리스트를 통해 올바른 연예인 평판관리 방법에 대해 논하고자 한다. 연예인 평판 구성요인은 7가지로 분류되며, 각 요인에 포함된 항목의 특성에 따라 개인인품, 대내외 관계성, 전문성, 외적 특성, 사생활관리, 사회공헌, 위기관리로 나뉜다.

연예인 평판관리 체크리스트를 바탕으로 연예인 평판관리를 위해 어떤 점들을 중점적으로 점검해야 하는지 살펴보겠다.

개인인품 요인은 신뢰감, 겸손함, 친근감, 존경할 만함, 성실함, 예의 바름 등 6가지 세부항목을 포함하며, 인간으로서 지닌 연예인의 성품이나 됨됨이를 평가하는 항목으로 구성된다. 평판이 높은 연예인들은 개인 성품 및 이미지와 도덕성 요인에서 평판이 낮은 연예인들보다 훨씬 긍정적이고 높은 점수를 얻는 것으로 나타났다. 대중들은 연예인들의 행동과 말 등에서 드러나는 친근함, 솔직함과 같은 인간미와 예의 바른 도덕적 태도에 관심과 호감을 갖는 것이다. 예를 들어, 오랫동안 대중에게 성품 좋은 연예인으로 인기를 얻은 개그맨 유재석은 이러한 요인으로 인해 높은 평판을 유지하고 있다.

표 6-1 연예인 평판관리 체크리스트

요인	세부항목
개인인품	• 신뢰감 • 겸손함 • 친근감 • 존경할 만함 • 성실함 • 예의 바름
대내외 관계성	• 원만한 대인관계 • 팬과의 지속적 관계 • 언론매체와의 관계
전문성	• 전문분야의 지식 보유 • 경쟁력 있는 외국어능력 보유 • 전문분야의 능력을 보유
외적 특성	• 호감을 주는 외모 • 잘생긴/예쁜 외모 • 매력적인 몸매
사생활 관리	• 스캔들, 부정적 사건이 없음 • 건전한 사생활
사회공헌	• 사회기부 활동 • 사회봉사 및 자선활동
위기관리	• 위기상황에 대한 솔직한 대처 • 위기상황에 대한 극복능력

출처: 한은경·이보영·문효진 (2007).

대내외 관계성 요인은 원만한 대인관계, 팬과의 관계, 언론매체와의 관계 등 3가지 세부항목을 포함하며, 연예인의 사회적 관계성을 평가하는 항목으로 구성된다. 연예인의 사회적 관계성은 연예인에 대한 대중의 관심에서 비롯되는데, 이러한 관심과 호감은 한 연예인에 대한 전체적 평판형성에 큰 영향을 미친다. BTS의 경우 관계요인 중 팬과의 관계를 잘 형성함으로써 높은 평판을 유지하고 있다.

전문성 요인은 전문지식 보유, 외국어능력, 전문분야 능력 등 3가지 세부항목을 포함하며, 연예인으로서 갖추어야 할 자질이나 능력을 평가하는 항목으로 구성된다. 연예인이 평판관리를 위해 가장 중점을 두어야 할 부분은 '전문성'과 '매력성' 요인인 것으로 드러났다. 이는 단순한 이미지 메이킹을 통해서는 대중들로부터 그 이미지에 따른 평가만을 받지만, 자기분야의 전문지식을 축적하고 월등한 능력을 가지면 연예인을 넘어 아티스트로서 호의적 평판을 구축하는 기회를 얻을 수 있음을 의미한다.

외적 특성 요인은 호감을 주는 외모, 잘생긴/예쁜 외모, 매력적인 몸매 등 3가지 세부항목을 포함하며, 연예인의 외형적 모습에서 표출되는 감정을 반영하는 항목으로 구성된다. 매력성 요인이라고 할 수 있는 이 외적 특성 요인은 연예인 이미지를 결정짓는 외모와 재치를 평가하는 요인으로, 연예인 평판을 구축하는 데 중요한 요소로 작용한다.

사생활 관리 요인은 스캔들이나 부정적 사건이 없음, 건전한 사생활 등 2가지 세부항목을 포함하며, 연예인의 자기행동 관리능력을 평가하는 항목으로 구성된다. 이 요인은 개인 성품 및 이미지 또는 도덕성 요인과 맥락을 같이하는데, 버크셔 해서웨이 CEO인 워런 버핏(Warren Buffet)이 "평판을 쌓는 데 20년, 무너뜨리는 데는 5분"이라고 말한 데서 그 중요성을 알 수 있다. 연예인은 일반인들과 달리 언론에 노출되어 인기와 명예를 얻고 부를 축적하는 특수한 사회적 지위를 갖기 때문에(이재진, 1999), 작은 실수나 거짓 행동에도 비난을 받고, 좋은 평판을 잃기 쉽다. 그리고 한 번 추락한 평판은 연예인 자신뿐만 아니라 그와 관련된 다른 영역에도 부정적 영향을 미치므로, 평판관리에서 사생활 관리는 중요한 요소로 작용한다.

사회공헌 요인은 사회기부 활동, 사회봉사 및 자선활동 등 2가지 세부항목을 포함하며, 사회구성원으로서 공공의 이익을 위한 행동력을 평가하는 항목으로 구성된다. 사회공헌 요인의 경우, 단기적으로 드러나지는 않지만 향후 평판을 향상시키는 데 주요 요인으로 작용할 수 있기에 꾸준한 관리가 필요하다. 예를 들어 가수 션은 꾸준한 사회공헌 활동을 통해 대중에게 '봉사와 기부' 하면 떠오르는 대표적 연예인으로 인식되어 높은 평판을 구축했다. 단기간에 평판에 영향을 미치는 중요한 요인은 아니지만, 해당 요인에 대한 꾸준한 관리는 높은 평판으로 이어질 수 있다.

위기관리 요인은 위기상황에 대한 솔직한 대처, 위기상황에 대한 극복능력 등 2가지 세부항목을 포함하며, 작은 실수로도 연예생활에 치명적 손실을 입히는 연예인의 위기관리 능력을 평가항목으로 구성된다. 사회공헌 요인과 위기관리 요인은 사실 대중들로부터 큰 가중치를 얻지는 못했으나, 이들 요인 역시 평판관리에서 중요한 부분으로서 지속적 관리가 필요하다.

2) 한국 연예인 평판관리를 위한 제언

한국 연예인 평판요인의 중요도를 살펴보면, 전문성, 외적 특성, 개인인품, 사생활 관리, 대내외 관계성, 위기관리, 사회공헌 순이었다. 즉, 전문성 요인과, 외적 특성 요인 그리고 개인인품 요인이 다른 요인에 비해 중요하게 나타났다.

특히 전문성 요인이 상대적으로 중요하게 나타난 이유는 연예인이 좋은 평판을 얻으려면 직업에 대한 전문적 능력과 지식을 기본적으로 구비해야 하기 때문이다. 다시 말해, 가수는 노래를 잘 불러야 하며, 연기자들은 그들이 출현하는 드라마나 영화에서 뛰어난 연기력을 보여주어야 한다. 이러한 기본적 능력 못지않게 외국어를 능숙하게 구사하고, 시사프로그램 사회자로 활약하거나, 강단에서 자신의 경험을 학생들에게 가르치는 전문가적 자질을 갖춘 연예인은 평판 구축에서 경쟁 연예인보다 유리하다.

또한 개인인품 요인의 중요도가 높게 나타난 이유는 연예인을 단순히 영화나 드라마 등의 미디어를 통해 인위적으로 만들어진 우상적 객체로 바라보지 않기 때문이다. 기술과 미디어의 발달로 언제든지 연예인에 대한 정보를 검색할 수 있고, 일상에서 비쳐지는 여러 기사와 뉴스를 통해 그들의 사실적 모습을 경험하고 평가할 수 있게 되었다. 따라서 연예인이 노래를 잘하거나, 연기를 잘하는 전문능력 못지않게, 더 진실하고, 예의 바르며, 신뢰를 주는 우수한 성품을 갖추길 대중들은 요구하고 있다.

이와 함께 주목할 부분은 외적 특성 요인에 대한 결과이다. 한국에서 외적 특성 요인의 중요도가 상대적으로 높게 나타난 것은 한국 사회에 불고 있는 '몸짱 신드롬'이나 '얼짱 신드롬'과 관련해 해석 가능하다. 한국 사회에서는 사람을 판단할 때 여러 기준 중에서 외적 부분을 강조하는 경향이 강한데, 이것을 자연스럽게 대중의 우상격인 연예인을 판단하는 기준에도 적용한 것으로 볼 수 있다.

이렇듯 앞서 언급한 평판척도를 바탕으로 연예인의 이미지와 정체성에 맞는 평판 전략을 반드시 구축해야 한다. 이는 장기적이고 지속적인 연예활동을 위한 필수요소이며, 개인의 경제적 성공과도 직결된 문제이다.

7장

영향력 있는 인플루언서의 평판관리

1. 소셜미디어 발전과 인플루언서의 등장

다매체·다채널 시대를 맞아 소비자들은 수많은 광고에 노출되며 처리해야 할 광고의 양이 과도하게 많아졌다. 소비자는 일방적으로 정보를 전달하고 설득하려는 광고에 피로감을 느낀다. 뿐만 아니라 자신의 관심사와 관계없거나 불필요한 상업적 콘텐츠와 메시지에 관심을 보이지 않게 되었다. 특히 스마트폰과 태블릿 PC 등 디지털미디어의 보편화는 소비자의 미디어 소비행태를 변화시키고, 소비자의 패러다임이 '쌍방향적 공감'으로 변화하는 데 있어 중요한 역할을 했다.

실제로 글로벌 소셜미디어 이용자는 연평균 약 11.2% 수준으로 지속적으로 증가하며, 2020년에는 30억 명을 넘어설 것으로 전망된다. 일평균 SNS 이용시간은 130분을 넘어선 것으로 나타났다. 국내 소셜미디어 이용자 규모도 2020년에는 3,300만 명을 넘어설 것으로 예상된다(Mezzo Media, 2019). 소셜미디어를 통한 글로벌 디지털

50대 몸짱 의사 이수진과 70대 할머니 유튜버 박막례의 사례에서
알 수 있듯이, 오늘날 인플루언서는 다양한 연령과 계층을 아우른다.

마케팅 시장 역시 꾸준히 성장해 2020년 약 1,000억 달러(약 120조 원),
2021년에는 약 1,450억 달러(약 170조 원)로 증대할 것으로 전망된다.
국내 시장도 소셜미디어를 활용한 마케팅 광고시장 규모가 2021년까
지 약 1조 원 규모로 급성장할 것으로 예상된다(Mezzo Media, 2019).
이와 같이 디지털 환경에서 각종 정보와 경험, 생각을 공유하는 소셜
미디어와 소셜채널이 보편화되었다. 이에 따라 기존의 전체 시청자
를 겨냥한 광고미디어 접근방식과 달리 청중 내 타깃에게 도달할 수
있는 소셜마케팅(social marketing)이 중요해졌다.

특히 인플루언서(influencer)와 인플루언서 마케팅(influencer marketing)
에 대한 관심이 뜨거워졌다. '영향력 있는 개인'이라는 뜻의 인플루언
서는 연예인, 셀럽, 소셜스타 등을 포괄하는 개념이다. SNS를 통해
누구나 소비자인 동시에 생산자인 프로슈머(prosumer)가 되며 정보를
쉽게 공유할 수 있는 환경에서 이들은 타인에 대한 영향력을 갖는다.
소비자이자 생산자인 인플루언서는 소비자들에게 친밀함과 신뢰감을
형성할 뿐 아니라 라이브, 트윗, 댓글 등을 통해 소비자와 직접 소통하
며 개인의 라이프스타일을 어필하고 확산시킨다. 또한 각종 온라인

커뮤니티와 SNS에서 다수의 의사결정이나 의견형성에도 영향을 미친다(Blute & Joshi, 2007). 따라서 인플루언서는 제품과 서비스 구매에 결정적 역할을 하는 1인 마케터라고 할 수 있다.

이러한 이유로 기업은 고객과 쌍방향 소통을 하고 고객의 직접적 참여를 유도하면서 고객 접점을 확대하는 마케팅 플랫폼으로 인플루언서를 활용한다. 이들은 인터넷사이트에서의 바이럴 영상은 물론이고 유튜브 등 SNS 광고, TV 광고, 지면광고에 이르기까지 다양한 영역에서 활동하며 영향력을 확장하고 있다.

실제로 뷰티 크리에이터 이사배는 아모레 퍼시픽의 코스메틱 브랜드인 프리메라의 광고모델로, 키즈 유튜버 뚜아·뚜지는 LG 퓨리케어 360도 공기청정기 '여름을 부탁해' 편에 출연했다. 뷰티 크리에이터로 활동 중인 인기 유튜버 오늘의 하늘은 한국 존슨앤드존슨 구강 청결제인 리스테린의 모델로, 인기 먹방 유튜버인 슈기는 농심의 '스파게티 까르보나라' 모델로 활동했다.

이사배, 뚜아·뚜지, 오늘의 하늘, 슈기 등 인플루언서가 광고모델로 출연한 TV 광고

아모레퍼시픽과 인플루언서 홀리가 협업해 제작한 유튜브 광고 영상.

　백화점 등의 유통업계에서도 다양한 이벤트에 인플루언서와 협업한 마케팅을 선보이거나 유명 인플루언서를 초청하여 강연과 토크 공연을 주최하는 등 오프라인 행사를 진행해 소비자들의 관심을 이끌어 내고 있다. 또한 중국의 왕훙경제[1]는 2019년에 매출 100조 원을 돌파했으며 2020년에는 193조 원을 넘을 것으로 예상된다.

　인플루언서는 이미 고정적 팔로워를 보유하고 있어 다른 소비자를 끌어들이기 쉽다. 따라서 인플루언서를 활용한 마케팅은 상대적으로 짧은 시간에 다수의 잠재고객을 확보할 수 있다. 실제로 국내 화장품 기업인 아모레퍼시픽은 2018년 6월 자사 브랜드인 마몽드에서 출시한 쿠션 신제품 홍보를 위해 36만 명이 넘는 유튜브 채널 구독자를 보유한 뷰티 크리에이터인 홀리(Holy)와 협업을 진행했다. 홀리는 본인 유튜브 채널에 신제품 소개 영상을 게재했고, 해당 영상은 2일 만에 조회수 10만 건을 돌파했다. 아모레퍼시픽과 홀리의 협업은 매출 효과로도 이어졌다. 아모레퍼시픽의 발표에 따르면, 홀리가 소개한 컨실러와 쿠션 세트는 사내 소셜마켓 진행 사례 중 최단 시간 내에 완판되었다.

---

1 왕훙이란 중국 온라인상의 유명인사 '왕뤄훙런'(網絡紅人)의 줄임말이다. 중국에서 왕훙이 나라 경제 전반에 미치는 영향력이 커지면서 왕훙경제라는 용어가 생겼다.

이처럼 기업은 인플루언서를 매개로 덜 직접적이고 친숙한 방식으로 잠재고객과 소통할 수 있기 때문에, 다양한 분야에서 인플루언서를 활용한 마케팅이 이루어지고 있다.

2. 인플루언서 평판의 개념과 필요

1) 인플루언서의 개념과 현황

스마트폰이 보편화되고 모바일 인터넷이 활성화되면서 디지털미디어의 소셜네트워크에 기반을 둔 SNS(Social Network Services)와 동영상 플랫폼, 1인 미디어 플랫폼의 수요가 증가하면서 인플루언서의 영향력이 커지고 있다. 특히 〈포브스〉에서 2018년을 지배할 영향력 있는 마케팅 트렌드로 '인플루언서 마케팅'을 선정하면서 인플루언서와 인플루언서 마케팅이 더욱 주목받게 되었다.

인플루언서는 유튜브, 인스타그램, 페이스북 등 소셜미디어에서 활발한 활동을 펼치며 적게는 수만 명에서 많게는 수백만 명의 팔로워를 가지고 다른 사람에게 영향력을 행사하는 사람을 의미한다. 초기 먹방, 쿡방으로 시작한 동영상 콘텐츠는 인플루언서가 다양한 분야의 콘텐츠를 지속적으로 생산하면서 관련 산업의 성장을 가져왔다. 미국 인플루언서 마케팅 기관인 미디어킥스에 따르면, 전 세계 기업이 2019년 인플루언서들에게 지출한 금액은 41억~82억 달러(약 4조 8,380억~9조 6,760억 원)로 추정되며, 이는 2015년 시장규모(5억 달러)와 비교해 10배 이상 증대한 것으로 확인되었다(Mediakix, 2019).

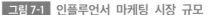

그림 7-1 인플루언서 마케팅 시장 규모

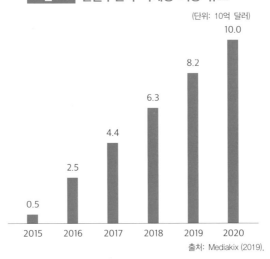

(단위: 10억 달러)

출처: Mediakix (2019).

또한 인플루언서 마케팅 에이전시 설립 및 관련 투자도 증가하고 있다. 시장조사 기관인 '인플루언서 마케팅 허브'(Influencer Marketing Hub) 의 보고서 (*The State of Influencer Marketing 2020: Benchmark Report*) 에 따르면, 2015년 신설한 인플루언서 전문 마케팅 에이전시는 190개였지만, 2016년에는 335개, 2017년 420개, 2018년 740개, 2019년 1,120개로 점차 증가하는 추세이다.

인플루언서는 자신의 취미와 관심사를 사진과 영상 등 콘텐츠로 만들어 자기만의 독창적인 분야를 정립해 나간다. 이들은 각자 제작하고 전달하는 콘텐츠에 따라 뷰티, 패션, 게임, 엔터테인먼트, 음식, 스포츠, 여행 등 다양한 분야에서 활동한다. 실제로 〈포브스〉에서 2018년 12개 분야의 Top 10 인플루언서를 조사한 결과, 분야별 Top 10 인플루언서의 채널별 팔로워 및 구독자 수 합계는 수천만 명 이상으로 나타났다. 특히 메가 인플루언서는 복수의 SNS 채널을 운영하면서 각 채널별 특성과 독자 성향에 맞는 콘텐츠를 제작하고 공유해서 더 많은 영향력을 행사했다.

이처럼 SNS를 통해 누구나 생산자이자 소비자로서 콘텐츠를 쉽게 제작하고 소비하는 환경에서 인플루언서는 각종 정보와 경험, 생각을 공유하고 확산시키며 다른 사람들에게 직간접적인 영향을 미친다. 또한 이들은 사회적·정치적 의제설정 및 여론형성 과정에서 SNS를 통해 사회운동에 참여함으로써 자신의 의견을 드러내고 팔로워에게 관심이나 참여를 독려하기도 한다. 2019년 6월, 유명 사업가이자 요리사인 백종원은 양파파동으로 양파값이 폭락하자 자신의 유튜브 채널에서 다양한 양파요리 방법을 소개하며 양파 소비촉진에 힘을 보탰다.

인플루언서는 SNS를 기반으로 하기 때문에 소비자와 직접적 커뮤니케이션을 통한 상호 의사소통이 가능하다. 이들은 SNS 라이브 방송을 통해 소비자와 실시간으로 대화하거나, 검색이 용이한 태그를 붙인 게시물을 올려 자신의 라이프스타일을 공유한다. 또한 이들은 소비자에게 피로감을 주지 않으면서 필요한 정보를 제공할 뿐 아니라 소비자가 자발적으로 소셜미디어 공간에서 정보를 공유하게 만들기도 한다. 따라서 인플루언서를 통해 전파된 정보는 바이럴 효과까지 동반하여 나타나는 것으로 조사되었다(한국마케팅 연구원, 2016).

실제로 연예인과 인플루언서의 콘텐츠를 비교한 연구에서, 인플루언서 콘텐츠에 대한 팬들의 충성도 및 관여도가 더 높은 것으로 나타났다. 또 인플루언서 콘텐츠는 영상 태도, 제품에 대한 선호도, 브랜드 태도 및 구매의도에 미치는 영향 역시 높은 것으로 나타났다(대홍기획, 2017). 이외에도 소비자의 84%가 인플루언서로 인해 브랜드에 대한 태도 변화를 보였고(유승아, 2018), 인플루언서의 동영상

정보를 신뢰한다고 응답했다(김우빈·추호정, 2018).

인플루언서 콘텐츠는 단순히 이용자가 제작한 콘텐츠 이상의 의미를 지닌다. 인플루언서는 자신의 실제 경험을 나누기 때문에 이들의 콘텐츠는 소비자에게 개인적이고 진정성 있는 것으로 받아들여진다. 따라서 인플루언서가 소비자에게 전하는 메시지는 쉽고 자연스럽게 전달될 뿐 아니라, 소비자에게 더 많은 신뢰감을 준다. 그리고 이러한 진정성 있고 신뢰성 있는 콘텐츠는 제품에 대한 인사이트를 제공하고, 팔로워의 참여를 유도해 소비자와 인플루언서 간에 의미 있는 관계를 맺을 수 있게 도와준다.

함샤우트의 보고서(Content Matters Report, 2018)에 따르면, 응답자의 64%가 인플루언서 콘텐츠를 통해 상품과 서비스를 인지한 적이 있고, 84%가 인플루언서 콘텐츠를 통해 알게 된 정보를 추가로 탐색한 적이 있다고 답했다. 또한 실제 구매까지 이어진 비율 역시 76%에 달했다. 자주 방문하거나 구독하는 채널을 보유한 비율은 44%였고, 채널 구독자는 20대가 31%로 가장 높았다. 구독 채널은 블로그(49%), 페이스북(46%), 인스타그램(44%), 유튜브·동영상 채널(38%) 순이었다. 구독 이유는 콘텐츠의 재미, 전문성, 많은 정보량 순으로 나타났다. 특히 콘텐츠의 재미 면에서는 유튜브가, 전문성과 정보량 면에서는 블로그가 우세한 것으로 나타났다.

인플루언서 채널에서 제공하는 정보의 신뢰도 또한 높게 나타났다. 응답자의 40.4%가 인플루언서 채널에서 제공하는 정보를 신뢰한다고 했고, 부정적 반응을 보인 응답자는 6.4%에 그쳤다. 정보신뢰 이유는 콘텐츠 내용이 전문적이거나, 관심분야의 정보가 많기 때문이었다. 또한 콘텐츠 만족도는 브랜드 태도에도 영향을 미치는 것으로 나타났다. 전체 응답자의 82%가 인플루언서 채널의 콘텐츠를 통해 브랜드 인식이 바뀌었다고 답했다. 이 중 65%의 응답자가 브랜드 인식이 긍정적으로 바뀌었는데, 그 이유는 콘텐츠 만족도가 높거나 해당 브랜드 상품 및 서비스가 좋아 보였기 때문이다.

오늘날 전 세계적으로 디지털과 함께 자란 최초의 세대인 밀레니얼 세대가 주요 소비층으로 부상하면서 인플루언서의 영향력은 날로 증대하고 있다.

대학내일연구소의 유튜브 크리에이터 영상 이용행태 및 인식 보고서에 따르면, 이들은 연예인(26.6%)보다 인플루언서(73.4%)가 제공하는 정보를 더 신뢰하는 경향이 있었다. 제품 구입 및 서비스 이용 분야별 인플루언서의 정보 신뢰도를 살펴보면, 뷰티 부문 73.4%, 패션 부문 63.3%, IT 전자기기 부문 86.9%, 식품 부문 83.1%로 대부분의 분야에서 인플루언서의 신뢰도가 높게 나타났다(대학내일연구소, 2018). 이를 통해, TV 광고로 제품을 접하던 기성세대와 달리 밀레니얼 세대는 인플루언서의 영향력을 크게 받는다는 사실이 검증되었다.

2) 인플루언서 유형

인플루언서는 팔로워 수와 영향력을 기준으로 메가 인플루언서(*mega influencer*), 매크로 인플루언서(*macro influencer*), 마이크로 인플루언서(*micro influencer*), 나노 인플루언서(*nano influencer*) 등 네 그룹으로 구분할 수 있다(KOTRA, 2017).

첫째, 메가 인플루언서는 유명 연예인, 운동선수, 작가 등 대중에게 이미 이름이 알려진 사람을 말한다. 셀럽에 해당하는 이들로 수백만 명의 팔로워를 가지고 있다. 이들을 활용하면 단기간에 제품과 브랜드 인지도를 높이기는 쉽지만, 광고주의 비용부담이 크다.

둘째, 매크로 인플루언서는 특정 타깃층에 영향력을 행사할 수 있는 각 분야 전문가를 의미한다. 교수, 기자, 크리에이터 등이 여기에 속한다. 온라인 커뮤니티나 페이스북 페이지, 블로그, 유튜브 채널 등 채널 운영자도 포함된다. 이들은 수만 명에서 수십만 명에 이르는 가입자나 팔로워를 확보하고 있다.

셋째, 마이크로 인플루언서는 1만 명 미만의 팔로워를 보유한 사람을 말한다. 셀럽보다 소통이 잘되기 때문에 팔로워가 더욱 쉽게 친밀감을 느끼며 충성도도 높다. 마이크로 인플루언서는 대부분 본업이 따로 있고 마케팅을 부업으로 하는 경우가 많다. 거액의 비용이

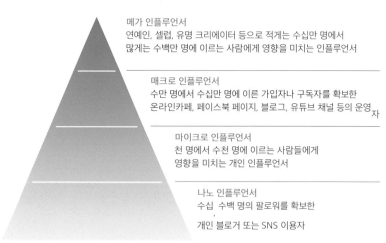

그림 7-2 영향력에 따른 인플루언서 유형

메가 인플루언서
연예인, 셀럽, 유명 크리에이터 등으로 적게는 수십만 명에서
많게는 수백만 명에 이르는 사람에게 영향을 미치는 인플루언서

매크로 인플루언서
수만 명에서 수십만 명에 이른 가입자나 구독자를 확보한
온라인카페, 페이스북 페이지, 블로그, 유튜브 채널 등의 운영자

마이크로 인플루언서
천 명에서 수천 명에 이르는 사람들에게
영향을 미치는 개인 인플루언서

나노 인플루언서
수십 수백 명의 팔로워를 확보한
개인 블로거 또는 SNS 이용자

출처: KOTRA (2017).

필요한 메가 혹은 매크로 인플루언서와 달리 광고비가 저렴하고 제품할인이나 선(先)경험을 제공하는 것만으로 섭외할 수 있다.

넷째, 나노 인플루언서는 1,000명 미만의 팔로워를 갖는 개인 블로거나 SNS 이용자를 말한다. 제품이나 브랜드에 대해 이야기할 의사는 있지만, 상대적으로 파급력이 약하다. 할인 같은 프로모션에 민감하게 반응하고 영향력이 커질 가능성이 있다.

이 가운데 주목할 인플루언서는 마이크로 인플루언서다. 유튜브 트래픽과 이용자의 급격한 증대로 마이크로 인플루언서라고 말할 수 있는 인플루언서의 수는 급속도로 늘고 있다. 2019년에는 1만 명을 돌파했다. 맨션(Mention)의 보고서(*Instagram Report 2020*)에 따르면, 인스타그램 이용자의 37.41%는 마이크로 인플루언서로 밝혀졌다. 향후 마이크로 인플루언서 수는 급속도로 성장할 것이다. 구독자 수 10만 명 미만의 마이크로 인플루언서들은 브랜드와 협업한 캠페인 진행에서 낮은 단가로 점점 인기가 높아지고 있다.

3) 인플루언서와 SNS 플랫폼

다양한 정보와 경험, 생각을 공유하는 소셜미디어와 소셜채널이 일상화되면서 소비자들은 개인미디어나 커뮤니티에서 적극적으로 참여하고 소통하며 다른 사람들과 공감을 형성한다. 특히 디지털미디어 환경에서 자란 밀레니얼 세대와 Z세대는 모바일 플랫폼을 통한 SNS를 매개로 다른 사람들과 관계를 맺고 정보를 공유하며 자신을 표현한다. 이러한 이유로 이들은 포털 검색결과보다 자신에 비해 좀더 많이 아는 영향력 있는 개인, 즉 인플루언서의 말을 더 신뢰한다. 이들의 소비패턴은 이전 세대와는 차이가 있다. 이들은 상품을 구매하거나, 서비스를 이용하기 전에 주변 사람들의 영향을 많이 받는다. 디지털 미디어를 이용해 상품정보를 미리 파악하고, 정보원이 직접 제품사용 법이나 사용후기 등의 정보를 전달하는 정보성 중심의 영상 콘텐츠 광고를 선호한다.

이러한 배경에는 다양한 SNS 플랫폼이 있다. 대표적으로 동영상 플랫폼인 유튜브(YouTube)를 들 수 있다. 유튜브는 구글의 세계 최대 동영상 플랫폼으로 매일 1억 개 이상의 동영상이 업로드되는 무료 동영상 공유사이트다. 구글은 2006년 유튜브를 16억 5,000만 달러(1조 8천억 원)에 인수했다. 월스트리트에 따르면, 최근 유튜브의 가치는 1,600억 달러로 약 100배 증가했다. 유튜브 사이트 콘텐츠의 대부분은 영화, TV 클립, 뮤직비디오이지만, 요즈음 1인 콘텐츠 크리에이터라고 불리는 인플루언서의 장악력이 높아지고 있다. 세계적으로 엄청난 수의 회원을 보유한 인플루언서는 유튜브를 통해 그들의 영향력을 강화하고 있다.

인스타그램(Instagram)은 페이스북의 사진공유 플랫폼인 인스턴트카메라(Instant Camera)와 텔레그램(Telegram)의 합성어이다. 사진과 동영상을 공유하는 3세대 소셜네트워크로 최근 가장 빠른 속도로 이용자가 증가한 SNS다. 이미지 기반 SNS로 시작했지만, 동영상 서비스를 추가하면서 인플루언서가 다양한 제품 및 서비스를 팬과 소비자에게 전달할 수 있는 공간으로 확대되고 있다. 참고로 인스타그램의 모회사인 페이스북이 2억 명의 이용자를 확보하는 데 소요된 시간이 5년 이상이고, 트위터는 6년 이상이었다. 이에 비해 인스타그램은 서비스 시작 3년 반 만에 2억 명의 이용자를 확보해 가장 빠르게 성장하는 SNS로 자리매김했다. 특히 '#'으로 연결되는 해시태 그를 통해 유입과 접근이 쉬워 수많은 인플루언서를 양성하고 있다. 이에 따라 '#육아', '#반려동물', '#IT' 등 상업적으로 활용할 수 있는 모든 키워드에서 '메가 인플루언서들'이 활약 중이다.

마지막으로 페이스북(Facebook)은 잘 알려진 SNS 플랫폼이다. 페이스북은 최근에 동영상 콘텐츠 증가추세에 편승하여 동영상 분야를 강화하고 있다. 특히 동영상 중심의 광고실적에서 괄목할 만한 성장을 이루며 유튜브를 추격하고 있다. 페이스북의 월간 활성이용자 수는 약 23억 2,000만 명으로 전 세계 인구의 약 30%가 이용하고 있다 (나스미디어 리포트, 2019). 특히 전 세계 이용자의 4분의 1에 해당하는 17억 명의 회원수를 바탕으로 광고매체로서 위력을 발휘하고 있다.

4) 인플루언서 평판

최근 많은 기업이 기업과 소비자 간 상호 공감할 수 있는 디지털플랫폼으로 인플루언서를 활용한다. 이에 따라 인플루언서는 소셜미디어를 넘어 다양한 영역에서 활동하면서 사회·문화·경제 전반에 걸쳐 영향력이 커지고 있다. 그런데 일부 인플루언서가 소비자 기만, 법 위반 등 논란에 휘말리는 사례가 잇따르면서 사회적 논란을 낳고 있다.

인플루언서 임블리가 운영 중인 쇼핑몰에서 곰팡이 등 이물질이 포함된 제품을 팔았다는 논란이 대표적 예이다. 이후 쇼핑몰에서 판매 중인 제품이 기존 브랜드 제품과 비슷한 디자인이라는 논란과 함께, 지나치게 폭리를 취한다는 비판까지 이어지면서 임블리는 신뢰성과 진정성을 의심받았고 운영 중인 쇼핑몰 중 대표 쇼핑몰을 폐업하기에 이르렀다. 한편 유튜버 밴쯔는 다이어트 보조제를 광고하고 판매하면서 건강기능식품에 관한 법률을 위반해 문제가 제기되었다.

이러한 논란은 인플루언서의 중요한 요인인 진실성과 신뢰성뿐 아니라 이들이 구축해온 인플루언서로서의 평판에 부정적 영향을 미칠 수 있다. 평판은 장기간에 걸쳐 축적된 일관되고 총체적인 평가 (Blamer, 1997; 한은경·이보영·문효진)로서, 기업의 가장 가치 있는 무형자산으로 여겨진다(Hall, 1992). 특히 개인 평판은 타인이 특정 개인에게 갖는 인식의 집합체로서 독창적인 개인적 특징 및 행동, 오랫동안 축적된 이미지, 또는 타인에 의해 묘사되는 이미지로부터 생겨난다 (DeCremer & Sedikides, 2008).

이러한 관점에서 유명인의 이미지 속성은 인플루언서 평판을 구성하는 요인으로 작용할 것으로 예상된다. 또한 개인 평판 연구에서 중요성이 확인된 CEO 평판 구성요인에 관한 연구도 인플루언서 평판 구성요인을 도출하는 데 도움을 줄 것으로 판단된다.

3. 메가 인플루언서를 향한 평판관리 팁

1) 인플루언서 평판관리 체크리스트

이제 인플루언서 평판이 어떤 하위개념으로 구성되는지 알아보고, 인플루언서 평판관리 체크리스트를 통해 올바른 인플루언서 평판관리 방법에 대해 논하고자 한다. 인플루언서 평판 구성요인은 4가지로 분류되며, 각 요인에 포함된 항목의 특성에 따라 커뮤니케이션 능력, 영향력, 개인성품, 전문성으로 나뉜다.

인플루언서 평판관리 체크리스트를 바탕으로 인플루언서 평판관리를 위해 어떤 점을 중점적으로 점검해야 하는지 살펴보면 다음과 같다.

표 7-1 인플루언서 평판관리 체크리스트

요인	항목
커뮤니케이션 능력	• 팔로워와의 관계를 중요하게 생각한다 • 자신감 있는 태도를 갖고 있다 • 제품이나 브랜드의 정보를 명확히 잘 전달한다 • 적극적이고 능동적으로 커뮤니케이션한다 • 콘텐츠와 제품, 브랜드와의 연관성을 잘 설명한다 • 다른 사람의 의견이나 새로운 문화를 경험하는 데 주저함이 없다
영향력	• 트렌드를 선도한다 • 인지도가 높다 • 콘텐츠 관리능력이 뛰어나다 • 화제성이 있다 • 대중에게 미치는 효과가 크다 • 마케팅 효과가 있다 • 여론에 대한 파급력이 있다
개인 성품	• 자기계발을 위해 노력한다 • 말, 글, 행동 등 톤앤매너가 일관성 있다 • 방송에서 예의 있게 말하고 행동한다 • 명확한 신념과 자기 주관이 있다 • 성실한 태도로 방송을 한다 • 거짓말을 하지 않고 솔직하다 • 객관적 정보를 전달한다
전문성	• 자기분야에 대해 잘 알고 있고 정확한 지식이 있다 • 자신만의 개성과 특징이 있다 • 자신의 일에 대해 재미와 흥미를 느낀다 • 자기분야에 대한 전문지식이 있다 • 본인만의 콘텐츠가 있다 • 자신의 일에 대한 열정이 있다 • 자기분야에서 뛰어난 능력을 갖고 있다

커뮤니케이션 능력 요인은 팔로워와의 관계를 중요하게 생각한다. '자신감 있는 태도를 갖고 있다', '제품이나 브랜드의 정보를 명확히 잘 전달한다', '적극적이고 능동적으로 커뮤니케이션한다', '콘텐츠와 제품, 브랜드와의 연관성을 잘 설명한다', '다른 사람의 의견이나 새로운 문화를 경험하는 데 주저함이 없다' 등 6가지 세부항목을 포함하며, 인플루언서의 태도와 커뮤니케이션 능력을 평가하는 항목으로 구성된다. 팔로워들은 인플루언서와의 소통을 중요시하며, 자신감 있는 태도와 원활한 커뮤니케이션 능력으로 자신들이 필요로 하는 정보를 명확하게 전달해 주기를 원한다.

영향력 요인은 '트렌드를 선도한다', '인지도가 높다', '콘텐츠 관리 능력이 뛰어나다', '화제성이 있다', '대중에게 미치는 효과가 크다', '마케팅 효과가 있다', '여론에 대한 파급력이 있다' 등 7가지 세부항목을 포함하며, 인플루언서의 개인적 능력과 영향력을 평가하는 항목으로 구성된다. 인플루언서는 특정 제품이나 브랜드에 대해 설명하거나 추천 또는 비평함으로써 소비자의 반응을 이끌어 내고 영향력을 발휘한다. SNS를 기반으로 하는 인플루언서가 만들어 내는 콘텐츠는 SNS를 통해 짧은 시간 동안 수십만, 수백만 명에게 전달되고 확산되기 때문이다. 소셜미디어 인플루언서는 소비자에게 기존 유명인처럼 자신의 분야에서 전문적 역량을 가졌을 뿐만 아니라, 소비자에게 공감을 통한 커뮤니케이션으로 강한 영향력을 미치는 사람으로 평가받을 수 있다.

개인성품 요인은 '자기계발을 위해 노력한다', '말, 글, 행동 등 톤앤매너가 일관성 있다', '방송에서 예의 있게 말하고 행동한다', '명확한 신념과 자기 주관이 있다', '성실한 태도로 방송을 한다', '거짓

말을 하지 않고 솔직하다', '객관적 정보를 전달한다' 등 7가지 세부항목을 포함하며, 인플루언서의 진정성과 성품을 평가하는 항목으로 구성된다. 인플루언서는 친근한 이미지를 토대로 과장되지 않은 있는 그대로의 정보를 전달하기 때문에 이들이 공유하는 솔직한 의견과 평가는 때로 어떤 제품이나 브랜드에 대해 '좋지 않다'라는 피드백을 제공하기도 한다. 콘텐츠를 보는 소비자가 정직하고 믿을 수 있는 정보를 원하기 때문이다. 소비자는 인플루언서가 정보를 전달하는 과정에서 정직하고 진실해야 하며, 객관적 정보를 제공해야 한다고 생각한다. 이러한 맥락에서 최근 논란이 된 임블리와 벤쯔의 사례는 진정성의 중요성을 상기시켜 준다.

전문성 요인은 '자기분야에 대해 잘 알고 있고 명확한 지식이 있다', '자신만의 개성과 특징이 있다', '자신의 일에 대해 재미와 흥미를 느낀다', '자기분야에 대한 전문지식이 있다', '본인만의 콘텐츠가 있다', '자신의 일에 대한 열정이 있다', '자기분야에서 뛰어난 능력을 갖고 있다' 등 7가지 세부항목을 포함하며, 인플루언서로서 갖추어야 할 자질이나 능력을 평가하는 항목으로 구성된다. 매일 수많은 콘텐츠와 인플루언서가 생성되는 시장에서 인플루언서는 특히 전문성 요인에 중점을 두어 평판관리를 해야 한다. 전문성을 가진 인플루언서는 트렌드를 주도할 뿐 아니라, 관심 분야에 특화된 그들의 콘텐츠는 소비자의 인식과 구매에 영향을 미친다. 자기분야에 대한 전문지식과 월등한 능력을 바탕으로 정확한 정보를 전달하고 팔로워들과 원활하게 소통한다면 호의적 평판을 구축할 수 있으며, 이는 많은 수의 팔로워를 확보할 수 있는 기회를 제공한다.

결론적으로, 소비자는 소셜미디어 인플루언서를 평가하는 기준으로 전문적 지식과 능력뿐 아니라 개인적이고 사회관계적인 행동까지 고려하고 있음을 알 수 있다.

2) 인플루언서 평판관리를 위한 제언

인플루언서는 유명인에 비해 소비자가 다가가기 쉬우며, 더 가까운 거리에서 커뮤니케이션할 수 있다. 또 SNS를 통해 소비자와 커뮤니케이션하기 때문에, 시간과 공간의 제약 없이 상호작용할 수 있다. 이러한 이유로 많은 기업이 소비자와 상호 공감할 수 있는 디지털플랫폼으로 인플루언서를 적극적으로 활용하고 있다. 인플루언서가 다양한 분야의 콘텐츠를 지속적으로 생산해냄으로써 관련 산업의 성장을 이끌 것으로 전망되기 때문이다.

이와 같이 인플루언서의 활동영역이 다양화되고 사회, 경제 전반에 미치는 영향력이 증대하면서 소비자는 인플루언서의 콘텐츠뿐만 아니라 그와 관련된 정보, 주위 평가 등에도 관심을 갖게 되었다. 특히 소셜미디어 사용이 보편화되고 모든 정보에 거의 실시간으로 접근 가능해지면서 소비자가 개인이나 조직을 평가하기 용이해졌다. 이런 상황에서 유튜브나 인스타그램과 같은 소셜미디어를 통해 팔로워뿐 아니라 대중에게까지 사회적 영향력을 발휘하는 인플루언서 평판은 날로 중요해지고 있다.

선행연구를 살펴보면, 특정 대상에 대한 호의적 평판은 신뢰도와 충성도를 높여 주는 것으로 나타났다. 또한 호의적 평판을 가진 사람은 더 능력 있고, 더 신뢰할 만하며, 그가 속한 조직활동에도 영향을 미칠 것이라 인식된다. 호의적이지 않은 평판을 가진 사람보다 호의적 평판을 가진 개인에 대한 기대가 더 크고, 그들에게 더 많은 매력을 느끼는 것으로 밝혀졌다. 결과적으로, 특정 대상에 대한 호의적 평판은 긍정적 구전효과뿐 아니라 상품판매를 촉진시키는 중요한 역할을 하는 것으로 나타났다.

그러므로 인플루언서는 소셜미디어를 넘어 다양한 영역에서 활동하면서 자신의 가치를 유지하고, 그 가치를 창출할 수 있는 활동을 지속적으로 하기 위해 소비자에게 평가받는 개인 평판을 전략적으로 관리해야 한다. 더 나아가 소비자로부터 긍정적이고 호의적인 평판을 구축해 나가는 적극적 노력이 필요하다.

8장

건전한 유튜브 정치채널 평판관리

1. 유튜브 정치 전성시대

최근 들어 한국에서는 기존 언론의 뉴스를 통해 볼 수 없었던 정치현장을 중계하고 정치이슈를 해석하는 유튜브 정치채널이 큰 인기를 얻고 있다. 유튜브(YouTube)는 구글이 운영하는 동영상 공유 서비스로 이용자가 동영상을 업로드하고 시청하며 모두가 쉽게 비디오 영상을 공유할 수 있다. 또한 별도의 로그인이 필요하지 않고 스마트폰 이용자의 관심사와 관련된 동영상을 데이터 알고리즘을 통해 노출시켜 주는 등 조작법이 쉽고 용이하여 고연령층의 접근성도 높다.

실제로 앱 분석업체인 와이즈앱에서 2019년 4월 한국 안드로이드 스마트폰 이용자의 세대별 이용현황을 조사한 결과, 유튜브가 총 388억 분으로 가장 오래 사용한 어플리케이션으로 나타났다. 유튜브 사용시간은 2018년 4월 총 258억 분에서 무려 50%나 증가했다. 같은 기간 5% 성장에 그친 페이스북과 상반되는 높은 상승세다. 흥미로운

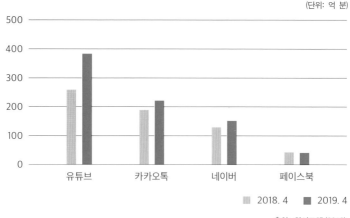

그림 8-1 한국 안드로이드 스마트폰 앱의 총 이용시간

(단위: 억 분)

유튜브 　 카카오톡 　 네이버 　 페이스북

■ 2018. 4　　■ 2019. 4

출처: 와이즈앱(2019).

점은 10대부터 50대 이상까지 모든 세대가 가장 오래 사용한 어플리케이션이 유튜브라는 사실이다. 특히 50대 이상의 유튜브 총 사용시간은 101억 분으로 전 세대에서 가장 많은 시간을 기록했다(와이즈앱, 2019). 경쟁 SNS 플랫폼과 대비하여 눈에 띄는 유튜브의 성장세, 연령대별 유튜브 사용시간 등 일련의 상황을 고려해 볼 때, 각 정당과 정치인들에게 유튜브 정치채널은 국민, 즉 유권자들의 마음을 얻고 자신들을 홍보할 수 있는 최고의 수단이다.

오늘날 유권자는 지상파나 종합편성채널과 같은 주류 미디어에서 벗어나 동영상 공유사이트인 유튜브에서 시간과 공간의 제약을 받지 않고 자신들의 관심사를 찾아본다. 또한 이슈가 있으면 직접 영상게시와 방송을 통해 큰 소리로 전하는 크라이어(crier)의 역할을 할 수 있다. 디지털미디어를 통해 주류 미디어 밖에서도 자신의 정치적 메시지를 외부에 전달할 수 있게 된 것이다(Bowyer, Kahne, & Middaugh, 2017). 정당과 정치인은 과거 TV를 통해 자신을 홍보하고 선거캠페인을 하는 데 많은 비용이 필요했으나, 유튜브, 트위터, 페이스북과 같은 SNS가 발전하면서 저비용으로 홍보와 선거캠페인을 진행할 수 있게 되었다(Gueorguieva, 2008).

최근 한국 정치권에서도 유튜브를 통한 커뮤니케이션이 활발해지고 있다. 국내에는 약 250개의 유튜브 뉴스·정치채널이 개설되었다(소셜러스·녹스인플루언서 2020). 보수진영과 진보진영의 대표적 유튜브 채널인 〈신의한수〉와 〈사람사는세상 노무현재단〉은 각각 123만 명과 119만 명이 넘는 구독자를 보유하고 있다. 또한 2020년 4·15 총선에서는 각 정당은 물론 후보자들의 유튜브를 활용한 선거운동이 활발히 일어났다.

본래 총선 후보자는 '방송법' 하위규칙인 '선거방송심의에 관한 특별규정'에 따라 방송출연에 제한을 받으며 '공직선거법'에서 정한 보도와 토론방송 외에는 각종 프로그램에 출연할 수 없다. 그러나 유튜브에서의 선거운동은 법령과 무관하게 가능하다. 중앙선거관리위원회는 온라인을 이용한 다양한 정치캠페인은 가능하며, 콘텐츠를 통해 광고수익을 얻는 것도 가능하다고 해석했다. 유튜브 정치채널을 통해 정당이나 정치인을 효과적으로 홍보하고 광고수익을 통해 선거자금 또한 충당할 수 있는 것이다.

그러나 일부 유튜브 정치채널은 여론형성과 구독자 확보를 위해 편향적이고 자극적인 발언과 콘텐츠를 무분별하게 다룬다. 자연스럽게 '가짜뉴스'가 사회적 이슈로 떠올랐으며 사회 각 분야에서 문제점이 대두되고 있다. 심지어 수십만 명의 구독자를 보유한 대다수의 유튜브 정치채널은 유튜브가 운영기준에 위배되는 콘텐츠의 수익창출을 제재하는 아이콘인 '노란딱지'가 붙어 수익을 낼 수 없고, 적자로 운영되는 경우도 많다.

이런 시점에서 유튜브 플랫폼이 거짓 정보로 얼룩지고 특정 정치세력의 선전장으로 퇴색하지 않도록 유튜브 정치채널 시청과 구독에 영향을 미치는 주요 요인을 살펴보는 일은 시의적절하다고 할 수 있다. 구독자를 끌어들이기 위한 무분별하고 자극적인 발언과 콘텐츠는 오히려 수용자의 반감과 불신을 불러일으키고 구독자의 이탈을 유발할 수 있다. 따라서 유튜브 정치채널의 전략적 평판관리가 필요하다.

2. 유튜브 정치채널의 개념 및 현황

2000년대 인터넷과 스마트폰이 우리 생활 속에 등장하면서 정치커뮤니케이션의 방식과 양상은 상당한 변화를 겪었다. 이로 인해 정치영역에서 SNS 활동은 이제 선택사항이 아닌 선거운동의 필수요소가 되었다. 정치인이 자신을 직접 홍보하고 알리는 개인 SNS 채널을 넘어, 각 정당과 정치진영에서 정치현황과 이슈에 대한 여론형성을 위해 자신들의 입장을 대중들에게 알리는 유튜브 정치채널은 나날이 활성화되고 있으며 그 영향력은 점점 커져가고 있다.

유튜브 정치의 첫 등장은 2006년 미국의 중간선거에서 나타났다. 2006년 미국 중간선거에서는 '유튜브 선거', '유튜브 정치' 등과 같은 새로운 용어가 등장했다. 후보자들이 유튜브, 페이스북, 트위터 등을 통해 자신들의 선거캠프를 홍보하는 현상이 새롭게 나타났다. 후보자들의 약점을 담은 동영상도 유포되었는데, 유튜브를 통한 네거티브 선거캠페인이 진행된 것이다(Calson & strandberg, 2008). 2007년

초부터는 미국 대선 예비후보들의 오프라인 활동보다 유튜브 동영상 등의 온라인 공간을 통해 대선출마 의사를 밝히거나 정치적 발언을 하는 SNS를 통한 정치캠페인이 활성화되었다(Jarvis, 2007). 정치적 발언과 활동의 무대가 오프라인 활동과 전통적 미디어에서 저비용으로 높은 파급력을 가질 수 있는 유튜브 채널로 변화한 것이다.

유튜브는 세계 최대 무료 동영상 공유사이트로, 이용자가 영상을 시청하고 업로드하며 실시간으로 공유하고 송출할 수 있다. 이용자는 다양한 파일 포맷으로 영상을 업로드할 수 있으며, 유튜브는 자체적으로 이것을 이용자들이 온라인에서 시청할 수 있도록 돕는다. 또한 유튜브에서는 과거 미디어를 이용한 일방향 소통과 달리 실시간으로 시청자의 반응을 확인할 수 있다. 더불어 어떤 메시지를 전달했을 때 시청자의 긍정적 반응을 이끌어 내는지, 성별·연령대별 반응이 어떻게 나뉘는지 시청자들의 니즈를 파악할 수 있다. 유튜브는 수용자의 상호작용성과 수용자가 미디어 콘텐츠를 생성할 수 있게 된 매개 커뮤니케이션에서의 두 가지 큰 변화를 최대한 활용한 뉴미디어이다(Hanson, Haridakis & Sharma, 2011).

영국 옥스퍼드대학 부설 로이터저널리즘연구소에서 2019년 6월에 발표한 〈디지털 뉴스 리포트 2019〉(Digital News Report 2019)에 따르면, 한국은 "유튜브에서 지난 1주일간 뉴스나 시사 관련 동영상을 시청한 적이 있다"는 응답비율이 38개국 전체 평균 26%보다 14% 높은 40%에 달했다. 특히 지난 1년간 유튜브 이용이 늘었다고 응답한 비율은 45%로 세 번째로 높았으며, 유튜브 뉴스·시사 관련 이용비율이 연령대와 무관한 경향을 보였다. 55세 이상의 유튜브 뉴스·시사영상 이용비율은 한국이 42%로 38개국 평균 22%보다 20%나 높았다.

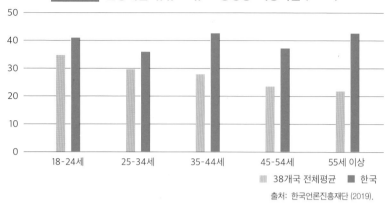

그림 8-2 연령대별 유튜브 뉴스 동영상 이용비율 (2019)

출처: 한국언론진흥재단 (2019).

유튜브 정치채널의 신뢰도 또한 높아지고 있다. 한국리서치의 '여론 속의 여론' 연구팀이 2019년 1월 매체신뢰도를 조사한 결과 정치·사회 유튜브 채널 시청자의 77%는 유튜브 채널을 '신뢰한다'고 답했다. 이는 뉴스 및 시사방송(82%), 신문기사(77%) 등 전통적 매체를 이용하는 사람들이 평가한 매체 신뢰도와 비슷한 수준이다.

금전적 수익도 상당하다. 전 세계 유튜브 채널의 시청률, 인기순위, 슈퍼챗 내역 등 데이터를 집계, 발표하는 플레이보드(PlayBoard. com)에 따르면, 2020년 7월 한국 전체 유튜브 채널 슈퍼챗 누적수입 상위 10개 채널 중 8개를 유튜브 정치채널이 차지했다. 슈퍼챗(Super chat)이란 일종의 후원금 시스템 개념으로, 실시간 스트리밍 방송 중에 유튜버에게 일정 금액을 송금하면 채팅창 맨 위에 아이디와 전송금액이 나타나게 된다. 원하는 경우 유튜버에게 메시지도 발송할 수 있다.

이와 같이 새로운 정치도구로 유튜브가 떠오르고 그 규모가 점차 확대되면서 국내 유력 정치인들도 유튜브 채널 개설에 합류하고 있다. 홍준표 전 자유한국당 대표가 2018년에 개설한 채널 〈TV홍카콜라〉

가 그 예다. 대표적 진보인사 유시민 노무현재단 이사장도 2019년 초 유튜브 채널 〈사람사는세상 노무현재단〉을 개설해 현재 119만 명이 넘는 구독자를 보유하고 있다. 최근에는 홍준표 전 자유한국당 대표의 〈TV홍카콜라〉와 유시민 노무현재단 이사장의 〈사람사는세상 노무현재단〉이 유튜브에서 합동방송을 주최하여 언론과 대중의 뜨거운 관심을 받으며 100만 조회 수를 훌쩍 넘기는 흥행을 거두었다.

유튜브 채널 랭킹사이트 소셜러스(Socialerus. com) 와 녹스인플루언서(Noxinfluencer. com) 를 참고하여 한국의 모든 유튜브 정치채널을 조회 수와 구독자 수 기준으로 정당, 정치인, 일반인별로 정리했다 (〈표 8-2〉, 〈표 8-3〉, 〈표 8-4〉 참조). 한국 유튜브 정치채널의 현황을 알아보기 위해 유튜브 랭킹 사이트의 데이터를 기반으로 각 정당별, 직업별로 재조사해 분류했다. 유튜브 정치채널의 특성상 지상파와 케이블 등 기존 방송국 채널은 배제했다. 또한 직업의 다양성을 고려해

표 8-1 한국 유튜브 채널 슈퍼챗 누적수입 상위 TOP 10

순위	채널명	전체수입(원)	구분
1	가로세로연구소	854,502,661	정치·시사
2	시사타파TV	344,250,899	정치·시사
3	신의한수	298,711,571	정치·시사
4	딴지방송국	289,509,645	정치·시사
5	너알아TV	249,727,510	종교
6	펜앤드마이크TV	226,711,179	정치·시사
7	팔천사와강아지세상	210,062,478	유기견·애견
8	유재일	195,814,010	정치·시사
9	[공식]새날	172,864,860	정치·시사
10	최인호TV	172,283,561	정치·시사

출처: PlayBoard.com (2020)

표 8-2	한국 정당별 유튜브 정치채널			
순위	채널명	조회 수(회)	구독자 수(명)	정당명
1	오른소리	33,023,951	170,000	자유한국당
2	씀	6,267,402	103,000	더불어민주당
3	우리공화당LIVE	12,507,831	61,600	우리공화당
4	바른미래당	3,095,315	78,000	바른미래당
5	정의당TV	1,407,444	8,530	정의당
6	민중당 진보TV	157,263	1,630	민중당

주: 순위는 조회 수 기준이다.
출처: Socialerus.com & Noxinfluencer.com (2020).

비정치인은 일반인으로 분류했다.

조사결과, 각 정당을 비롯하여 당대표 등 전현직 유력 정치인들이 빠지지 않고 등장했으며, 정치인이 아닌 언론인, 법조인, 학자, 전 프로게이머 등 다양한 직업을 가진 사람들이 사회이슈를 분석하고 전파하는 채널을 운영하는 것을 확인할 수 있었다.

가장 눈에 띄는 점은 정당, 정치인, 일반인 모든 분류에서 보수성향 채널의 활동이 활발한 것이다. 이는 정치인들이 유튜브를 찾는 현상이 지상파・종합편성채널 등 기존 언론에서 주도권을 뺏긴 야권(野圈) 정치인들이 새로운 미디어를 찾는 현상으로도 해석할 수 있다. 보수정권 당시에는 진보 정치인과 방송인들이 '팟캐스트' 등 인터넷 방송에서 인기를 끌며 영향력을 발휘했다.

또한 뉴미디어 등장 이전에는 일방향적 커뮤니케이션이 이루어졌기 때문에 자원과 인력이 많은 다수정당이 우세할 수밖에 없었다. 그러나 뉴미디어의 등장 이후 유권자 관여도가 높아지고 커뮤니케이션 방식이 다양해지면서 유튜브에서 자원과 인력이 많지 않은 소수정당의 활동이 활발히 이루어지고 있다.

한국 정치인 유튜브 정치채널

순위	채널명	조회 수	구독자 수	소속정당
1	진성호방송	364,156,178	364,156,178	자유한국당
2	황장수의 뉴스브리핑	343,179,503	343,179,503	더불어민주당
3	TV홍카콜라	32,737,087	32,737,087	자유한국당
4	이언주TV	30,442,455	30,442,455	무소속
5	전희경과 자유의 힘	25,319,023	25,319,023	자유한국당
6	송영선	19,138,106	19,138,106	자유한국당
7	문재인 공식채널	19,099,532	19,099,532	더불어민주당
8	손혜원TV	11,079,813	11,079,813	무소속
9	심상정 공식유튜브	7,653,050	7,653,050	정의당
10	장제원TV	6,888,240	6,888,240	자유한국당
11	박주민TV	5,917,519	5,917,519	더불어민주당
12	유승민 공식채널	5,797,865	5,797,865	새로운보수당
13	황교안TV	3,559,718	3,559,718	자유한국당
14	김성수TV 성수대로	2,861,038	2,861,038	더불어민주당
15	조원진	2,818,684	2,818,684	우리공화당
16	하태경TV	2,140,388	2,140,388	새로운보수당
17	이해찬	2,056,281	2,056,281	더불어민주당
18	추미애	1,922,441	1,922,441	더불어민주당
19	정동영	1,735,694	1,735,694	-
20	박원순TV	1,409,802	1,409,802	더불어민주당
21	이종걸TV	1,329,624	1,329,624	더불어민주당
22	표창원	1,252,481	1,252,481	더불어민주당
23	박용진TV	1,145,488	1,145,488	더불어민주당
24	박경미TV	1,077,485	1,077,485	더불어민주당
25	성일종	1,032,929	1,032,929	자유한국당
26	이학재TV	1,031,233	1,031,233	자유한국당
27	이재정의원실	955,101	955,101	더불어민주당
28	금태섭TV	591,806	591,806	더불어민주당
29	최재성TV	470,553	470,553	더불어민주당
30	박영선	452,103	452,103	더불어민주당
31	송영길	433,944	433,944	더불어민주당
32	우상호TV	424,798	424,798	더불어민주당
33	심재철	316,493	316,493	자유한국당

표 8-3 계속

순위	채널명	조회 수	구독자 수	소속정당
34	나경원	289,119	289,119	자유한국당
35	김종민TV	287,553	287,553	더불어민주당
36	안상수TV	266,395	266,395	자유한국당
37	강병원TV	237,383	237,383	더불어민주당
38	조응천 중계석	225,317	225,317	더불어민주당
39	이정미TV	204,518	204,518	정의당
40	윤상현TV	203,588	203,588	자유한국당
41	진표TV	145,338	145,338	더불어민주당
42	김무성TV	142,115	142,115	자유한국당
43	이석현의 힐러리스	135,365	135,365	더불어민주당
44	박광온TV	134,447	134,447	더불어민주당
45	김성태TV	130,438	130,438	자유한국당
46	김학용TV	127,777	127,777	자유한국당
47	김광림	126,374	0	자유한국당
48	우원식TV	108,849	1,610	더불어민주당
49	최연혜TV	103,692	2,750	자유한국당
50	원유철	102,949	330	자유한국당
51	박주현TV	94,254	0	민주평화당
52	김경협국회의원 부천시 원미구	89,613	97	더불어민주당
53	송언석TV	86,313	1,250	자유한국당
54	OK TV	79,948	788	자유한국당
55	안민석	71,443	233	더불어민주당
56	노웅래 마포TV	69,086	0	더불어민주당
57	김성환TV	66,147	15,300	더불어민주당
58	TV전현희	64,672	1,940	더불어민주당
59	김성식	64,189	241	바른미래당
60	민병두TV	64,061	0	더불어민주당
61	이학영 국회의원	62,479	825	더불어민주당
62	박주선	51,293	0	바른미래당
63	이인영	48,635	278	더불어민주당
64	민경욱	47,922	118	자유한국당
65	김종대	47,796	518	정의당

표 8-3 계속

순위	채널명	조회 수	구독자 수	소속정당
66	박완주	44,340	203	더불어민주당
67	주호영TV	42,315	245	자유한국당
68	김경진 국회의원	39,917	586	무소속
69	이동섭	38,689	107	바른미래당
70	오신환TV	37,926	0	새로운보수당
71	HJ YUN	33,968	256	더불어민주당
72	김관영	32,088	97	바른미래당
73	이용호TV	31,329	239	무소속
74	문희상 국회의장	30,974	34	무소속
75	국회의원 김한정	29,255	167	더불어민주당
76	제윤경	28,170	234	더불어민주당
77	주승용	27,949	61	바른미래당
78	김종훈TV	27,913	509	민중당
79	정우택TV	27,043	367	자유한국당
80	김동철	26,814	68	바른미래당
81	조경태TV	26,513	455	자유한국당
82	김정재	26,349	350	자유한국당
83	국회의원 조승래	26,010	90	더불어민주당
84	박지원TV	25,238	161	대안신당
85	홍철호 김포시 국회의원	25,229	147	자유한국당
86	김현권	24,465	131	더불어민주당
87	김영호	23,587	29	더불어민주당
88	김영우	23,281	49	자유한국당
89	박재호TV	23,199	795	더불어민주당
90	김세연TV	22,955	365	자유한국당
91	유승희	22,286	63	더불어민주당
92	박범계TV	22,111	0	더불어민주당
93	정재호	20,642	39	더불어민주당
94	사람꽃	19,538	300	무소속
95	정용기의 BRAVE TV	19,092	0	자유한국당
96	해운대윤준호	18,874	109	더불어민주당
97	정갑윤	18,589	56	자유한국당
98	신상진TV	15,965	255	자유한국당
99	강창일	15,856	75	더불어민주당

표 8-3 계속

순위	채널명	조회 수	구독자 수	소속정당
100	홍일표	15,139	78	자유한국당
101	신보라TV	13,374	123	자유한국당
102	손금주	13,349	96	더불어민주당
103	김해영	13,217	95	더불어민주당
104	송석준	12,818	93	자유한국당
105	박찬대TV	12,352	119	더불어민주당
106	어기구TV	12,085	234	더불어민주당
107	추혜선TV	11,969	0	정의당
108	여상규TV	11,272	28	자유한국당
109	장병완	11,083	7	무소속
110	남인순티브이	10,972	79	더불어민주당
111	박정	10,321	53	더불어민주당
112	백승주	9,375	0	자유한국당
113	Myoung Su Lee	8,645	16	자유한국당
114	윤소하	8,536	149	정의당
115	김승희	8,349	39	자유한국당
116	염동열TV	8,262	100	자유한국당
117	홍익표	8,030	0	더불어민주당
118	대안신당최경환	8,012	39	대안신당
119	박홍근TV	7,709	91	더불어민주당
120	김정호의 뚝심TV	7,597	92	더불어민주당
121	김상훈	7,284	13	자유한국당
122	임이자	7,213	0	자유한국당
123	의원실 최운열	7,100	28	더불어민주당
124	더불어민주당 국회의원 설훈	5,883	11	더불어민주당
125	권칠승 사이다	5,703	0	더불어민주당
126	맹성규TV	5,406	63	더불어민주당
127	이춘석	5,306	59	더불어민주당
128	정운천	5,136	30	새로운보수당
129	이상민	4,971	33	더불어민주당
130	권은희	4,966	18	바른미래당
131	강석진 국회의원	4,929	105	자유한국당
132	김종회 의원실	4,764	16	무소속
133	신창현	4,757	21	더불어민주당

표 8-3 계속

순위	채널명	조회 수	구독자 수	소속정당
134	김명연 국회의원	4,452	49	자유한국당
135	이종구	4,442	19	자유한국당
136	국회의원 소병훈	4,430	119	더불어민주당
137	이용득	4,361	28	더불어민주당
138	국회의원 유성엽	3,731	1	무소속
139	추경호TV	3,618	150	자유한국당
140	주광덕	3,363	258	자유한국당
141	국회의원 최인호	3,283	185	더불어민주당
142	채이배	2,514	30	바른미래당
143	김종석TV	2,388	57	자유한국당
144	신용현	2,231	9	바른미래당
145	김규환	2,217	48	자유한국당
146	문전성시 전해철의	2,208	18	더불어민주당
147	윤한홍	2,132	28	자유한국당
148	달려라 종성C!	1,753	9	더불어민주당
149	김태흠	1,700	6	자유한국당
150	김석기 국회의원	1,668	5	자유한국당
151	권미혁TV	1,253	0	더불어민주당
152	한선교TV	1,241	105	자유한국당
153	송희경의 경경채널	1,208	40	자유한국당
154	박명재	1,063	10	자유한국당
155	김순례	978	11	자유한국당
156	김선동	919	24	자유한국당
157	김재경TV	825	202	자유한국당
158	BJ황희	622	19	더불어민주당
159	okjoo song	597	4	더불어민주당
160	조배숙 국회의원	430	0	민주평화당
161	오영훈TV	410	11	더불어민주당
162	장정숙	307	1	대안신당
163	김성찬	291	5	자유한국당
164	상honey TV	141	3	더불어민주당
165	seang tae kim	90	1	자유한국당
166	이은권	32	2	자유한국당
167	윤상직	29	0	자유한국당

주: 순위는 조회 수 기준이다.
출처: Socialerus.com & Noxinfluencer.com (2020).

순위	채널명	조회 수	구독자 수	직업·채널운영주체
		표 8-4 한국 일반인 유튜브 정치채널		
1	신의한수	637,527,788	1,160,000	언론인
2	엠빅뉴스	600,323,116	411,000	언론인
3	MediaVOP	470,162,052	365,000	언론인
4	ohmynewsTV	383,547,702	358,000	언론인
5	펜앤드마이크TV	337,959,243	640,000	언론인
6	팩트TV NEWS	320,500,135	507,000	언론인
7	미디어몽구	186,857,738	224,000	언론인
8	가로세로연구소	171,017,701	555,000	변호사
9	고성국TV	166,699,678	518,000	정치평론가
10	newstapa	161,040,022	436,000	언론인
11	조갑제TV	154,522,856	356,000	칼럼니스트
12	이봉규TV	142,269,553	457,000	시사평론가
13	공병호TV	142,004,647	454,000	경영전문가
14	서울의 소리	140,713,718	450,000	언론인
15	쓸모왕	117,459,298	269,000	일반인
16	시사타파TV	113,830,413	355,000	언론인
17	참깨방송	98,053,892	129,000	언론인
18	딴지방송국	91,278,318	721,000	언론인
19	너알아TV	81,724,214	286,000	일반인
20	배승희 변호사	80,591,005	444,000	변호사
21	뉴스타운TV	80,564,941	395,000	언론인
22	더팩트 THE FACT	78,513,400	51,000	언론인
23	김용민TV	76,123,122	323,000	시사평론가
24	사람사는세상 노무현재단	71,383,293	1,100,000	사람사는세상 노무현재단
25	TV baijin	68,010,584	185,000	일반인
26	퍼플튜브	66,918,486	173,000	일반인
27	잡식왕	60,370,206	208,000	일반인
28	공식 새날	59,799,780	232,000	언론인
29	최인호TV	57,302,307	143,000	정치평론가

표 8-4 계속

순위	채널명	조회 수	구독자 수	직업·채널운영주체
30	이슈왕TV	56,506,355	566,000	일반인
31	정광용TV	55,427,529	268,000	작가, 기업인
32	엄마방송	54,560,857	205,000	일반인
33	국민TV	53,861,676	108,000	미디어협동조합
34	황태순TV	53,229,631	287,000	정치평론가
35	이송원TV	51,340,301	125,000	일반인
36	김태우TV	49,943,966	576,000	일반인
37	개미애국방송	49,200,252	156,000	일반인
38	전옥현 안보정론TV	48,512,707	374,000	전 정무직공무원 (자유한국당)
39	뉴스데일리베스트	46,939,759	246,000	언론인
40	고발뉴스TV	46,637,105	269,000	언론인
41	게릴라Guerilla	45,711,410	172,000	일반인
42	미디어워치TV	45,619,733	197,000	언론인
43	안중규TV	44,752,578	144,000	만화가
44	미디어오늘	44,171,878	96,700	언론비평전문지
45	이춘근TV	40,976,529	230,000	정치학자
46	김문수TV	40,248,377	252,000	전 경기지사, 국회의원(자유한국당)
47	김용호 연예부장	39,707,793	331,000	언론인
48	팩맨TV	39,340,322	335,000	일반인
49	태극전사TV	39,194,320	138,000	일반인
50	김동길TV	39,051,674	307,000	대학교수
51	더깊이10	38,997,784	174,000	언론인
52	정치초단	38,659,504	126,000	일반인
53	뉴스반장	38,651,899	159,000	일반인
54	Sion TV	37,195,933	199,000	일반인
55	손상대TV	34,324,780	208,000	언론인
56	락TV	31,825,924	96,700	가수
57	까JBC	31,553,403	90,500	일반인

표 8-4　계속

순위	채널명	조회 수	구독자 수	직업·채널운영주체
58	윤창중 칼럼세상TV	30,501,194	137,000	전 공무원, 신문인
59	성제준TV	30,017,197	333,000	영어강사
60	Bangmo 뱅모	29,141,408	93,300	일반인
61	주권방송	28,199,809	76,200	인터넷언론사
62	알리미 황희두	27,631,084	174,000	문화기관단체인, 전 프로게이머
63	빨간아재	27,292,039	186,000	일반인
64	유재일	27,263,116	115,000	정치평론가
65	BJTV	25,835,678	200,000	전 국회의원 (더불어민주당)
66	얼음사이다	25,247,395	169,000	일반인
67	최병묵의 FACT	24,655,430	201,000	언론인
68	봉주르방송국	24,629,827	130,000	일반인
69	미디어공감	22,625,775	76,900	시민플랫폼
70	칙령	21,842,007	0	일반인
71	진자유TV	21,689,468	115,000	일반인
72	번개시장	21,229,645	68,500	일반인
73	문갑식의 진짜TV	20,354,724	138,000	언론인
74	뉴스와 사람들	19,750,925	63,400	일반인
75	고영신TV	19,149,128	178,000	언론인
76	닥처라 정치	18,887,652	120,000	일반인
77	광화문뉴스	18,715,817	173,000	일반인
78	우종창의 거짓과진실	18,557,083	123,000	언론인
79	글로벌디펜스뉴스	18,502,847	126,000	언론인, 종교인
80	곽티슈	18,035,986	78,200	일반인
81	뉴스닷	17,918,786	126,000	일반인
82	TV공감대	17,707,482	61,400	일반인
83	이애란TV	15,690,058	112,000	일반인
84	이야기	15,398,722	54,000	일반인
85	유튜브시둥이	14,511,680	164,000	일반인

표 8-4　계속

순위	채널명	조회 수	구독자 수	직업·채널운영주체
86	리섭TV	13,917,537	256,000	일반인
87	디지틀조선TV	13,867,014	148,000	일반인
88	민영삼TV	13,589,446	213,000	일반인
89	지만원TV	13,124,544	84,500	학자
90	고양이뉴스	12,993,462	177,000	일반인
91	안형환 전여옥의 안빵TV	12,408,833	97,800	전 국회의원 (자유한국당)
92	황경구의 시사창고	12,199,271	110,000	일반인
93	건곤감리	11,702,428	110,000	인권운동가
94	슈타인즈	11,550,674	119,000	일반인
95	일산TV	10,904,661	122,000	일반인
96	아이엠피터	9,731,119	56,200	언론인
97	송국건의 혼술	9,157,041	110,000	언론인
98	서우파	9,043,626	69,400	일반인
99	강명도TV-자유조선	8,811,251	164,000	교수
100	서울의소리 황기자	8,275,727	56,800	언론인
101	엄튜브	7,945,670	145,000	언론인
102	호밀밭의 우원재	7,832,274	105,000	언론인, 전 자유한국당 부대변인
103	김병민TV	7,343,332	139,000	시사평론가
104	박찬종TV	7,023,946	122,000	전 정치인
105	우짜라고	7,007,418	64,000	일반인
106	시사저널TV	6,657,173	57,800	시사주간지
107	하모니십TV	6,305,046	66,400	일반인
108	곰곰이	5,989,138	74,600	일반인
109	시사건건	5,773,111	55,700	일반인
110	정청래TV 떴다!	5,503,241	119,000	전 국회의원 (더불어민주당)
111	이규리TV	5,200,671	67,000	일반인
112	장준호TV	4,943,475	78,200	일반인

표 8-4 계속

순위	채널명	조회 수	구독자 수	직업·채널운영주체
113	류여해TV	4,788,840	64,300	교육인
114	이병태TV	4,726,809	95,400	교수
115	고고TV	4,680,636	62,600	일반인
116	김거희TV	4,648,010	82,600	일반인
117	곽동수TV	4,587,075	61,700	교육인
118	박형준의 생각TV	4,343,473	130,000	교수
119	스나이퍼팀방송	4,273,256	109,000	일반인
120	자유로의 항해	3,599,484	83,200	일반인
121	토순이	3,557,694	82,500	일반인
122	타골TV	3,110,208	192,000	일반인
123	떴다! 송만기	2,779,097	63,600	전 기초의원
124	KTV 최고수다	2,767,482	79,000	시인, 평론가
125	김남국TV	2,407,589	133,000	변호사
126	국민의소리	2,397,324	62,100	전 기업인
127	오래가장	2,391,392	15,300	일반인
128	김용남의 용방불패TV	1,833,405	65,300	변호사
129	우수근의 한중일TV	1,635,471	26,100	교수
130	유파치	1,551,225	129,000	일반인
131	서기호TV	1,028,809	39,100	변호사
132	호사카유지TV	498,996	85,700	교수
133	정세TV	447,770	30,200	전 통일부장관
134	옳은소리	417,213	35,700	일반인
135	더깊이24	395,366	78,700	언론인
136	의사소통TV	368,430	43,900	더불어민주당 정책유튜브채널
137	전영기 방송	250,336	10,400	언론인
138	이완영TV	61,160	64	전 국회의원 (자유한국당)
139	의원실국회 황영철	20,554	27	전 국회의원 (자유한국당)
140	좌충우돌스튜디오	995	49	일반인

주: 순위는 조회 수 기준이다.
출처: Socialerus.com & Noxinfluencer.com (2020).

3. 유튜브 정치채널 평판의 중요성

이 장에서 다루는 유튜브 정치채널 평판은 개인 평판의 개념으로 접근할 수 있다. 유튜브 채널이 1인 미디어의 특성을 띠며, 채널을 진행하는 진행자의 발언과 운영방향의 영향을 많이 받기 때문이다.

개인 평판은 CEO, 정치인, 연예인 등을 대상으로 한 대중적 평판으로(한은경·이보영·문효진, 2007; Ba & Pavlou, 2002; Gaines-Ross, 2002), 타인과 구분되는 개인적 특징 및 행동, 오랫동안 축적된 이미지에 대한 평가로 개념화된다. 또한 개인 평판은 주로 기업의 CEO, 정치인, 연예인, 스포츠스타 등을 연구대상으로 한다. 호의적 평판을 가진 개인은 능력이 출중하고, 높은 지위에 속하며, 신뢰성이 높다고 인식되고, 개인이 소속된 조직의 활동에까지 큰 영향을 미친다(Gioia & Sims, 1983).

개인 평판에 관련된 논의를 종합적으로 살펴보면 다음과 같다. 첫째, 평판은 조직 또는 개인에 대한 다양한 이해관계자의 관찰과 경험적이고 누적적인 총체적 평가를 의미한다. 둘째, 개인 평판은 대상에 따라 다차원적으로 구성된다. 셋째, 평판은 무형의 자산이지만 위기상황을 극복하는 데 중요한 역할을 한다. 넷째, 개인 평판은 상대적·실질적 가치창출과 상대적 우위를 유지하는 데 도움을 주므로 지속적 평판관리를 위해 노력해야 한다.

따라서 이 장에서는 유튜브 정치채널 평판의 개념을 "유튜브 정치채널을 운영하는 인플루언서의 활동 및 태도에 대한 이해관계자의 관찰과 경험적이고 누적적인 총체적 평가에 기초하여 형성되는 인식"으로 정의한다.

앞서 설명한 것처럼 국내외 유튜브 정치활동이 활발한 시점에서 시청자 중심의 논의와 정당이나 지방의회의 소셜미디어 활동 현황과 과제를 살펴본 연구는 진행되었으나, 타 플랫폼에 비해 비약적 상승세를 보이는 새로운 유튜브 정치채널 관점에서 이용자들을 만족시킬 수 있는 요소와 관리 및 발전방향에 대한 논의와 연구는 거의 전무하다.

유튜브 정치채널의 특성 중 가장 큰 장점이자 단점은 동영상 업로드에 별다른 심의와 제재과정이 없다는 사실이다. 이는 진입장벽을 낮춤으로써 많은 사람들의 참여를 이끌고 자유로운 의견을 제시할 수 있지만, 자극적이고 검증되지 않은 정보가 범람할 수 있다. 많은 유튜브 정치채널들은 구독자를 확보하고 이를 바탕으로 슈퍼챗, 광고 등 수익을 창출하기 위해 편향적이고 자극적인 콘텐츠와 영상들을 앞다퉈 송출한다. 자연스럽게 '가짜뉴스'와 '혐오표현'은 최근 국내에서 가장 큰 이슈로 떠올랐으며 많은 사람들의 우려와 비판을 낳고 있다.

이러한 과정을 통해 유튜브를 통한 가짜뉴스와 혐오표현 확산이 국내는 물론 세계적 이슈로 떠오르자 구글과 유튜브도 강력한 제재방안을 내놓고 있다. 가이드라인을 위반하거나 부적절한 콘텐츠를 삭제하는 데 나선 것이다. 2020년 7월 유튜브의 콘텐츠 정책과 가이드라인 제정 및 시행을 총괄하는 닐 모한 수석부사장은 2020년 1분기에만 커뮤니티 가이드라인을 위반한 약 26만 개의 동영상을 삭제했다고 밝혔다. 또한 유튜브는 방송통신심의위원회로부터 2020년 6월 시정요구를 받은 "5·18 민주화운동 당시 광주에 북한 특수부대원이 침투했다", "김대중 전 대통령이 폭동을 사주했다" 등의 내용을 담은 동영상 85건을 삭제했다.

더불어 유튜브는 '노란딱지' 시스템으로 문제가 되는 채널의 수익창출을 제한한다. 노란딱지는 유튜브가 선정성, 폭력성, 혐오조장, 정치적 편향성 등의 운영기준을 위반한 콘텐츠에 붙이는 아이콘으로 광고 부적합을 의미한다. 즉, 해당 영상의 광고게재를 제한하면서 수익창출을 제재하는 것이다. 실제로 강용석 변호사가 운영하는 정치채널인 〈가로세로연구소〉는 노란딱지로 인해 적자운영을 하고 있으며 대다수의 유튜브 정치채널들이 같은 상황을 겪고 있다고 밝혔다.

최근에는 콘텐츠 삭제와 제재에 그치지 않고 채널을 폐쇄하기도 한다. 정치 유튜버 안정권 씨가 운영하는 'GZSS TV' 채널이 대표적 예다. 보수진영에서 활발한 활동을 이어온 이 채널은 2019년 슈퍼챗을 통해 3억 8,600만 원(2020. 7. 2. 원·달러 환율기준)을 받았다. 이는 2019년 전 세계 유튜브 채널 중 2위에 해당하며, 국내 모든 채널을 통틀어 가장 많은 슈퍼챗 수익을 올린 것이다. 그러나 유튜브는 자극적 발언과 콘텐츠를 이유로 2020년 6월 김상진TV, 잔다르크TV2 등의 채널과 함께 GZSS TV 채널을 폐쇄했다.

반면, 노무현재단 유시민 이사장이 주로 출연하여 운영하는 '사람사는세상 노무현재단' 채널은 이슈에 따른 올바른 정보를 알려 주며 차분하고 일관된 톤앤매너로 이슈를 해석하여 시청자들에게 큰 호평을 받고 있다. 다양한 게스트와 함께 수준급의 자막과 편집, 다양한 콘셉트의 파일럿 프로그램으로 정치뉴스를 분석하기도 한다. 또한 더불어민주당 박용진 의원은 자신의 유튜브 채널을 통해 지지자들과 활발한 소통을 이어가며, 자신이 국회에서 추진하는 법안을 홍보하고 지상파 방송 인터뷰와 지역구 활동 등 모든 정치활동을 유튜브 채널을 통해 보여준다. 이 채널은 짧고 핵심이 담긴 영상으로 시청자들에게 쉽고 재미있게 정책을 알리려 노력한다는 점에서 호평받고 있다.

〈사람사는세상 노무현재단〉의 유시민 이사장과 〈TV홍카콜라〉의 홍준표 의원.

　보수진영에서는 홍준표 국회의원이 〈TV홍카콜라〉에서 활동하며 37만 명이 넘는 구독자를 확보하고 있다. 이 채널은 채널명의 콘셉트에 맞게 지지자들을 대변하는 통쾌하고 시원한 멘트로 많은 지지를 받고 있다. 진보진영의 대표채널인 〈사람사는세상 노무현재단〉 유시민 이사장과 함께 합동 토론방송을 진행하며 큰 호평과 관심을 받기도 했다. 또한 현역 의원 중 가장 많은 구독자를 보유하고 있는 이언주 전 미래통합당 의원은 33만 명이 넘는 구독자를 확보하고 있으며, 정치이슈뿐만 아니라 사건사고나 영화 관련 토크까지 다양한 방식으로 채널을 운영하며 사랑받고 있다.

　이처럼 유튜브를 통한 정치참여와 활동이 활발해짐에 따라 부작용 또한 속출하고 있다. 자극적이고 무분별한 콘텐츠를 앞세워 구독자를 확보하고 수익을 창출하려는 행태가 잇따르는 것이다. 전략적 유튜브 정치채널 평판관리를 통해 이러한 문제를 해결하고 채널을 건강한 정치토론의 장으로 만든다면, 장기적으로 다수의 구독자와 함께 막대한 수입도 뒤따를 것이다.

4. 정치 유튜버를 위한 평판관리 전략

1) 유튜브 정치채널 평판관리 팁

여기서는 유튜브 정치채널 평판이 어떤 요인으로 구성되는지 알아보고, 더 나아가 유튜브 정치채널의 평판관리 체크리스트를 통해 올바른 평판관리 방법에 대해 논해 보고자 한다. 유튜브 정치채널 평판의 구성 요인은 각 요인에 포함된 항목의 특성에 따라 진행방식, 정치성향, 소통능력, 전문성 등 4가지로 분류된다(〈표 8-5〉 참조).

표 8-5 유튜브 정치채널 평판관리 체크리스트

요인	세부항목
진행방식	• 진행자가 신뢰성이 있는가? • 진행자가 참신하고 새로운 시각으로 이슈를 다루는가? • 시청자가 잘 이해할 수 있도록 최대한 쉽게 이슈를 설명하는가? • 무거운 정치토크를 쉽고 친근하게 다루는가? • 은폐·축소된 문제점에 대해 사실 보도하는가? • 과도한 후원을 요구하지 않는가? • 영상이 주제별로 잘 나누어져 있는가? • 진행자가 이슈에 대해 최대한 자세히 설명하는가?
정치성향	• 나의 정치성향에 맞춰 구독할 수 있는가? • 이슈에 대한 각 정치진영의 입장이 무엇인지 알 수 있는가? • 내 정치성향에 맞는 채널을 선택해서 시청 가능한가? • 내가 지지하는 정치세력을 눈치 보지 않고 지지하는가?
소통능력	• 이슈를 핵심만 요약해서 보여주는가? • 관심이슈만 선택해서 볼 수 있도록 하는가? • 주류언론에서 보도하지 않는 뉴스를 보도하는가? • 지상파 뉴스와 다른 현장감을 가지고 있는가?
전문성	• 전현직 정치인들이나 정치학자들이 직접 출연하는가? • 풍부한 방송출연 경험을 가진 게스트가 출연하는가? • 이슈현장의 비하인드스토리를 보여주는가? • 주기적이고 규칙적으로 영상을 올리는가?

2) 진행방식

유튜브 정치채널 평판관리 체크리스트를 살펴보면, 진행방식에 속한 항목이 제일 많은 것이 눈에 띈다. 이를 통해 1인 미디어라는 유튜브의 특성상 채널을 운영하는 유튜브 크리에이터의 평판이 채널 평판을 평가하는 요소로 영향을 미친다는 것을 알 수 있다.

먼저 진행자의 신뢰성과 이슈를 바라보는 참신하고 새로운 시각이 중요시된다. 앞서 언급한 것처럼 유튜브 정치채널 시청자들은 정형화된 기존 언론에서 볼 수 없었던 정치이슈에 대한 새로운 해석을 원하는 동시에 신뢰성 또한 중시한다. 이는 수많은 유튜브 정치채널이 구독자와 조회 수를 확보하기 위해 사실과 다른 자극적 발언과 정보를 쏟아 내는 것이 단기적으로는 시청자들의 이목을 집중시킬 수 있어도, 지속적 지지와 좋은 평판을 얻기는 힘들다는 것을 의미한다.

다음으로 유튜브 정치채널 시청자들은 시청자가 잘 이해할 수 있도록 정치이슈를 최대한 쉽게 설명하면서 무거운 정치토크를 쉽고 친근하게 다루어 주길 원한다. 이는 유튜브 정치채널을 통해 언제 어디서든 짧은 시간 안에 자신들이 얻고 싶은 정보를 습득하려는 유튜브 이용자들의 특성이 작용하는 것으로 보인다.

유튜브 정치채널의 가장 큰 특징 중 하나는 '실시간 후원제도'이다. 유튜브 정치채널은 다른 유튜브 채널처럼 콘텐츠에 광고를 삽입해서 수입을 얻기도 하지만 시청자들의 실시간 후원을 통해 얻기도 한다. 콘텐츠와 채널에 계좌번호를 노출시키거나 실시간 스트리밍 방송을 하면서 '슈퍼챗' 기능을 통해 후원을 받는다. 슈퍼챗이란 유튜브에서 실시간 스트리밍 방송을 하는 크리에이터들에게 시청자들이 채팅을 통해 소통하며 직접 현금후원을 하는 기능이다. 과도한 후원유도는 시청자들에게 불쾌감을 주며 채널의 평판에도 좋지 않은 영향을 미칠 수 있다. 채널 평판을 잘 관리하고 시청자들의 욕구를 충족시켜 준다면 구독자와 조회 수가 크게 늘 것이고, 채널이 성장함과 동시에 후원 또한 자연스럽게 따라올 것이다.

3) 정치성향

유튜브 정치채널 평판관리 체크리스트 가운데 유튜브 정치채널 시청자들의 특성을 가장 잘 보여주는 요인은 정치성향 요인이다. 세부항목을 자세히 살펴보면, '나의 정치성향에 맞춰 구독할 수 있는가?', '이슈에 대한 각 정치진영의 입장이 무엇인지 알 수 있는가?', '내 정치성향에 맞는 채널을 선택해서 시청 가능한가?', '내가 지지하는 정치세력을 눈치 보지 않고 지지하는가?' 등이다. 이는 유튜브 정치채널을 통해 자신의 정치성향과 일치하는 채널과 콘텐츠만 검색해 선택적으로 자신을 노출시키는 유튜브 정치채널 시청자들의 특성을 대표적으로 보여준다.

실제 로이터저널리즘연구소의 〈디지털 뉴스 리포트 2019〉에 따르면, 조사대상 38개국 전체적으로 정치성향에 따른 뉴스 관련 유튜브 이용에서 유의미한 차이가 없었으나 한국은 진보나 보수 정치성향을 가진 이용자들이 중도 성향의 이용자에 비해 10%p 이상 유튜브를 더 많이 이용하는 것으로 나타났다(한국언론진흥재단, 2019).

이는 '선택적 노출'(selective exposure)이라는 심리학 이론으로 설명할 수 있다. 선택적 노출이란 사람은 자신의 생각이나 판단에 근거가

2020년 11월 미국 대선을 앞두고 미국 유권자의 관심 주제별로 트럼프
공화당 후보의 연설과 바이든 민주당 후보의 연설을 교차 편집한
동영상이 유튜브에서 인기를 얻었다. 출처: 유튜브 조 바이든 채널.

될 수 있는 정보를 선호하고 이에 반하는 정보는 기피하려는 경향이 있
다는 심리학 개념이다. 즉, 사람들은 자신의 선유경향(predisposition)
과 일치하는 미디어를 스스로 찾아보려 하지만 반대되는 미디어는 회
피한다는 것이다(Festinger, 1962). 선택적 노출은 선별효과 이론의
기본 개념 중 하나로 메시지를 접할 때 선택과정들 중에서 가장 먼저
일어나는 과정이며, 커뮤니케이션 연구에서 가장 널리 받아들여지는
원칙 중 하나다(Paletz, Koon, Whitehead, & Hagens, 1972).

유튜브 정치채널을 통해 시청자들은 자신의 정치성향에 맞는 콘텐
츠만을 선택적으로 시청하고, 유튜브 알고리즘은 이용자의 정치성향
과 비슷한 성향의 채널과 콘텐츠를 자동적으로 노출시켜 준다. 이처
럼 유튜브 정치채널은 자신의 정치성향과 일치하는 정보만을 선택하
고 같은 정치성향의 사람들과만 교류하기 때문에 전략적 포지셔닝을
통해 정치적 입장을 정하고 일관성을 갖는 것이 중요하다.

4) 소통능력

소통능력에 속하는 항목을 살펴보면 '이슈를 핵심만 요약해서 보여주는가?', '관심이슈만 선택해서 볼 수 있도록 하는가?', '주류언론에서 보도하지 않는 뉴스를 보도하는가?', '지상파 뉴스와 다른 현장감을 가지고 있는가?' 등이다.

　유튜브 정치채널 시청자들은 기존 주류언론에서 보도하지 않는 뉴스를 시청하길 원한다. 또한 자신이 직접 가 보지 못한 집회현장이나 정치이슈의 현장을 편집되지 않은 콘텐츠를 통해 시청함으로써 현장을 생생하게 경험하기를 원한다. 최근 보수진영의 광화문집회와 진보진영의 서초동집회 현장을 살펴보면, 많은 사람들이 스마트폰을 이용해 현장을 유튜브로 생중계하는 장면을 볼 수 있다. 또한 실시간으로 시청자들과 채팅을 통해 소통하며 정치현장을 생생하게 중개하는 채널이 선풍적 인기를 끌고 있다.

　시청자들과 끊임없이 소통하며, 그들이 원하는 정치이슈와 이슈현장을 현장감 있게 제공한다면 그들에게 좋은 평판과 지지를 얻을 수 있다.

5) 전문성

전문성 요인에는 '전현직 정치인들이나 정치학자들이 직접 출연하는가?', '풍부한 방송출연 경험을 가진 게스트가 출연하는가?', '이슈현장의 비하인드스토리를 보여주는가?', '주기적이고 규칙적으로 영상을 올리는가?' 등의 세부항목이 포함된다. 유튜브 정치채널이 정치

정보를 습득하려는 시민들에게 기존 언론보다 더 큰 관심과 지지를 받으면서, 자연스럽게 채널에 출연하는 진행자와 게스트의 전문성이 시청과 채널의 평판을 결정하는 큰 요인으로 자리 잡았다.

시청자들은 풍부한 방송출연 경험을 가진 게스트들이 기존 언론에서는 편집이나 제재로 말할 수 없었던 정치이슈 현장의 비하인드스토리와 의견을 듣기를 원한다. 또한 신뢰할 수 있는 전문적 진행자와 게스트가 출연하는 정치 콘텐츠를 주기적이고 규칙적으로 업로드하는 프로페셔널한 모습도 요구한다.

6) 건전한 정치토론의 장, 지속가능한 유튜브 정치채널을 위한 제언

바야흐로 '유튜브 시대'이다. 각 정당에서는 일찌감치 유튜브를 통한 정당홍보와 지지세력 결집에 열을 올리며 선거전략에서도 유튜브를 활용한다. 최근 중앙선거관리위원회에서는 유튜브를 통한 다양한 정치캠페인과 선거운동은 법령과 무관하게 언제든 가능하다는 해석을 내놓았기 때문이다. 이에 따라 국회의원실 채용공고에서 유튜브 채널운영 경험자, 영상전문가를 우대한다는 문구는 필수항목이 되었다. 또한 앞서 살펴본 것처럼 정치평론가부터 언론인, 변호사, 기업인까지 각계각층의 비정치인들도 자신의 견해를 유튜브 정치채널에서 드러내고 있다.

유튜브 정치채널을 통해 시민들은 정형화된 기존 언론에서 볼 수 없었던 정치이슈에 대한 새로운 해석을 접할 수 있다. 또한 개인의 정치성향과 일치하는 유튜브 정치채널을 통해 원하는 정보만을 언제 어디서든 손쉽게 습득할 수 있게 되었다. 이를 통해 유튜브에서는 수많은 정치 콘텐츠가 범람하며, 단기간 내 화제성을 바탕으로 배열되는 '인기영상' 탭에서는 매주 상위권에 노출된다.

그러나 유튜브 정치채널의 콘텐츠에는 정당이나 개인의 주관적 견해가 내재되어 있으며, 지지자들을 결집시키기 위해 자극적이고 검증되지 않은 정보 또한 범람하고 있다. 이러한 현상은 중도층의 마음을 사로잡을 수 없으며 정치 양극화와 분열, 진영논리에 의한 함몰만을 불러올 뿐이다.

유튜브 정치채널은 향후 유권자들에게 자신들의 정책을 홍보하고 정치이슈에 대한 새로운 시각을 통해 온라인에서 건전한 토론의 장을 만들 수 있도록 해야 한다. 이를 위해서는 이해관계자가 평가하는 유튜브 정치채널의 평판을 전략적으로 관리하여 긍정적이고 호의적인 평판을 쌓을 필요가 있다. 이를 통해 유튜브 정치채널은 한국의 포용적 정치문화에 일조할 수 있을 것이다.

9장

다매체 시대의 비전, 미디어 평판관리

1. 4차 산업혁명과 미디어산업의 지각변동

4차 산업혁명이라 불리는 디지털 기술혁명은 미디어산업에도 커다란 변화를 가져왔다. 미디어와 채널 수가 증가했으며 미디어 간 경계도 모호해졌다. 그에 따라 소비자의 미디어 콘텐츠 소비행태도 변화했다. 우선 소비자의 미디어 이용수단이 TV나 신문·잡지에서 스마트폰과 태블릿 PC와 같은 모바일 기기로 바뀌었다. 소비자들은 직접 TV를 시청하거나 신문·잡지를 구독하기보다는 스마트폰이나 스마트탭을 이용하여 기사를 읽거나 동영상을 시청하는 경우가 많아졌다.

이런 상황에서 TV, 신문, 라디오 등의 전통적 미디어 위상은 지속적으로 하락하는 반면, 소셜미디어나 오버더톱(OTT: *Over-The-Top*) 같은 뉴미디어의 위상은 날이 갈수록 높아지고 있다. 이는 디지털 기반 광고비의 상승세를 통해서도 알 수 있다. 모바일과 PC를 양축으로 하는 디지털 광고비는 계속 성장하는 추세다. 국내의 경우 2019년 전체 광고시장의 42.2%를 차지했으며 5조 원을 웃도는 규모이다(제일월드와이드, 2020). 전 세계 디지털 광고비는 2020년에 전통적 미디어 광고비를 초월할 것으로 전망되며, 주요 디지털 광고매체로 페이스북, 구글, 유튜브, 아마존 등이 이용된다(WARC, 2019).

한편 소비자들은 모바일 미디어에서 텍스트를 읽기보다 점차 동영상을 더 많이 시청하는 행태를 보인다. 2019년 오픈서베이의 조사 결과, 소비자들이 주로 이용하는 콘텐츠는 동영상(91.5%), 텍스트(19.6%) 순이었고, 이는 주로 스마트폰(67.9%)을 통해 소비되었다(오픈서베이, 2019).

그리고 소비자들은 실시간 시청보다 VOD 시청을 선호했다. 이들은 원하는 콘텐츠를 찾아 여러 개의 플랫폼에 가입해 콘텐츠를 선택적으로 수집하여 소비하는 능동적·선택적 콘텐츠 소비를 추구하는 과정에서 불필요하게 많은 수고와 비용이 필요함을 곧 깨달았다. PwC의 최근 조사에 따르면, 많은 소비자들이 한 번 가입료를 지불하고 단일 플랫폼에서 원하는 콘텐츠를 공급받고 싶어했다(PwC, 2019). 이러한 동영상 콘텐츠 소비행태는 OTT가 급속도로 성장하는 원동력이 되었다. 이제 미국에서는 넷플릭스, 아마존, HBO, 훌루 등과 같은 유료 OTT 서비스들이 미국의 유료 방송사업자들의 강력한 경쟁상대로 떠올랐다.

방송통신위원회의 2019년 방송매체 이용행태조사 결과에 따르면, 2019년 한국 국민의 OTT 서비스이용률은 52.0%로 2명 중 1명은 OTT를 이용하며, 주 1회 이상 OTT 시청빈도도 95.5%에 이르렀다(정용찬 외, 2019). 유료 OTT의 경우, 유튜브프리미엄, 웨이브, 넷플릭스 순으로 이용자 수와 월평균 이용자 시간이 높았다. 한편 글로벌 점유율은 넷플릭스가 1위이며, 아마존과 HBO가 뒤를 잇고 있다. 최근에는 디즈니가 디즈니플러스를 출범시킴으로써 미디어산업 내 OTT 간 경쟁이 더욱 치열해졌다.

동영상 콘텐츠 선호 추세와 최근 코로나19의 영향으로 언택트 (Untact) 문화가 형성되면서 집 안에서 동영상 콘텐츠 소비가 더 늘어날 것으로 전망된다. 이 가운데 OTT를 통한 동영상 콘텐츠 소비는 앞으로 더욱 증가할 것으로 예상된다. 케이블 및 위성통신 매출에 비하면 아직 비중이 크지 않지만, 글로벌 OTT 매출은 2018년 382억 달러에서 2023년에는 거의 두 배가 될 것으로 예상된다(PwC, 2019). 향후 미디어산업은 인터넷망, 다채널방송사업자, 하드웨어 등 플랫폼화가 가능한 모든 분야의 사업자가 진출하면서 경쟁이 더욱 심화되고, 궁극적으로 제휴 및 합병 등을 거쳐 소수의 OTT로 시장이 재편될 것으로 보인다(한상웅, 2019).

그에 따라 미디어기업 간 생존경쟁은 그 어느 때보다 격화될 것으로 전망된다. 오늘날 많은 우수한 기업들을 보면 공통적으로 긍정적인 평판을 가진 것을 알 수 있다. 이들 기업은 좋은 기업 평판을 통해 소비자들의 신뢰와 존경을 받고 있다. 소비자들은 수많은 기업들 속에서 이들 기업의 제품과 서비스를 차별적으로 구분한다. 기업의 평판은 그 기업 브랜드, 제품 및 서비스를 판단할 수 있는 지표로서의 역할을 한다. 높은 평판은 구매를 증대시키고 충성고객을 창출함으로써 궁극적으로 수익증대에 기여한다. 이러한 의미에서 평판은 심화된 경쟁환경에서 경쟁우위를 확보할 수 있는 중요한 무형자산으로 각광받고 있다. 이제 미디어도 평판관리가 필요하다. 긍정적 평판관리를 통해 시장에서 차별적 포지셔닝을 강화한다면, 미디어는 더 많은 소비자의 선택과 충성도를 획득하여 안정적 입지를 다지고 성장할 수 있다.

이 장에서는 미디어 평판이란 무엇이고, 좋은 미디어 평판을 유지하기 위해서는 어떠한 관심과 노력을 기울여야 하는지에 대해 살펴보고자 한다.

2. 미디어 평판의 개념과 평판관리의 필요

미디어산업은 전통적으로 크게 소비자, 광고주, 그리고 콘텐츠 시장을 중심으로 운영된다(Baumann, 2015). 미디어기업은 오락, 시사, 스포츠, 드라마, 영화, 다큐멘터리, 예능 등 다양한 장르의 콘텐츠에 광고를 포함시켜 수용자에게 제공한다. 상업 방송사는 프로그램의 시작과 끝, 그리고 중간에 광고를 삽입하여 시청자들에게 방송한다. 신문과 잡지는 기사에 광고지면을 포함시켜 발행한다. 인터넷 포털사이트는 검색기사에 온라인 광고를 포함시키며, 유튜브와 같은 동영상 스트리밍 서비스는 동영상 시작과 중간 부분에 광고를 삽입하여 제공한다.

이와 같이 상업 미디어기업은 수용자들에게 미디어 콘텐츠를 제공하고 광고주에게는 광고시간이나 공간을 팔면서 수익을 올리는 방식을 취한다. 특히 케이블 TV나 IPTV와 같은 유료채널은 가입자 수가 많을수록 콘텐츠를 통해 올리는 수익이 많아지고 광고 매출액도 덩달아 높아지는 이중효과를 얻는다.

미디어 콘텐츠 시장에서 미디어기업들은 자사 콘텐츠를 다른 미디어기업에 판매하거나 관련 산업체에 판매함으로써 수익을 올릴 수 있다. 디지털미디어 콘텐츠의 경우, 초기 제작비가 높지만 복사본 (*reproduction*) 을 제작할 때는 처음보다 비용이 적게 드는 경우가 많다. 따라서 DVD나 VOD 등의 수요가 높을수록 미디어기업은 더 높은 수익을 올릴 수 있다. 이는 미디어 제품과 서비스가 네트워크 경제적 특성을 띠기 때문이다. 치열한 미디어 콘텐츠 시장에서 미디어기업들은 경쟁적 이점을 얻기 위한 방안이 필요하며, 평판관리는 그들에게 하나의 대안을 제시해 줄 수 있다.

미디어 평판은 미디어기업의 과거 행동이나 성과에 대해 다양한 이해관계자들이 축적한 판단과 평가이다. 미디어의 차별적 콘텐츠와 서비스, 경영진의 비전과 리더십, 고용주의 건전성, 사회적 책임 및 기업의 재무성과 등을 통해 판단할 수 있다. 평판은 시장에서 기업의 성과를 측정하거나 또는 기업의 위상을 알아보는 데 결정적 역할을 한다. 이는 소비자가 좋은 품질의 기업제품이나 서비스를 선택할 수 있도록 해주는 지표로서 기업이 경쟁자에 대한 차별화를 가능케 하여 경쟁우위를 확보하도록 한다. 미디어 평판 역시 이해관계자들의 만족도와 충성도를 고양, 유지시켜 지속적 기업성과를 창출하는 데 도움을 준다.

다매체·다채널 시대에 소비자들의 콘텐츠 선택권은 과거와 비교해 그 어느 때보다 강하다. 실제로 현대인들은 볼거리가 넘쳐나는 시대에 살고 있다. 유사한 콘텐츠가 제공될 경우, 소비자들은 이왕이면 본인들이 좋아하고, 신뢰하는 미디어기업을 선택할 것이다. 즉, 긍정적 미디어 평판이 소비자들을 모으고, 콘텐츠 소비를 통해 수익을 발생시킴과 동시에 광고주에게는 매력적 광고매체로서 어필할 수 있는 기회를 제공한다. 좋은 평판은 소비자들이 해당 미디어 브랜드에 호감을 갖도록 하여 기업 및 채널 브랜드에 대한 선호도를 높이고 시청률과 가입률, 구독률을 증가시킴으로써 잠재적 고객들을 유인할 수 있다. 뿐만 아니라 호의적 평판은 소비자들의 충성도를 높이고, 미디어기업이 위기에 처했을 때 완충제 역할을 한다. 신규 채널을 론칭할 때 모기업 브랜드 평판이 후광효과를 발휘해 소비자들이 채널을 고정하는 데 도움을 줄 수도 있다.

3. 넷플릭스의 사례

리드 헤이스팅스(Wilmot Reed Hastings Jr.)와 마크 랜돌프(Marc Randolph)가 설립한 넷플릭스(Netflix)는 미국의 대표 멀티미디어 엔터테인먼트 OTT 기업이다. 평범한 DVD 대여업체에서 출발한 넷플릭스는 그간 지속적으로 성장해 2020년 현재 190여 개국 1억 9,300만 명의 유료회원을 보유한 명실상부한 최고 OTT 기업으로 자리 잡았다.

그림 9-1 2020년 가장 평판이 좋은 글로벌기업 Top 10

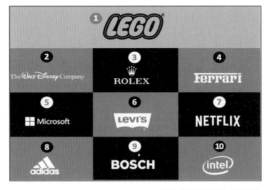

출처: 렙트랙 컴퍼니 홈페이지.

최근의 렙트랙 조사에 따르면, 넷플릭스는 2020년 '가장 평판이 좋은 글로벌기업' 7위에 선정되었다. 뿐만 아니라 2019년에는 미국 내에서 '가장 평판이 좋은 기업'으로 선정되었다. 동일하거나 유사한 서비스를 제공하는 다른 OTT 기업과 비교했을 때, 넷플릭스의 명성은 가히 최고 수준이다.

넷플릭스의 명성은 우연히 얻을 수 있는 수준이 아니기에, 넷플릭스가 어떻게 자사의 평판을 관리했는지 살펴볼 필요가 있다

1) 오리지널 콘텐츠와 맞춤형 제작

넷플릭스는 1997년 DVD 대여 서비스로 출발했다. 이후 2007년 미국에서 동영상 스트리밍 서비스를 처음 시작했으며 2010년부터 글로벌 온라인 동영상 서비스로 확장했다. 넷플릭스는 광고수익 없이 월정액제로 유료 서비스를 제공하는데, 광고를 보지 않고 동영상 콘텐츠를 시청하려는 사람들이 늘어나면서 인기가 상승하고 있다. 한국의 넷플릭스 멤버십은 베이직(9,500원), 스탠더드(12,500원), 프리미엄(14,500원) 등 3가지 유형으로 운영된다. 가격이 높을수록 지원하는 화질(HD, UHD)이 다양해지며, 1계정에 동시 4명의 이용자까지 접속할 수 있다.

넷플릭스 가입자 수가 증가하는 이유는 영화, 드라마, 애니메이션, 다큐멘터리 등 콘텐츠 종류가 다양할 뿐만 아니라 넷플릭스에서만 시청 가능한 독점 콘텐츠가 있기 때문이다(오픈서베이, 2019). 넷플릭스는 현재 드라마 시리즈, 영화, 애니메이션, 다큐멘터리 등 다양한 장르의 '오리지널 콘텐츠'를 미국, 유럽, 한국에서 제작하여 서비스하고

넷플릭스의 인기 오리지널 콘텐츠인 〈하우스 오브 카드〉와 〈킹덤〉.

있다. 최고의 콘텐츠를 얻기 위해 넷플릭스는 작가나 감독 스카우트
에 아낌없는 투자를 하는 것으로 유명하다.

특히 콘텐츠 제작을 위해 분권화된 제작팀을 운영하는데 최고 콘텐
츠 책임자(CCO: *Chief Contents Officer*) 테드 사란도스(Ted Sarandos)
가 반대해도 제작팀은 자체제작을 진행할 수 있는 파워를 가지고 있
다. 넷플릭스는 과감하게 새로운 콘텐츠를 시도하지만, 비평가들의
평이 좋고 제작진이 선호한 콘텐츠라도 시청자가 적은 경우에 후속편
제작을 하지 않는 경우가 많다. 제작 여부는 데이터에 기반을 두고
결정된다. 빅데이터를 활용한 가입자 맞춤형 제작방식이 바로 그것
인데, 〈하우스 오브 카드〉(*House of Cards*)가 대표적 예이다. 넷플릭
스는 이 시리즈를 제작하기에 앞서 이용자들의 동영상 재생기록, 평
가, 검색정보 등의 빅데이터를 분석하여 전체적 콘셉트, 연출, 배우
등을 결정했다(조은혜, 2019).

이러한 노력으로 넷플릭스는 고품질 오리지널 콘텐츠를 지속적으
로 제작하고 좋은 성과를 얻고 있다. 오리지널 TV 시리즈는 〈릴리해

머〉(*Lilyhammer*), 에미상을 수상한 〈하우스 오브 카드〉를 비롯해 여러 작품이 뜨거운 반응을 얻었다. 영화로는 〈비스트 오브 노 네이션〉(*Beasts of No Nation*)을 필두로 알폰소 쿠아론 감독의 아카데미 수상작 〈로마〉(*Roma*), 마틴 스콜세지 감독의 〈아이리시맨〉(*The Irishman*), 노아 바움백의 〈결혼이야기〉(*Marriage Story*) 등이 호평을 받았다.

넷플릭스는 로컬 오리지널 콘텐츠 제작도 적극적으로 지원한다. 한국에서는 봉준호 감독의 〈옥자〉, 시리즈물인 〈킹덤〉(*Kingdom*) 등이 그 결과 탄생한 인기작이다. 이러한 로컬제작 전략은 미국 이외 전 세계 국가에서 유료가입자 수가 빠르게 증가하는 데 일조했다.

2) 이용자 맞춤형 추천 서비스

오리지널 시리즈 드라마의 경우, 한 시즌 모든 에피소드가 1년에 1회 하루에 다 공개된다. 이 때문에 이용자들은 매주 기다려 방송을 보는 대신 모든 에피소드를 '몰아보기'(*binge-watching*) 하는 경우가 많으며, 이른바 몰아보기 문화가 형성되었다. 사실 넷플릭스는 몰아보기를 의도한 편성을 실행했는데, 이는 많은 입소문을 끌어내어 더 많은 가입자를 유도할 목적이었다. 이러한 넷플릭스의 서비스 전략은 공급자가 송출하는 방식대로 시청하는 수동적 이용자가 콘텐츠를 능동적으로 소비하는 주체적 문화소비자로 진화하도록 힘을 실어 주었다 (스타이너, 2019).

한편 넷플릭스는 이용자의 취향과 시청패턴에 정교하게 맞춘 '맞춤형 콘텐츠' 추천으로 이용자들이 더 많은 콘텐츠를 소비하도록 유도한다. 넷플릭스의 정교한 맞춤형 콘텐츠 추천 역시 맞춤형 제작방식에

넷플릭스는 알고리즘을 통해 이용자의 시청이력을 분석하여
이용자 맞춤형 콘텐츠를 추천한다. 출처: 넷플릭스 테크 블로그.

서 사용되는 뛰어난 '빅데이터 분석능력'을 바탕으로 한다. 넷플릭스
는 기존의 인구통계적 구분 대신 취향공동체(taste community) 라는 개념
을 사용하여 시청자 집단을 2,000여 개의 세분화된 단위로 나누어 분
석한다(Adalian, 2019). 이들 집단의 시청자가 선호하는 장르, 스토
리, 다양한 시청습관 등을 세밀하게 분석하여 이용자 취향에 적합한
콘텐츠를 화면에 추천하는 것이다.

넷플릭스 맞춤형 추천 서비스 이러한 알고리즘을 통해 콘텐츠를
추천하기 때문에 이용자 개개인의 추천 콘텐츠가 모두 다르다는 특
징을 지닌다. 넷플릭스 이용자의 영화시청 3분의 2 이상이 추천시스
템에 의한 것이다. 드라마의 경우 시청이 끝날 즈음 엔딩 크레딧이
올라갈 때 15초 후 후속편 티저가 자동으로 상영되며 시청한 드라마
와 관련 있는 또 다른 드라마를 추천한다.

3) 혁신적 서비스 인프라

넷플릭스는 2016년부터 AWS(Amazon Web Service) 클라우드 서버
를 활용하며, CDN(Content Delivery Network) 인프라와 캐시서버를

진출한 국가의 인터넷 서비스 사업자(ISP)에게 무상으로 제공한다. 이용자가 콘텐츠를 원활히 시청할 수 있도록 전 세계 협력 ISP 사업자의 데이터 전송속도를 공개하기도 한다. 또한 특정 시간에 일시적으로 트래픽이 폭증할 경우에 대비하여 영상 해상도와 비트레이트(BPS)를 조정하는 어댑티브 스트리밍 기술을 활용한다. 이 기술로 인해 트래픽 폭증 시, 일시적으로 화질은 나빠지지만 영상송출이 잘 끊기지 않는다(미디어 SR, 2019).

한편 넷플릭스는 N스크린 전략을 활용하여 이용자들이 스마트폰이나 태블릿, 스마트TV, 블루레이 플레이어, 그리고 스트리밍 미디어 플레이어를 비롯한 게임기와 각종 셋톱박스 등 다양한 디바이스를 통해 편안하게 콘텐츠를 이용할 수 있도록 한다. 넷플릭스는 OTT 서비스 미디어 중 가장 많은 디바이스를 지원한다. 또한 동영상 스트리밍 서비스를 웹 형태로 제공하기 때문에 PC에서는 모든 웹 브라우저에서 시청 가능하다. 최근에는 와이파이 사용이 불안정한 이용자들을 위해 넷플릭스 앱에 콘텐츠를 저장해 오프라인 상태에서 콘텐츠를 시청할 수 있는 서비스를 개발하여 제공함으로써 콘텐츠 이용의 편리성을 높이고 있다.

4) 자유와 책임을 강조하는 조직문화

넷플릭스 조직문화에서 중요한 키워드는 '자유'와 '책임'이다. 넷플릭스의 CEO 리드 헤이팅스와 함께 기업문화를 설계한 패티 맥코드(Patty McCord)에 따르면, 넷플릭스는 모든 조직구성원이 자유롭게 아이디어와 문제를 공론화하고 경영진과 허심탄회하게 논의하며 탁월한 팀워크와 혁신적 문제해결력을 발휘하는 문화를 구축하고자 노력했다. 2009년 발표한 자유와 책임을 골자로 한 조직문화 가이드인 〈넷플릭스 컬처데크〉(*Netflix Culture Deck*)에는 넷플릭스가 지향하는 조직문화 특성이 제시되어 있다.

〈넷플릭스 컬처데크〉는 넷플릭스 조직문화가 지향하는 7가지 유목, 즉 넷플릭스가 중시하는 가치, 높은 성과, 자유와 책임, 통제가 아닌 맥락의 전달, 동종업계 최고임금 대우, 강하게 연결되었지만 느슨하게 짝지어진 조직, 승진과 자기개발 기회 등에 대해 설명했다. 내용을 요약하면, 넷플릭스는 복잡하고 관료적인 통제 대신 직원 개인의 책임에 기반한 수준 높은 자율적 조직문화를 지향한다는 것이다. 125페이지의 PPT 자료집인 〈넷플릭스 컬처데크〉는 실리콘밸리에서 인적 자원 경영을 위한 지침서로 널리 사용된다.

5) 넷플릭스 컬처데크: 7가지 유목

넷플릭스는 능동적으로 문제를 찾아 해결하여 높은 성과를 내는 최고급 인재를 중시한다. 열심히 하지 않더라도 궁극적 목표를 이해하고 문제를 잘 해결해 높은 성과를 내는 직원을 열심히 하지만 성과가 높지 않은 직원보다 더 선호한다. 다시 말해, 효율성보다 효과성 있는 인재를 높게 평가한다. 넷플릭스는 '일 잘하는 최고급 인재야말로 조직에 주어지는 최고의 보상'이라고 생각한다. 그리고 최고 성과는 조직구성원들에게 최대한 자유를 보장할 때 얻을 수 있다고 믿는다.

넷플릭스 오리지널 콘텐츠 부서의 사례가 이를 입증한다. CCO 테드 사란도스는 오리지널 시리즈 시즌 전체를 팀원들이 자유롭게 제

넷플릭스 CEO 리드 헤이스팅스는
자유와 책임의 조직문화를 구축하여
급변하는 비즈니스 환경에 유연하게
대처하며 기업의 성공을 이끌었다.

작하도록 하고, 성과가 뛰어난 팀원에게 보상하기로 했다. 그 결과, 콘텐츠 생산량이 배로 늘었을 뿐 아니라, 여러 인기 콘텐츠가 탄생하는 성과를 얻었다. 이러한 자율 팀 정책은 오리지널 콘텐츠 사업을 정착시키는 데 큰 영향을 미쳤다. 영국 엘리자베스 2세의 즉위 이후 왕실이야기인 〈더 크라운〉(*The Crown*), 아들 셋을 홀로 키우는 엄마의 코믹한 일상을 담은 〈풀러 하우스〉(*Fuller House*), 리얼리티쇼 〈얼티메이트 비스트마스터〉(*Ultimate Beastmaster*) 등 인기 콘텐츠가 그 대표적 성과물이다.

한편 넷플릭스 직원들은 업무시간을 계산하지 않듯이 휴가도 자유롭게 쓸 수 있다. 직원들은 직속상사와 간단히 협의해 본인이 원하는 시기에 원하는 기간 동안 휴가를 간다. 출장경비는 합리적으로 사용하고 상세히 보고할 필요가 없다. 다만 고객과 회사를 위해 최선이라고 판단하는 일의 높은 성과로 증명하면 된다.

넷플릭스 경영진은 탁월한 능력을 갖춘 동료와 일할 수 있는 환경을 만들어 주는 것이야말로 직원들에게 할 수 있는 최고의 보상이라고 말한다. 고액연봉, 보너스, 스톡옵션, 승진 등이 최고급 인재를 움직이는 수단이 아니라고 한다. 최고급 인재는 훌륭한 인재로 가득 찬 조직에 매력을 느끼며 도전적 문제를 발견하고 이를 해결하는 데 희열을 느낀다는 것이다.

넷플릭스는 조직을 프로야구 팀처럼 운영하고자 한다. 스포츠 팀에서는 성과를 내지 못하는 선수는 성과가 높은 선수에 의해 언제든지 교체된다. 마찬가지로 넷플릭스에서는 성과가 낮은 직원은 회사에서 나가야 하고 그 자리에 최고급 인재가 채워진다. 물론 직원을 무참히 해고하는 것이 아니라 저성과를 솔직히 인정하고 자신에게 맞는 일자리를 찾아가도록 배려한다.

과거에 제아무리 높은 성과를 냈더라도 혹은 창립멤버라도 현재 성과가 저조하다면 상황에 따라 정리되는 것이 넷플릭스의 조직문화이다. 넷플릭스 조직문화를 설계한 맥코드 역시 넷플릭스가 동영상 스트리밍 서비스로 돌아선 2012년에 회사를 떠났다. 맥코드는 넷플릭스의 조직문화를 정착시키고 난 후 할 일이 없다고 고백하면서 스스로 만든 조직문화에 순응했다.

넷플릭스의 조직문화는 조직의 효과성을 높이고 궁극적으로 단기간에 넷플릭스가 OTT 서비스 시장의 리더로서 지위와 평판을 구축하는 데 초석이 되었다.

6) 위기대처 능력

2017년, 넷플릭스의 인기 정치드라마 〈하우스 오브 카드〉에 미국 대통령 '프랭크 언더우드' 역으로 출연하던 케빈 스페이시가 과거에 미성년자를 성추행했다는 폭로가 터졌다. 넷플릭스는 엄청난 수익을 포기하고 케빈 스페이시를 프로그램에서 하차시킨 뒤, 〈하우스 오브 카드〉 제작을 일시 중단했다. 또한 대변인을 통해 넷플릭스는 케빈 스페이시와 공식적 관계를 완전히 끊었음을 밝혔다. 이후 〈하우스 오브 카드〉는 케빈 스페이시 없이 시즌 6을 마지막으로 제작하여 방송을 마쳤다.

넷플릭스는 자사의 PR 팀장이던 조나단 프리드랜드가 직원회의 중에 흑인을 비하하는 인종차별적 언어를 사용해 논란이 일었을 때도 마찬가지로 단호히 대응했다. 넷플릭스 CEO 리드 헤이스팅스는 공식 성명을 통해 "그의 언어사용은 용납할 수 없을 정도로 낮은 인종 인식과 민감성을 보여주었다"라고 말했고, 곧 그의 해고절차를 진행했다.

이처럼 넷플릭스는 예고 없이 위기가 닥치면 수익에 연연하는 모습을 보이기보다 도덕적 규범을 준수하는 행동을 택하였다. 이와 같은 윤리적 행동은 넷플릭스가 지속적으로 수준 높은 기업 평판을 유지하고 이용자들로부터 사랑받는 또 하나의 이유라고 할 수 있다.

4. 혁신적 미디어 평판관리 전략

이제 미디어 평판관리 체크리스트를 중심으로 미디어기업 평판을 올바르게 관리하는 방법을 알아보겠다. 기존의 미디어 평판에 대한 연구들을 살펴보면, 미디어 평판은 콘텐츠 서비스의 질, 경영이념과 리더십, 경영성과, 근무환경, 사회적 책임 활동 등 5가지 차원으로 정리, 구분된다(박래권, 2005; 장우성 2008; 이수범, 2007; McDowell, 2004; 이미영, 2003; Van Riel et al., 2001; 김경희, 2009). 각 차원의 세부항목을 바탕으로 미디어기업 평판을 높이려면 어떤 점을 점검, 관리해야 하는지 살펴보도록 하겠다.

1) 미디어 평판관리 체크리스트

콘텐츠 서비스의 질 차원에는 콘텐츠의 신뢰성, 정보성, 독창성, 흥미와 재미, 편리성, 혁신성을 평가하는 항목이 포함된다. 미디어기업이 공영이든 민영이든, 그리고 그 유형이 방송사, 신문사 혹은 잡지사, 스트리밍 서비스, 포털사이트 등 그 무엇에 속하든, 핵심상품인 콘텐츠 서비스의 질에 대한 이용자를 비롯한 다양한 이해관계자들의 평가가 미디어 평판 형성에서는 중요하다. 콘텐츠 서비스 질에 대한 평가가 높을수록 미디어 평판이 높아진다.

콘텐츠 서비스 질에 대한 평가를 높이기 위해서는 전문제작 과정을 거친 뉴스나 시사물, 혹은 다큐멘터리 등 신뢰할 만한 정보를 콘텐츠 이용자가 흥미롭게 즐길 수 있도록 하는 것이 중요하다. 드라마나 영화, 코미디, 버라이어티 프로그램도 독창적이고 혁신적으로 제작하여 이용자가 재미있게 즐길 수 있게 해야 한다. 그 밖에 새로운 정보통신기술을 적극 도입하여 콘텐츠 앱이나 웹사이트를 지속적으로 혁신하여 미디어 이용자들이 언제 어떤 플랫폼에서든 콘텐츠를 더욱 용이하게 소비할 수 있도록 지원해야 한다.

두 번째 차원은 경영이념과 리더십으로 명확한 경영철학과 이념, 경영진의 리더십, 시장기회의 발견과 활용 등의 평가항목으로 구성된다. 이 차원에서는 기업의 존재 이유와 비전 등을 명확히 제시하는지, 이를 기반으로 CEO를 비롯한 경영진이 미디어 조직을 훌륭하게 이끄는지, 그리고 시장에서 기회를 잘 포착하여 이를 사업기회로 잘 활용하는지 등을 살펴봄으로써 전반적인 조직 리더십을 평가한다. 조직 내 리더십을 잘 실행할수록 미디어 평판이 높다. 이 차원에서는 CEO의 리더십이 부정적으로 평가되지 않도록 주의를 기울여야 한다. CEO는 조직의 비전과 미션을 리더십 행위를 통해 직접 표현하기 때문이다(김재득, 2014).

표 9-1 미디어 평판관리 체크리스트

차원	세부항목
콘텐츠 서비스의 질	• 콘텐츠가 신뢰할 만하다. • 콘텐츠로부터 정보를 얻을 수 있다. • 콘텐츠가 흥미롭고 재미있다. • 콘텐츠가 독창적이다. • 콘텐츠 앱이나 웹사이트가 이용하기 편리하다. • 콘텐츠 서비스가 혁신적이다.
경영이념과 리더십	• 명확한 경영철학과 이념을 가지고 있다. • 경영진의 리더십이 훌륭하다. • 시장기회를 잘 발견하여 활용한다.
경영성과	• 경쟁사보다 성과가 뛰어나다. • 높은 수익률을 보여준다. • 위험성이 낮은 투자를 한다. • 앞으로 성장할 기업이다.
근무환경	• 작업장 관리가 잘된다. • 일하기 좋은 기업이다. • 우수한 직원들이 많다. • 직원들에 대한 보상이 적절히 이루어진다. • 직원들에 대한 복지가 잘되어 있다. • 직장 내 커뮤니케이션이 원활하다.
사회적 책임 활동	• 도덕적 규범을 가지고 있다. • 공익적 가치를 지원한다. • 환경적으로 책임 있는 기업이다. • 지역사회에 책임을 다하는 기업이다. • 윤리적이고 투명한 경영을 한다.

세 번째 차원은 미디어기업의 경영성과이다. 이에 대한 평가항목으로는 경쟁사 대비 성과, 수익률, 투자위험 감수 정도, 장래 성장전망 등이 있다. 어떤 시장에 소속된 기업의 경영성과가 최고라는 것은 그 기업이 소속 시장에서 평판이 높은 리더임을 의미한다. 기업의 경영성과는 기업 평판을 높이는 데 기여한다. 앞서 살펴보았던 넷플릭스는 가입자 수나 수익률, 장래 성장전망 등이 유료 OTT 사업자들 중 가장 높이 평가된다. 또한 2020년 렙트랙 조사에서도 미디어기업 중 가장 평판이 좋은 기업이었다. 이처럼 미디어기업의 성과를 높이는 다양한 경영적·재무적 활동은 미디어 평판의 상승에 기여한다.

네 번째 차원은 근무환경이다. 이는 작업장 관리가 잘되는지, 일하기 좋은 기업인지, 우수한 직원이 많은지, 직원들에 대한 보상은 적절한지, 직원들에 대한 복지는 잘되어 있는지, 직장 내 커뮤니케이션이 원활히 유지되는지 등의 평가항목을 포함한다. 간단히 말해, 미디어기업이 좋은 고용주인지 평가하는 차원이다. 넷플릭스의 사례에서 알 수 있듯이 근무환경 평판이 좋을수록 우수한 인재의 영입이 쉽고, 고품질의 콘텐츠와 서비스를 창출하여, 궁극적으로 미디어 평판 상승에 기여한다. 따라서 근무환경 관리에 좀더 깊은 노력을 기울일 필요가 있다.

마지막 차원은 사회적 책임 활동이다. 이는 도덕적 규범의 존재, 공익적 가치 지원, 환경적 책임과 지역사회에 대한 책임, 윤리경영 등의 평가항목을 포함한다. 사회적 책임 활동과 관련된 항목 모두가 중요하지만 미디어기업이 좀더 중점을 두어야 할 것은 공익적 가치를 지키는 일이다. 미디어기업은 특히 콘텐츠를 통해 이용자에게 유익한 정보와 교육자료를 제공하고 재미와 즐거움을 선사함으로써 공익적 가치를 지원한다. 그러므로 공익적 가치관리에 중점을 두어 평판을 관리하려는 노력이 필요하다.

2) 미디어 평판관리를 위한 제언

극심한 경쟁을 겪고 있는 미디어산업에서 평판관리는 미디어기업의 생존과 성장을 가능케 하는 경쟁력 확보의 중요한 방편으로 나날이 그 중요성을 더하고 있다. 앞서 살펴보았듯이 이러한 미디어 평판은 콘텐츠 서비스의 질, 경영이념과 리더십, 경영성과, 근무환경, 사회적 책임 활동 등의 5개 차원으로 구성된다.

이 중에서 미디어 평판의 향상을 위해 특히 주목해야 할 차원은, 넷플릭스 사례에서 알 수 있듯이, 우선 미디어 콘텐츠 서비스의 질을 높이는 것이다. 이를 위해 미디어는 독창적이고 혁신적인 콘텐츠를 개발하는 것과 더불어, 콘텐츠를 편리하게 이용할 수 있도록 첨단기술을 적용한 서비스 인프라를 지속적으로 발전시켜야 한다.

두 번째, 근무환경 관리에 더 많은 노력을 기울여야 한다. 콘텐츠 서비스 질을 높이는 주체는 바로 직원들이다. 넷플릭스 사례에서처럼, 콘텐츠 서비스 질을 높이고 미디어 평판을 높이기 위해서는 우수한 인재영입과 유지, 직원 복지향상과 적절한 보상, 직장 내 원활한 커뮤니케이션체계 구축과 유지 등에 많은 관심과 노력을 기울여야 한다.

미디어 평판관리는 장기적 안목을 가지고 실행해야 한다. 미디어의 경쟁력 향상은 미디어별로 적합한 평판전략을 세우고 평판관리 척도를 참고하여 꾸준히 관리해 나갈 필요가 있다.

10장

믿을 수 있는 온라인쇼핑몰의 평판관리

1. 쇼핑몰 시장 성장의 명암

한국 온라인쇼핑몰 시장규모가 빠른 속도로 성장하고 있다. 2008년 20조 원을 넘은 것을 시작으로 2014년 45조 원, 2015년 53조 원, 2017년 94조 원, 2018년 113조 원, 2019년 135조 원으로 급상승하는 추세다.

그러나 온라인쇼핑몰 시장의 규모와 성장에 비해 질적 관리와 소비자 만족은 기대에 못 미치는 수준이다. 이와 관련된 뉴스도 자주 눈에 띈다. 칭찬 일색인 상품평 위주로 정보를 제공한 쇼핑몰이 공정거래위원회에 의해 적발되고, 유명 인플루언서가 불량제품을 판매하다가 시정명령을 받기도 한다. 온라인 상품판매 과정에서 소비자가 피해를 입는 일이 발생하고 있다. 공정거래위원회 적발 사건의 경우, '무조건 믿고 주문한다'는 별 5개 후기가 게시판 맨 위에, '기다리고 기다렸다'는 또 다른 별 5개 후기는 다음 상단에 위치하여, 재정렬해도 제품에 대한 칭찬뿐인 상품평은 그대로 제시되었다. 이는 제품에 우호

233

적인 평가만 게시판 상단에 고정해 놓은 것이다.

온라인쇼핑은 그 특성상 직접 물건을 살펴볼 수 없기 때문에 쇼핑몰에서 제공하는 정보를 전적으로 믿을 수밖에 없다. 만약 쇼핑몰 운영자가 사실과 다른 정보를 제공하거나 온라인쇼핑몰에서 제시한 제품과 실제 받아본 제품이 다르면 그 피해는 온전히 소비자의 몫이 된다.

2020년 전 세계를 강타한 코로나 사태는 비대면 언택트 문화를 낳으면서 온라인쇼핑몰의 매출을 더욱 증대시켰다. 로켓배송이라는 콘셉트로 각광받는 쿠팡을 비롯하여, 신선식품을 새벽에 배송해 주는 샛별배송의 마켓컬리 같은 전자상거래의 신흥강자들의 활약이 두드러지고 있다. 이들은 기존 유통대기업인 이마트와 롯데마트, 홈플러스 등과의 경쟁에서 다크호스로 떠오르면서 코로나시대의 새로운 온라인쇼핑 문화를 펼치고 있다.

온라인쇼핑 기업들의 영향력이 날로 커지는 상황에서 신뢰가 어느 때보다 강조되고 있다. 새로운 매체인 인터넷을 이용한 온라인거래에서는 소비자들이 얼마나 온라인쇼핑 사이트를 믿고 거래를 지속하는가 하는 신뢰요인이 가장 중요하기 때문이다. 인터넷쇼핑몰 방문자는 사이트에 접속함과 동시에 쇼핑몰이 제공하는 정보에만 의존하는데, 이는 신뢰를 형성하는 데 있어 더 많은 경험적 확신을 요구한다. 또한 개인정보 누출과 관련한 보안과 프라이버시에 대한 신뢰문제도 점차 심각해지고 있다.

따라서 소비자들이 의심 없이 믿고 신뢰할 수 있는 온라인쇼핑몰 선택의 기준이 필요하다. 온라인쇼핑몰 입장에서도 소비자들에게 신뢰를 가시적으로 보여줄 수 있는 도구가 있다면 쇼핑몰 운영에 큰 도움이 될 것이다.

2. 온라인쇼핑몰의 특성과 평판관리 필요

1) 온라인쇼핑몰의 개념

인터넷의 성장과 인터넷 보급률 증가에 따라, 기업과 소비자 간 (*business-to-consumer*) 인터넷 거래모형인 온라인쇼핑몰이 급격히 늘어났다. 온라인쇼핑몰은 첫째, 오프라인쇼핑몰과 상반된 개념으로 기업과 소비자 간 거래를 지원하는 전자적 소매시장을 뜻한다. 이는 상거래를 위한 상품의 광고 및 전시가 인터넷을 통해 이루어진다. 서버에 여러 가지 상품에 관한 가격, 구조, 특성의 자료를 보관하다가 웹 페이지를 이동하면서 멀티미디어 정보와 함께 상품정보를 제공한다.

둘째, 온라인쇼핑몰은 통신 네트워크에 연결된 컴퓨터 서버상에 상품정보를 올려놓고 이 컴퓨터를 이용하는 이용자가 상품을 선택해 온라인상에서 결제하면 이용자가 원하는 장소로 상품을 배송해 주는 새로운 상품판매 형태를 지칭한다. 염창선과 지효원은 온라인쇼핑몰이란 소비자가 사무실이나 집 등에서 원격정보 커뮤니케이션 시스템을 통해 구매 또는 거래를 하거나 그러한 구매 및 거래를 완료하도록 하는 정보시스템이라고 정의했다(염창선·지효원, 2000). 이것은 기업과 소비자 간에 이루어지는 전자상거래의 가장 대표적인 형태이다.

셋째, 온라인쇼핑몰은 인터넷인프라 구축으로 가상공간에 상품 이미지와 정보를 진열하여 판매하는 것과 음원, 정보, 서비스, 기술, 오락 및 각종 콘텐츠를 판매하는 컴퓨터 통신망의 가상세계를 뜻하는 사이버 공간과 보행자 전용상가를 뜻하는 쇼핑몰의 합성어이다. 소비자가 구매한 상품을 전자적 지불에 의해 판매하는 전자상거래의 대표적인 한 형태로, 교환 및 거래가 이루어지는 비즈니스와 쇼핑의 접점으로도 정의된다.

2) 온라인쇼핑몰의 특징

온라인쇼핑몰의 특징은 오프라인 상점과 판매방식을 비교하면 명확히 드러난다. 오프라인 상점은 판매원이 서비스를 제공하는 데 비해, 온라인쇼핑몰은 구매자가 검색을 통해 상품설명을 찾아야 하고 상담은 이메일이나 전화, SNS를 통해 실시간으로 이뤄진다. 또 온라인쇼핑몰은 인터페이스의 일관성, 그래픽 품질 등으로 상점 분위기가 결정되고, 계산대 역할을 온라인쇼핑 바구니와 주문서 양식이 대체한다.

표 10-1 오프라인 상점 vs 온라인쇼핑몰

오프라인 상점	온라인쇼핑몰
판매원 서비스	상품기술, 정보 서비스, 검색기술, 전화 및 이메일 상담
점포 촉진활동	특별판매, 온라인게임과 복권, 관련 정보 및 오락사이트 링크
점포 제품전시	홈페이지 관련 정보
점포 분위기	인터페이스 일관성, 점포 구성, 인터페이스 및 그래픽 품질
진열상품	계층적 구조로 전시된 상품
점포 레이아웃	화면의 깊이, 탐색적 검색기능, 색인, 이미지 맵
점포 층수	점포의 계층적 수준
점포입구 수와 점포 수	특정 온라인 점포에 대한 링크 수
계산대	온라인쇼핑 바구니 및 주문서 양식
상품검사와 체험	이미지, 설명, 소리, 비디오 제공
점포 방문자 수	온라인 매장에 대한 순방문자 수
매출액	매출액

출처: Lohse & Spiller (1999).

온라인쇼핑몰은 전통적 유통방식과 비교해 몇 가지 장점을 갖는다. 첫째, 시간과 공간의 제약을 받지 않는 상거래 활동이 가능하다. 둘째, 시장 접근성과 정보 개방성을 갖는다. 전통적 유통경로와 달리 폐쇄적이지 않아 구매자가 더 구체적이고 풍부한 제품정보를 제공받을 수 있다. 셋째, 소비자와의 상호작용성과 데이터베이스 구축이 쉽다.

여기서 말하는 상호작용성이란 개개인에게 말을 걸 수 있는 능력과 개개인의 반응을 모으고 기억하는 능력으로 해석할 수 있다. 온라인쇼핑몰 시스템은 인터넷을 통해 작동하기 때문에 구매자와 판매자 간 디지털 정보교환이 가능하고, 이는 데이터베이스에 기록된다. 따라서 구매자 개개인의 특성과 취향을 파악하여 적합한 제품과 서비스를 각각의 고객에게 제공함으로써 소비자의 욕구를 충족시킬 수 있는 가장 적절한 마케팅 수단이다. 최근 4차 산업혁명 시대에 중요한 화두로 등장한 빅데이터의 한 분야이기도 하다.

한편 온라인쇼핑몰은 전자결제 거래의 보안과 개인정보 공개 등에 대한 불안, 제품을 직접 눈으로 확인하거나 사용해 볼 수 없다는 점에 대한 불만이 상존한다. 또한 판매자와 고객이 직접 접촉이 불가능하기 때문에 신뢰가 취약하고, 온라인상에 노출되는 지나치게 많은 정보가 소비자로 하여금 오히려 제품선택을 어렵게 한다는 단점이 있다.

3) 온라인쇼핑몰 유형

최근 모바일과 소셜미디어가 각광받기 전에는 온라인쇼핑몰 유형을 상품이나 서비스 구색에 따라 전문쇼핑몰과 종합쇼핑몰로 나누었다.

그러나 여기서는 현실적이고 실용적인 관점에서 온라인쇼핑몰의 유형을 분류하여 살펴보겠다.

우선, 오픈마켓은 누구든지 통신판매중개업자로서 판매자와 구매자가 되어 자유롭고 열린 거래를 할 수 있는 온라인쇼핑몰이다. 국내 오픈마켓은 G마켓, 옥션, 11번가 등 3강 구도로 이루어졌다. 오픈마켓은 자유로운 입점과 용이한 상품등록 시스템, 저렴한 수수료로 온라인쇼핑 사업을 처음 시작하는 초보자들에게 호평을 받고 있다. G마켓은 여성고객 비중이 상대적으로 높고 패션 및 잡화 부문에서 강점이 있다. 반면, 옥션은 상대적으로 남성고객 비율이 높고 가전과 컴퓨터부문에서 강점을 보인다. 11번가는 젊은 소비자층이 많고 PC 체제에서 모바일 체제로 빠르게 전환한 것이 강점이다.

둘째, 소셜커머스는 소셜네트워크 서비스 활용하여 딜 단위거래를 기본으로 하는 온라인쇼핑몰이다. 국내 소셜커머스는 쿠팡, 티몬, 위메프 등 3사가 초기에 치열한 가격경쟁과 서비스 차별화경쟁을 했다. 최근에는 출혈경쟁으로 불어난 누적적자를 만회하고자 오픈마켓 시장으로 사업영역을 확대하고 있다. 3사는 소셜커머스 업종의 사업 영속성 특성에 따른 문제로 위기에 처했으나, 쿠팡은 투자유치와 로켓배송이라는 서비스 혁신으로 국내 유통시장의 강자로 떠올랐다.

셋째, 온라인종합쇼핑몰은 백화점이나 홈쇼핑회사와 같은 오프라인 유통업체가 고유의 브랜드를 가지고 온라인쇼핑몰을 병행하여 운영하는 것이다. 국내 온라인 종합쇼핑몰은 SSG닷컴, 현대H몰, 롯데 ON 등이 대표적이다. 이들은 고급 브랜드 상품을 주로 취급하며 상품성과 품질이 검증된 상품을 판매한다. 또한 입점부터 운영까지 오픈마켓에 비해 까다로운 절차를 거쳐야 하는 것이 특징이다.

넷째, 전문몰은 특정 분야의 특정 상품을 전문적으로 판매하는 온라인쇼핑몰이다. 전문몰은 전문성과 다양성, 가격경쟁력이 높은 것이 특징이다. 최근 애완동물, 유아용품, 등산·낚시용품 등을 취급하는 온라인 전문몰의 성장세에 힘입어 2017년 연간 거래액이 17조 원에 달하였다.

3. 온라인쇼핑몰의 평판측정

온라인쇼핑몰의 평판측정은 인터넷 비즈니스 환경의 변화를 수용하는 다양한 관점이 필요하다. 온라인쇼핑몰을 평가하기 위한 여러 연구들이 진행되었으며, 온라인쇼핑몰 평판측정도 기존의 온라인쇼핑몰 평가에 대한 측정을 기반으로 한다.

스필러와 로제는 온라인쇼핑몰의 이미지 연구에서 온라인쇼핑몰 이미지를 구성하는 요소를 제품구색, 서비스, 촉진, 인터페이스, 그리고 점포 관련 기타 변수들로 구분했다(Spiller & Lohse, 1998).

첸과 웰스는 인터넷쇼핑몰을 비롯한 웹사이트에 대한 태도측정에서 3가지 측면을 살펴보았다. 웹사이트가 제공하는 정보가 방문자에게 유용한 정보인지 측정하는 정보유용성, 방문자의 감성적 필요와 욕구를 충족시키는 정도를 측정하는 웹사이트 오락성, 방문자가 원하는 정보와 상품 및 서비스를 편리하고 신속하게 제공받는 정도를 측정하는 웹사이트 구조를 제시했다(Chen & Wells, 1999). 온라인쇼핑몰을 비롯한 웹사이트에 대한 태도를 웹사이트에 대해 소비자가 느끼는 정보유용성, 오락성, 구조속성에 가중치를 부여해 측정한 것이다.

야르벤파와 그의 동료들은 온라인쇼핑몰에 대한 경험적 설문조사 방식을 이용하여 제품지각, 고객 서비스, 쇼핑경험, 구매위험 요인과 온라인쇼핑 태도 및 구매의도의 관계 연구를 진행했다. 그 결과, 온라인쇼핑 태도에는 고객 서비스, 구매의도에는 구매위험을 제외한 모든 요인들이 유의적 영향을 미친다고 검증했다(Jarvenpaa et al., 1997).

이외에도 스지만스키와 히세는 온라인 구매경험자들을 대상으로 집단심층면접조사(FGI)를 실시하였다. 그 결과, 편리성, 머천다이징, 사이트 디자인, 결제 안전성이 직접적으로 e-만족을 결정하는 요인이라고 보았다(Szymanski & Hise, 2000). 온라인쇼핑몰의 만족도를 측정하는 요인과 관련한 주요 선행연구들을 정리하면 〈표 10-2〉와 같다.

온라인쇼핑몰의 서비스 품질측정 역시 오프라인 서비스 품질측정 만큼이나 많은 학자들의 관심을 불러일으켰다. 야르벤파와 토드는 온라인쇼핑몰 서비스 품질측정을 위한 4가지 요인을 제시하였다. 고객 서비스(*customer service*), 제품지각(*product perception*), 쇼핑경험(*shopping experience*), 소비자위험(*consumer risk*) 등이 그것이다 (Jarvenppa & Todd, 1997).

또 다른 연구에서는 효율성, 시스템 이용가능성, 주문이행성, 프라이버시 등을 측정도구로 제시했다. 효율성은 온라인 웹사이트를 접속하고 이용할 때 편리하고 빠르게 사용 가능한 정도를 뜻한다. 효율성과 관련된 실증연구들은 접속속도, 관련 정보의 신속한 검색,

주문처리의 단순성의 중요성을 언급한다. 맥퀴티와 그의 동료들은 온라인쇼핑몰에서 소비자 측면의 이점으로 주문서 입력 등과 관련된 편리함과 잠재적 비용절감을 언급했다. 한편 온라인 소비자들은 제품 및 서비스공급자에게 편리성과 제품 및 서비스 검색의 신속성으로 인한 시간절약을 원하는 것으로 나타났다(McQuitty et al., 2000). 최근 연구에서는 가치지각에서 쇼핑경험의 중요한 역할을 강조하며, 실질적으로 가치가 웹기술에 의해 가능한 효율성을 이용함으로써 전자상거래에서 실행될 수 있다고 주장한다.

표 10-2 온라인쇼핑몰 만족도 측정 요인

선행연구	관련 변수	연구분야
Hsu & Lin(2008)	유용성, 사용용이성, 즐거움, 명성, 신뢰, 사회적 규범	블로그
Zhang & Mao(2008)	유용성, 신뢰성향, 사회적 규범	모바일 SMS 광고
Shin(2008)	신뢰, 사용용이성, 유용성, 지각된 위험, 태도	Web 2.0 커뮤니티
Cyr et al.(2006)	사회적 실재감, 유용성, 사용용이성, 신뢰, 즐거움, 충성도	B2C e-서비스
Tsai et al.(2006)	공유가치, 전환비용, 커뮤니티 구축, 신뢰, 만족, 서비스 품질	e-리테일러
Hong et al.(2006)	일치, 유용성, 만족	모바일 인터넷
Lee et al.(2005)	유용성, 사용용이성, 즐거움, 태도	e-러닝
Fortin & Dholakia(2005)	상호작용성, 관여도, 생동감, 사회적 실재감, 즐거움, 태도	온라인 광고
Gefen & Straub(2003)	사회적 실재감, 신뢰	B2C 전자상거래
Monsuwe et al.(2004)	즐거움, 유용성, 사용용이성	온라인쇼핑몰

출처: 권해익 (2011).

시스템 이용가능성은 온라인 웹사이트가 적절하게 기능하는 정도를 의미한다. 웹사이트 내비게이션은 온라인 상점의 웹사이트를 시각적으로 나타내고 이용의 편리성을 제공한다. 사이트 구조를 체계적으로 구성하고 전체적 분위기와 사이트 디자인이 어울리며 사이트맵이 잘 구조화된 웹사이트는 좋은 평가를 받고 사이트 방문자들의 만족도를 높일 수 있다.

주문이행성은 온라인쇼핑몰 서비스 품질과 관련된 것으로, 온라인 웹사이트가 주문배달 및 품목 이용가능성에 관한 약속을 성실히 수행하는 정도를 뜻한다. 약속된 날짜의 배달, 제품선적, 발송과 같은 주문이행성의 특성들은 온라인 소비자들이 관심을 갖는 가장 중요한 속성이다. 물리적 상점에서 지불 후 대기는 소매상에 대한 소비자의 태도에 부정적 영향을 미친다는 다브홀카(Dabholkar)의 연구는 온라인 쇼핑 환경에서도 동일하게 적용된다. 따라서 소비자의 부정적 인식을 최소화하기 위해 온라인 쇼핑몰은 적시에 실수 없는 배달을 보증해야 한다. 소비자와 온라인 소매업자의 물리적 분리는 온라인 소매업자와 고객 간 관계의 장애물이 된다.

온라인상 신뢰구축에서 주문이행성의 중요성은 온라인 소매상에 대한 기술적 연구에서 끊임없이 주장해왔다. 주문이행성에서 과실이 발생하는 것은 구매과정에서 고객의 부정적 경험을 만드는 원인이 된다. 즉, 배달의 연기나 분실은 온라인 고객에게 부정적 이미지를 심어 줄 수 있으며, 일부 고객은 재구매하지 않을 수 있다. 주문이행성이 신뢰에 영향을 미친다는 것을 발견한 첸의 연구는 이런 논의를 지지한다.

프라이버시는 온라인 웹사이트가 고객의 정보를 안전하게 보호해 주는 정도를 의미한다. 온라인 소비자는 일반적으로 온라인쇼핑을

242

할 때 신용카드 정보유출 및 프라이버시 침해 등의 잠재적 위험을 지각한다. 소비자들은 전통적 상거래에서보다 온라인 상거래에서 더 많은 위험을 지각하는 경향이 있다. 그 이유 중 하나는 온라인 구매 시에는 지불정보와 개인정보가 필요하기 때문이다.

온라인쇼핑몰 평판척도를 개발하기 위해 기존의 온라인쇼핑몰을 평가하는 이상의 다양한 연구를 조사하고 분석했다. 또한 평판과 마케팅, 온라인쇼핑, 커뮤니케이션 전문가들의 의견을 종합하는 과정을 거쳐 최종적으로 5가지 요인을 도출했다. 사회적 책임, 고객 서비스, 서비스안전성, 글로벌 서비스, 정보투명성 등이 그것이다. 각 요인과 그에 따른 세부항목은 〈표 10-3〉의 온라인쇼핑몰 평판관리 체크리스트를 통해 확인할 수 있다.

표 10-3 온라인쇼핑몰 평판관리 체크리스트

요인	세부항목
사회적 책임	• 환경보호에 대한 책임감이 있는 기업이다 • 지역사회에 공헌하는 기업이다 • 공익사업에 적극적으로 임하는 기업이다
고객 서비스	• 고객센터 응대가 친절하다 • 고객센터 문제처리가 즉각적이다 • 고객요구 및 불만사항에 신속히 응답한다
서비스안전성	• 주문한 상품을 정확하게 배송한다 • 결제 및 개인정보 보안이 철저하다 • 대금지불 방식이 안전하다
글로벌 서비스	• 외국어 서비스가 가능하다 • 해외구매 및 배송이 가능하다 • 국제카드 및 현금결제가 가능하다
정보투명성	• 충분한 상품정보를 제공한다 • 적정한 가격의 상품을 제공한다 • 사용후기를 투명하게 공개한다

첫째, 사회적 책임은 지역사회와 공익사업, 환경보호에 대한 책임감과 관련된다. 온라인쇼핑몰도 하나의 기업으로서 환경보호에 책임감이 있는지, 지역사회에 공헌하는지, 공익사업에 적극적으로 임하는지 등의 세부항목을 통해 사회적 책임의 완수 정도를 측정한다. 온라인쇼핑몰을 비롯한 어떤 기업도 사회적 책임에서 자유로울 수 없는 시대에 매우 중요한 척도라고 할 수 있다.

둘째, 고객 서비스는 고객센터의 문제처리 능력과 응대 및 처리속도 등과 관련된다. 온라인쇼핑은 비대면 방식으로 이루어지기 때문에 고객응대 서비스가 중요하다. 소비자가 상품정보나 결제, 배송 서비스 등에 대해 문의했을 때, 고객센터의 응대가 친절한지, 문제처리가 즉각적인지, 고객요구 및 불만사항에 신속히 응답하는지 등이 고객 서비스를 평가하는 세부항목이다.

셋째, 서비스안전성은 대금지불과 결제, 개인정보 보안 및 상품배송 등과 관련된다. 온라인쇼핑몰은 소비자가 돈을 지불하고 바로 눈앞에서 물건을 받을 수 없기 때문에 서비스안전성에 특히 민감할 수밖에 없다. 따라서 온라인쇼핑몰은 주문한 상품을 정확히 배송하고, 결제 및 개인정보 보안문제를 철저히 관리해야 한다. 그리고 대금지불 방식이 안전한 결제시스템을 효율적으로 구축하고 관리, 감독해야 한다.

넷째, 글로벌 서비스는 해외구매 및 배송과 국제카드 및 현금결제 가능성, 외국어 서비스 등과 관련된다. 요즘 소비자들은 국내에서 구입 가능한 국내외 브랜드뿐만 아니라 국내에 진출하지 않은 유명 해외브랜드 제품과 서비스에도 관심이 크고, 실제로 직구와 구매대행 서비스를 통해 이들 해외브랜드를 구매한다. 소비자들의 취향과 특성 및 행태에 맞는 해외브랜드를 구매할 수 있는 쇼핑몰도 많이 생겼다. 이에 따라 외국어 서비스가 가능한지, 해외구매 및 배송이 가능한지, 국제카드 및 현금결제가 가능한지 등이 온라인쇼핑몰 평판에 중요한 요인이 되었다.

마지막으로 정보투명성은 상품의 정보와 가격, 사용후기 공개 등과 관련된다. 온라인쇼핑몰 구매과정의 특성상 소비자는 전적으로 쇼핑몰에서 제공하는 정보에 의존한다. 상품의 기본정보부터 가격, 그리고 실제로 상품을 구매한 소비자들의 사용후기까지 쇼핑몰에 올라온 정보를 참고해 최종 구매결정에 도달한다. 따라서 온라인쇼핑몰은 상품에 대한 충분한 정보를 제공하는지, 적정한 가격의 제품을 제공하는지, 사용자 후기를 투명하게 공개하는지 등의 항목을 통해 평판을 측정할 수 있다.

모든 온라인쇼핑몰 평판요인들이 중요하겠지만, 한국 사회에서는 앞으로 사회적 책임요인이 보다 강조될 것으로 예상된다. 많은 국내 제조업과 서비스업 관련 기업이 이미 사회적 책임을 기업의 중요한 아이덴티티로 구축해 실행하고 있다. 이에 비해 온라인쇼핑몰은 사회적 책임에 상대적으로 소홀한 것이 사실이다. 공익사업에 적극적으로 임하며 지역사회에 공헌하고 환경보호 책임을 다하는지 점검하고, 부족한 부분은 보강하는 과정과 노력이 필요하다.

온라인쇼핑몰이 급성장하면서 제품과 서비스와 같이 기업의 본질과 관련된 요인은 평판과 신뢰를 얻고 있다. 하지만 사회적 책임은 여전히 소비자를 비롯한 이해관계자들로부터 좋은 점수를 받지 못한다. 유명 연예인들이 운영하는 인터넷쇼핑몰에서 사용후기 조작 등으로 사회적 물의를 일으킨 사건이 그 대표적인 사례 중 하나이다. 온라인쇼핑몰은 이윤추구에 몰두하는 경영방식으로 따가운 사회적 시선을 받고 있다. 즉시적이고 방대한 디지털화로 국경이 사라진 세상에서 평판자산을 관리할 수 있는 기회와 그에 따른 어려움이 동시에 생긴 것은 중요한 변화이다.

이제 온라인기업도 우리 사회의 기업시민으로서 사회적 책임을 다해야 한다. 이는 유통시장의 최강자 자리에 다가선 온라인쇼핑몰의 평판형성에도 중요한 시사점을 제공할 것이다.

4. 쿠팡과 아마존의 사례

1) 쿠팡

2010년 소셜커머스 스타트업으로 시작한 쿠팡은 10년이 채 안 돼 이마트, 롯데마트, 홈플러스 등 전통적 강자들이 각축을 벌이는 한국 유통업계에서 '유통공룡'으로 성장했다. 2020년 코로나 언택트 시대에 이마트가 창사 이래 처음으로 분기적자를 기록하고, 롯데마트와 홈플러스도 영업손실을 겪고 있다. 이런 상황에서 소비자들의 로켓배송 쿠팡에 대한 선호도가 증가하면서 향후 e커머스 시장의 새로운 역사를 기대하게 한다.

쿠팡은 소셜커머스 업체로 창업하여 티몬, 위메프와 치열하게 경쟁했다. 그러나 일정 숫자 이상의 고객을 모아서 파격적 할인가로 상품을 판매하는 소셜커머스의 사업방식의 한계로 고전했다. 급성장의 전기는 일본 소프트뱅크의 10억 달러 투자유치와, 로켓배송으로 이룬 서비스 혁신이었다. 쿠팡의 매출은 2014년 3,500억 원에서 2015년

쿠팡 홈페이지의 로켓배송 안내화면.
쿠팡은 로켓배송의 혁신적 서비스로
유통업계의 새로운 강자로 떠올랐다.
출처: 쿠팡 홈페이지.

1조 1,000억 원, 2016년 1조 9,000억 원, 2017년 2조 7,000억 원, 2018년 4조 4,000억 원까지 늘어났다(Fortune, 2019). 매출증가와 함께 영업손실도 2018년 1조 원을 기록하여 출혈경쟁을 지양하는 것이 앞으로의 과제다.

　요즈음 쿠팡은 유통채널의 성역으로 인식되는 신선식품까지 상품 카테고리를 확대하면서 공격적 사업확장을 펼치고 있다. 배달대행 시장에도 뛰어들어 쿠팡이츠라는 브랜드로 고객 서비스 사업을 적극적으로 이어나가며 '한국의 아마존'이 되고자 한다. 쿠팡은 "한국 상거래시장이 460조 원 규모인데, 이 중 쿠팡이 차지하는 부분은 4.4%에 불과하다"면서 "제일 잘하는 기업이 되기 위해, 최상의 고객 경험을 제공하기 위해 전력을 다한다"고 말한다. 이들이 한국의 아마존이 될지 지켜볼 일이다.

2) 아마존

세계 7대 전자상거래 업체는 이베이, 월마트, 라쿠텐, 쇼피파이, JD 닷컴, 알리바바, 아마존으로, 이들은 전 세계 e커머스 소매유통 혁명을 이끌고 있다. 2017년 2조 3,000억 달러의 온라인 매출액은 2021년 2배 이상 증가할 것으로 예상된다(이코노미스트, 2019).

전자상거래 업체 비교 시에 쓰는 유통총액(GMV: *Gross Merchandise Value*) 기준으로 7,680억 달러의 알리바바에 이어 2,390억 달러를 기록한 아마존은 B2C와 C2C의 사업유형을 가진 미국 최대 온라인 소매업체이다. 온라인서점으로 출발하여 단시일 내에 전자제품, 패션, 가정용품 등 다양한 연관상품으로 시장을 확장했다.

특히 온라인 소매유통 분야에서 아마존의 가장 혁신적이고 성공적인 서비스는 아마존프라임이다. 이는 고객에게 2일 내 무제한 배송을 제공하는 회원제 서비스로, 비디오, 음악 스트리밍, 특정 품목 독점이용, 할인행사 사전이용, 무료 e북, 무제한 사진 클라우드 저장 등의 혜택을 계속 추가해왔다. 그 결과, 전 세계 아마존프라임 회원수는 1억 명을 돌파했다.

아마존은 또한 아마존 배송 서비스(FBA: Fulfillment By Amazon)로 각광받고 있다. 이는 제3자 사업자가 아마존의 창고, 배송망, 물류인프라를 이용해 주문을 처리할 수 있는 서비스다. FBA를 통해 판매하는 품목은 프라임 서비스 배송을 이용할 수 있다. 프라임 서비스가 아마존의 고객유치에서 차지하는 비중은 계속 증가하고 있다. FBA 덕분에 프라임 서비스 품목이 지난 3년간 2,000만 개에서 1억 개로 늘었다. 2018년 아마존의 전체 유통총액은 2,390억 달러였

아마존의 배송 서비스 FBA의 배너광고. "당신은 판매하고, 우리는 배송한다"는
슬로건과 배송트럭 이미지가 눈에 띈다. 출처: 아마존 홈페이지.

는데, 그중 1,160억 달러가 아마존의 직접 판매액이고 1,230억 달러
는 마켓플레이스의 제3자 사업자 매출액이다. 아마존은 제3자 판매
지원 수수료로 370억 달러를 챙겼다. 다른 마켓플레이스보다 훨씬 높
은 비율이지만, 제3자 사업자의 FBA 같은 서비스 이용과 관련해 아
마존이 부담하는 비용이 훨씬 더 많다.

세상의 모든 것을 판다(the everything store)는 아마존은 2017년에
유기농 오프라인기업 홀푸드를 인수하며 온라인과 오프라인의 멀티
체인 전략으로 소비자들에게 더 가까이 다가가고 있다.

5. 온라인 신뢰형성을 위한 평판관리 팁

온라인쇼핑몰에서 무엇보다 중요한 요소인 신뢰도와 충성도를 형성
하려면 좋은 평판을 유지할 필요가 있다. 온라인 신뢰도에서 신뢰의
사전적 정의는 '믿고 의지함'이다. 이러한 신뢰는 상대방에 대한 긍정
적 기대나 인지적 판단이 행동적 차원의 의도로 이어질 때 형성되고,
특정한 주요 대상과의 상호작용을 통해서도 형성된다. 신뢰성향은 과

거의 개인적 경험에 의해 형성되는데, 초기 신뢰형성에 영향을 미칠 수 있다. 소비자가 실제 서비스를 경험하기 전에 구매활동이 이루어진다는 점에서 신뢰형성은 매우 중요하다. 즉, 기업과 소비자의 관계에서 효과적 서비스 마케팅을 실행하기 위해 가장 중요한 요소가 신뢰이다. 신뢰는 오랜 기간에 걸쳐 나타나는 것이고, 믿을 수 있는 상대방에게 의존하려는 의도이다.

평판은 온라인 신뢰를 구성하는 요인 중 하나로 신뢰구축에 영향을 미친다. 온라인 환경에서 소비자는 위험에 대한 기본적 부담을 가지고 있다. 온라인 상거래에서는 제품구매 결정이 제품을 실제로 확인한 후에 이루어지기보다, 웹사이트가 제시하는 사진 등에 의존하여 이루어지기 때문이다. 이러한 위험부담은 구매한 제품에서 하자가 발생할 가능성에도 동일하게 적용된다. 온라인 상거래에 대한 불안감은 소비자의 제품구매를 위협하는 요소로 작용한다. 온라인쇼핑 소비자는 이런 위험을 감수해야 한다는 점에서 쇼핑몰 웹사이트의 신뢰를 중요한 요소로 판단한다.

온라인쇼핑몰과 같은 인터넷기반 온라인 시장은 전통적 오프라인 시장과 달리 고객과의 상호작용에 중점을 둔 고객관리를 통해 고객이탈을 방지하고 지속적 관계를 유지한다. 다시 말해, 고객과의 관계유지에 기반한 충성도 확보를 통해 수익을 창출하고 경쟁우위를 선점하고자 한다.

온라인쇼핑몰이 지속적으로 생존하고 경쟁우위를 확보하기 위해서는 고객의 충성도 확보를 위한 노력이 필수적이다. 신뢰도와 충성도 형성에서 핵심적 역할을 하는 평판을 구축하고 관리해 나가야 하는 이유다.

11장

매력적인 도시 브랜드를 짓는 평판관리

1. 현대인의 삶과 문화가 모이는 공간, 도시

유엔의 보고에 따르면, 전 세계 인구의 50% 이상이 도시에 거주한다. 한국은 인구의 80% 이상이 도시에 살고 있다. 도시는 현대인의 삶의 터전이자 삶의 양식이다. 근대 이후 도시로 사람들이 몰려든 이유는 경제적 목적이 강했다. 일자리를 찾기 쉬웠고 취업에 필요한 교육을 받을 수 있는 기회가 많았기 때문이다.

많은 사람들이 도시로 모이면서 주택, 병원, 상하수도, 학교, 도로, 공원 등 인프라 확충이 시급한 문제였다. 도시형성 초기에는 자원의 한계 때문에 기능성 위주로 문제를 해결했다. 자본이 축적되고 사람들의 생활이 나아지면서 양에서 질로, 기능성에서 심미성으로 시민들의 욕구가 변하였다. 무분별한 도시확장과 개발을 반성하며 도시자원 이용이 집중화, 고도화되었고 디자인과 환경을 고려하게 되었다.

세계 소프트웨어산업의 메카로 떠오른 미국의 실리콘밸리.

　사회가 발전할수록 사람들은 일과 휴식의 균형을 중시하고 삶의 질에 더 가치를 둔다. 현대 도시는 이들의 니즈에 부합해 역세권을 중심으로 복합 문화엔터테인먼트 공간을 확충한다. 복합 쇼핑몰에서 영화관과 공연장, 〈미쉐린 가이드〉의 유명 레스토랑을 이용할 수 있고, 전세계의 흐름을 전시하는 미술관에서 세계적 예술가를 만날 수 있다.

　도심이 개발되면 외곽으로 나갔던 노동자들은 도심으로 돌아온다. 우수한 인적 자원들이 도시로 몰리면 도시의 혁신성은 강화된다. 오늘날 국가의 성공은 국민들의 기술과 지식에 크게 의존한다. 도시가 학교와 대학 등 교육시스템을 잘 갖추면 도시의 삶은 그 자체가 학습과정이 된다.

　세계적으로 성공한 도시들의 특성 중 하나는 혁신적인 인적 자원이 풍부하다는 것이다. 미국 산타클라라 인근에 있는 실리콘밸리(Silicon Valley)는 스탠퍼드대학과 미 국방부의 R&D 투자가 만나면서 세계 소프트웨어산업의 중심지가 되었다. 도시인구의 43%가 20~44세

1850년대 일본 나가사키 해군 전습소 전경.

의 젊은 기술자나 엔지니어로 이루어졌다. 애플컴퓨터, 테슬라, 엔비디아, 세일즈포스 등 4,000여 개의 기업이 이곳에 있다. 이들 도시에서 지식과 기술의 가치는 점점 더 커진다. 4차 산업혁명의 눈부신 발전에 따라, 도시를 중심으로 한 인공지능, 로봇 등 신기술은 숙련된 우리의 미래를 밝힌다.

도시는 역사 이래 문명과 문명, 지식과 지식을 연결하는 통로였다. 일본이 근대화에 성공할 수 있었던 것은 나가사키〔長崎〕를 통해 네덜란드 증기선이 들어오고 이들로부터 서양의 지식과 문물을 받아들였기 때문이다. 인도 방갈로르(Bangalore)는 인포시스와 위프로 등 세계적 IT 기업들이 자리 잡고 있고, 약 80만 명의 근로자들이 인근에 거주하는 지식의 교차로이다.

현대 도시는 다양한 사람들이 함께 모여 살아가고 아이디어와 상품의 교환이 용이하다. 세계화에 따른 국제교류의 증대는 도시의 연결성과 개방성을 더욱 강화했다. 사람들은 더 좋은 교육환경과 여건을 찾아 해외도시로 유학하고, 더 좋은 볼거리를 찾아 해외도시로 여행한다. 또한 더 좋은 직업과 생활환경을 찾아 해외도시로 이주한다. 많은 사람들의 다른 도시에 대한 경험은 인터넷을 통해 확산되고 이는 도시 평판을 구축한다.

2. 살고 싶은 도시, 여행하고 싶은 도시, 투자하고 싶은 도시

도시 평판은 장기간에 걸친 도시의 활동에 대한 이해관계자들의 평가이다. 도시 평판에는 도시에 살고 있는 시민들, 도시를 방문하는 관광객과 투자자들의 도시에 대한 인상과 평가가 포함된다. 직접 도시를 경험한 사람들의 평가도 포함되고, 다른 사람들의 이야기를 전해들은 인상도 포함된다. 사람들이 전하는 이야기는 책이나 영상, 영화, 드라마 등의 매체를 통해 확산된다. 그래서 유튜브, 페이스북, 카카오톡과 같은 SNS 매체가 중요하다.

1) 도시 평판은 삶의 질을 나타낸다

도시 평판은 도시에 대한 역사적·총체적 삶의 결과다. 역사적이란 말은 오랜 시간에 걸쳐 중첩된 인상의 결과라는 뜻이다. 총체적이란 말은 교육여건, 문화환경, 직장여건, 교통상황, 미래비전 등 사회·경제·문화·정치·환경을 망라하는 의미다. 우리는 흔히 타인에게 어디 사느냐고 묻는다. 그가 사는 곳을 보면 그 지역의 이미지가 떠오르고 이를 통해 그 사람을 좀더 알게 된다. 우리는 더 좋은 환경에서 살

세계적인 관광명소인 프랑스 파리 에펠탑 인근.

고 싶어한다. 그렇기 때문에 평판이 좋은 도시는 모두가 살고 싶어하는 도시일 것이다.

2) 도시 평판은 관광객을 끌어들인다

파리의 에펠탑과 생제르망 거리, 유유히 흐르는 센강 유람선에서 바라보는 노트르담성당은 관광객을 유혹한다. 반대로 자연을 만끽하며 여유롭게 걷고 싶은 사람들은 지구상 가장 아름다운 트래킹으로 알려진 뉴질랜드 밀포드로 떠난다. 도시의 축제는 관광객을 부르게 되어 음악을 좋아하는 사람들은 잘츠부르크로 여름휴가를 계획한다. 영화에서 본 아름다운 도시를 방문하기도 한다. 영화 〈어둠 속에 벨이 울릴 때〉를 본 사람들은 첫 장면에서 클린트 이스트우드가 LA에서 샌프란시스코를 연결하는 아름다운 해안가 풍경의 도로를 달리던 것을 기억하기도 한다.

3) 도시 평판은 투자자를 유치한다

좋은 도시 평판을 가진 도시는 세계 일류기업과 국제기구를 유치하기 쉽다. 물류, 교통, 통신, 교육, 환경 등 우수한 생활여건과 비즈니스인프라를 갖추었기 때문이다. 지식과 기술이 뛰어난 인재를 구하기 쉽고, 정부의 세금혜택과 비즈니스인프라에 대한 지원도 있다. 주변 도시나 이웃 국가로의 확장성도 뛰어나 비즈니스 허브 역할과 테스트 마켓 역할을 수행한다.

도시 평판을 관리한다는 것은 도시 커뮤니케이션을 전략적으로 수행한다는 의미다. 도시 커뮤니케이션은 도시의 주요 이해관계자(시민, 관광객, 투자자)와의 의사소통을 말한다. 의사소통이 막힘없기 위해서는 도시아이덴티티를 계획적으로 잘 수립해야 한다. 시민들이 원하는 삶을 도시아이덴티티에 포함해야 하고, 다른 도시들과의 차별적 특성이 잘 드러나도록 지역성을 비롯한 개성과 특성을 포함해야 한다. 이렇게 수립된 도시아이덴티티에 따라 일관된 도시마케팅 정책이 집행되고, 이에 따라 도시이미지가 형성되기 시작한다. 결국 시간이 지나면서 도시이미지는 도시 평판으로 굳어진다.

3. 도시 평판의 측정: 실체성과 관계적 차원

도시 평판은 도시를 도시답게 만드는 기본 인프라(하드웨어)와 소프트웨어로 측정한다. 하드웨어는 도시의 실체성이고, 소프트웨어는 사람과 제도이다. 4차 산업혁명으로 도시의 혁신성이 필요해졌고 도시에 사는 사람의 중요성은 커졌다. 따라서 과거의 도시가 하드웨어 개발에 치중했다면, 이제는 사람에 대한 투자도 중요한 시기이다.

1) 도시 평판의 실체성(하드웨어) 측정

(1) 경제적 환경

현대 도시는 경제활동이 집적하여 이루어지는 장소이다. 도시의 경제기반이 튼튼하고 새로운 산업과 일자리가 창출되면 도시는 성장, 발전한다. 우수하고 건실한 세계적 기업이 많은 도시는 고용기회가 많기 때문에 뛰어난 인재들이 모여든다.

최근 인구감소, 산업정체, 주택노후화 등으로 침체되고 있는 대도시의 구도심이나 지방 중소도시를 살리기 위해 도시재생사업이 대안으로 추진되고 있다. 도시재생사업은 경제기반형으로 진행되며, 노후 항만 및 역세권 개발, 공공청사 이전, 공장부지 이전 등 개발과 연계된다. 도시만의 특화된 역사·문화 자원을 활용하기도 한다.

한 예로, 과거 철강산업이 번성했던 영국의 도시 셰필드(Sheffield)를 들 수 있다. 산업과 지역경제가 불황을 겪자 생활환경도 악화되어 1980년대 초에 실업률이 15.8%에 이를 정도로 침체를 겪었다. 정부는 도시의 역세권, 산업단지 등을 재정비하면서 첨단과학기술 기능을 도입하고, 교육·문화·상업·레저·주거 등을 육성하면서 도심 어메니티(amenity)를 증진시켰다. 셰프 강변을 정리하고 시 청사 등 역사·문화 건축물을 정비했으며 평화공원을 확충했다. 그 결과 도심부 고용인구는 10만 명이 증가했고, 신규직업이 5만 5,000개 창출되었으며, 도심 거주인구도 늘어났다.

미국 보스턴시도 1959년 개통한 12km에 이르는 도심 고가도로를 지하화하고 상부에 200에이커 규모의 녹지공원을 설치하는 '빅딕(Big Dig) 프로젝트'를 통해 도심을 활성화시켰다. 도심경관을 회복시키고 벙커힐 브리지를 함께 건설하여 랜드마크를 조성했다.

이런 경제적 환경은 '사업이나 비즈니스 기회가 많다', '취업, 채용 등 고용여건이 좋다', '이 도시에서 살면 소득증대 가능성이 크다', '산업인프라가 우수하다' 등의 항목으로 측정한다.

(2) 도시환경

환경이란 생물을 둘러싸고 있으며 생물에게 직간접적 영향을 미치는 자연적·사회적 조건이다. 도시환경은 도시 자연환경과 도시 생활환경으로 구분된다. 도시 자연환경은 산과 숲, 강이나 바다 등 자연적으로 형성된 환경이다. 도시 생활환경은 인위적으로 자연과 가깝게 개발한 환경이다. 도심에 있는 작은 쌈지공원, 호수와 연못, 인공적으로 조성한 공원 등을 말한다.

도시환경이 잘 조성된 도시는 좋은 평판을 형성한다. 아름다운 도시에 사는 사람들은 그렇지 않은 사람보다 자연히 행복할 가능성이 높고, 이는 관광객을 유인할 수 있는 조건이기도 하다.

따라서 도시환경은 '기후가 좋다', '도시의 경관이 아름답다', '공원과 녹지가 잘 조성되어 있다' 등의 항목으로 평가한다.

(3) 생활인프라

도시의 생활인프라는 현대 도시를 구성하는 기반시설로 소득수준에 따라 요구되는 인프라 수요와 특성이 다르다. 도시가 성장할수록 질적 수준을 요구하며 정보통신기술과 결부된 고부가 지능형 인프라 수요가 늘고 있다. 도시생활을 위한 인프라에는 교육·보육시설, 교통시설, 보건·의료시설, 문화시설, 체육시설이 포함된다.

도쿄는 장기 도시전략으로 '고도로 발달된 이용자 중심의 도시 인프라 실현'을 목표로 두 가지 정책지침을 가지고 도시개발을 진행하였다(서울연구원, 2016). 첫째, 육해공의 광역적 교통·물류 네트워크 형성, 둘째, 누구라도 쾌적하게 이용할 수 있는 종합적 교통체계 구축이다. 이를 통해 도시의 원활한 순환 및 연계를 위한 인프라 정비에 주력했다.

종합적 교통체계 구축에는 도시의 편리성을 향상시키기 위한 도로, 철도, 버스, 택시, 자전거 등의 교통인프라에 대한 지속적 정비가 포함된다. 거점 간 연계를 강화하고 원활한 환승체계를 구축하며 공항의 편리한 이용을 도모한다. 특히 도시의 활력을 창출하기 위해 보행자 공간을 확충한다. 고령사회를 대비하여 베리어프리를 확충하고 외국인 이용자가 많은 지역의 이동환경과 통신환경을 정비한다.

좋은 평판을 가진 도시는 대중교통이 잘 정비되어 있고, 도로이용이 편리하며, 경기장이나 공연장 등 스포츠 문화시설을 갖추어야 한다. 또한 거주지와 가까운 곳에 병원, 약국 등 의료시설이 잘 구비되어 있어야 한다.

그렇기에 생활인프라는 '학교와 보육여건이 좋다', '병원, 약국 등 의료시설이 편리하다', '도서관, 공연장, 경기장 등 문화시설과 체육시설이 편리하다', '교통인프라가 편리하다' 등의 항목으로 측정한다.

(4) 문화인프라

문화는 어느 시대와 사회를 막론하고 구성원들이 배움을 통하여 공통적으로 갖게 되는 욕구와 행동이 표출되는 생활양식이다. 역사적 자원과 문화적 매력은 관광객을 유인하는 데 있어 매우 중요하다. 지역주민들의 삶의 질을 높이는 데도 필수불가결하다. 전통 있는 도시나, 역사·문화재 관련 시설이 많은 도시에 사는 시민들은 행복하다. 지역 특유의 문화, 예술, 축제, 이벤트 등은 도시 지명도를 높이는 데 큰 역할을 한다.

문화인프라는 생활인프라와 연계되는 것이 바람직하다. 문화인프라는 도시의 역사공간과 자연경관 및 조경공간과 연계되면 더 좋다. 무질서한 중세도시 파리가 세계 제일의 문화도시로 거듭난 것은 파리지사였던 오스만 남작(Baron Haussmann)의 파리의 구조개혁 덕분이었다. 마차와 사적 공간으로 점령된 도시를 재정비하고 도시 전역에 문화인프라를 과감히 도입했다. 자연을 도심에 심고 신도시와 역사도시를 새로운 도시의 기하학적 질서로 통합하여 공공공간을 도시의 기본축으로 설계했다(김석철, 1996).

2015년 3월 스페인 빌바오에서 개최된 제1회 UCLG(United Cities and Local Governments, 세계지방정부연합) 세계문화정상 회의에서 '문화 21 실천'이 정책지침으로 채택되었다. 문화와 지속가능한 발전에 대한 각 도시들의 접근법을 평가하고 개선하기 위한 기준이다. 여러 도시들이 시범도시, 선도도시로 선정되어 해당 정책지침을 행정에 도입했다.

위싱턴(Washington DC)은 문화정책을 도시계획과 같은 기준에서 판단한다. 지역의 모든 인프라는 무대이고, 시민은 출연자라는 생각으로 정책을 만든다. 미술관이나 극장, 자동차도로, 보행자도로, 공원, 교량 모두가 무대가 된다. 따라서 공원, 도서관, 공공예술 같은 인프라에 적극 투자하고 지상층이나 건물 앞면 같은 공간도 문화적으로 활용할 수 있도록 투자하고 새 건물에는 예술 스튜디오를 만들기도 한다(제주의 소리, 2017. 8. 4).

문화인프라는 '공연장, 박물관, 도서관 등 문화예술 시설이 많다', '여가 및 레저를 즐길 수 있는 여건이 좋다', '다양한 문화관광 유적이 있다', '좋은 문화예술 공연, 축제, 이벤트가 많다' 등의 항목으로 측정한다.

2) 도시 평판의 관계적 차원(인적 자원 및 제도) 측정

도시에 살고 있는 시민과 제도는 도시 평판을 구성하는 중요한 요인이다. 도시환경, 인프라, 경제여건, 문화인프라 등 실체성 못지않게 인적 자본과 제도의 중요성이 커지고 있다. 도시가 세계와 연결되고 직업과 여행이 자유로워지면서, 그리고 4차산업의 발전에 따라 지식과 기술의 역할이 중요해지면서 관계적 차원의 비중이 커지고 있다. 도시 평판의 관계적 차원은 인적 자본, 신뢰도, 애착심, 브랜드 인지도로 구성된다.

(1) 인적 자본: 시민 리더십

도시의 인적 자본은 도시 구성원의 능력, 지식, 기술, 경험 등을 말하지만, 이들의 단순한 합 이상이다. 인적 자본은 변화하는 환경 속에서 도시가 적응하고 발전할 수 있도록 이끄는 도시의 창조성과 혁신성의 원천이다.

도시는 새로운 지식을 창출하고 동원함으로써 경제발전에 결정적인 역할을 한다. 도시 인적 자본의 다양성과 그들 간의 상호작용은 신제품과 신기술의 창조를 촉진한다. 앤더슨(Ake Anderson)과 데스로셔(Pierre Desroshers)는 창조성을 배양, 육성하고 창조적 인간을 유치하는 능력이 지역발전의 핵심요소라고 했다. 도시는 인적 자본을 모으고 조직하는 핵심적 역할을 한다. 인재는 수준 높은 사회적 개방성, 다양성, 창조성을 가진 지역으로 이동한다. 지역의 경제적 역동성은 그에 따른 결과이다(Florida, 2005).

관광지에서 마주치는 시민들의 쾌활하고 친절한 모습은 도시의 인상을 좋게 만든다. 또한 그곳 도시민의 국제화 정도나 공무원의 능력과 개방성, 리더십 유무 등은 투자를 결정하는 데 중요한 변수로 작용한다.

시민 리더십 요인은 '시민들이 친절하다', '시민들이 정직하다', '시민들의 교육수준이 높다', '글로벌 네트워크가 잘 형성되어 있다', '시장·공무원의 리더십이 뛰어나다' 등의 항목으로 평가된다.

(2) 신뢰도

신뢰는 협력과 상호의존을 필요로 하는 모든 사회상황의 기본적 특징이다. 모건과 헌트는 관계마케팅 연구에서 신뢰와 결속이 교환관계에서 중요한 요인이며 이를 바탕으로 관계가 이루어진다고 밝힌 바 있다(Morgan & Hunt, 1994). 신뢰와 결속은 구성원들이 서로 협동하도록 하고, 기존 구성원과의 장기적 관계를 유지하게 하며, 상대방이 기회주의적 행동을 하지 않을 것이라고 믿게 한다. 도시 평판에서 신뢰도는 "도시의 이해관계가 서로를 믿고 의지하는 정도"이다.

이해관계자의 신뢰도는 '도시정부는 약속을 잘 지킨다', '중요한 의사결정 시 이해관계자를 배려한다', '나를 공정하고 정당하게 대우한다', '의사결정과정 공개 등 커뮤니케이션이 투명하다' 등의 항목으로 측정한다.

(3) 애착심

애착심은 정서적·심리적 유대감과 사랑을 기반으로 애착대상과 가까이 있고 싶어하고 이를 통해 안정감을 유지하려는 욕망이다. 도시마케팅 관점에서 애착심은 시민, 투자자, 관광객과 도시브랜드 사이의 감정적 결속의 강도이다. 도시브랜드에 대한 인지적·감정적 결속은 이해관계자가 도시 관련 연상을 쉽게 하도록 하고, 브랜드 충성도를 높인다.

시민들은 특별히 좋아하는 도시에 애착을 형성하고, 이렇게 강력한 도시브랜드 관계구축에 중요한 역할을 수행한다. 도시 평판에서 애착심은 "도시 이해관계자의 도시에 대한 사랑과 자부심을 바탕으로 한 인지적·감정적 결속감"으로 정의된다.

애착심은 '나는 시에 대한 애착심이 많다', '시민으로서 자부심과 자긍심을 느낀다', '도시는 친구와 같은 느낌이 든다' 등의 항목으로 측정한다.

(4) 도시브랜드 인지도

브랜드는 별도의 네임과 로고를 형성하는 브랜딩 과정을 통해 다른 브랜드와 비교되는 이미지를 갖는 강력한 브랜드일수록 차별적이고 매력적인 이미지를 보유한다. 도시가 갖는 가치에 대해 관광객, 방문자 또는 시민으로서 공감할 때 차별적 도시브랜드 평판이 형성된다. 도시브랜드를 위해 도시는 별도의 슬로건과 로고를 만들 수 있다. 이렇게 형성된 도시브랜드는 차별적 도시이미지를 형성하고 평판으로 구축된다(서정렬, 2016). 도시브랜드는 도시명, 도시심벌, 캐릭터, 슬로건, 명소, 축제브랜드, 축산물 등을 포함한다.

도시브랜드 인지도는 도시가 스스로를 다른 도시와 차별화하고 이를 대내외에 널리 알리기 위해 설정한 도시의 아이덴티티와 개성, 그리고 이를 홍보하기 위한 마케팅 커뮤니케이션 활동을 말한다.

정체성이란 사람이나 사물이 다른 것과 인지적으로 구별되는 개별적 특성이다. 따라서 도시아이덴티티는 한 도시가 타 도시와 다른 특이성과 우월성이 있어야 구체적으로 나타난다. 도시아이덴티티는 지역의 역사, 문화, 산업, 자연자원, 인적 자원, 경관 등으로 형성되며, 지역이미지를 형성하는 주요 변수이다.

도시브랜드 인지도는 '도시가 외부사람들에게 잘 알려져 있다', '외부에 알리기 위해 전략적이며 많은 홍보비용을 쓰고 있다', '도시의 독특한 개성과 정체성이 있다', '도시를 상징하는 랜드마크가 있다' 등의 항목으로 평가된다.

264

표 11-1 도시 평판관리 체크리스트

차원	요인	세부항목
실체성 (하드웨어)	경제적 환경	• 사업 및 비즈니스 기회가 많다 • 고용여건이 우수하다 • 소득증대 가능성이 많다 • 산업인프라가 우수하다
	도시 환경	• 기후여건이 좋다 • 도시경관이 아름답다 • 자연경관이 아름답다 • 공원과 녹지가 조성되어 있다.
	생활 인프라	• 학교와 보육여건이 좋다 • 병원, 약국 등 의료시설이 편리하다 • 도서관, 공연장, 경기장 등 문화시설과 체육시설이 편리하다 • 교통인프라가 편리하다
	문화 인프라	• 공연장, 박물관, 도서관 등 문화예술 시설이 많다 • 여가 및 레저를 즐길 수 있는 여건이 좋다 • 다양한 문화관광 유적이 있다 • 좋은 문화예술 공연, 축제, 이벤트가 많다
관계적 차원 (인적 자원 및 제도)	인적 자본: 시민 리더십	• 시민들이 친절하다 • 시민들이 정직하다 • 시민들의 교육수준이 높다 • 글로벌 네트워크가 잘 형성되어 있다 • 시장, 공무원의 리더십이 뛰어나다
	신뢰도	• 도시정부는 약속을 잘 지킨다 • 중요한 의사결정 시 이해관계자를 배려한다 • 나를 공정하고 정당하게 대우한다 • 의사결정과정 공개 등 커뮤니케이션이 투명하다
	애착심	• 나는 시에 대한 애착심이 크다 • 시민으로서 자부심과 자긍심을 느낀다 • 도시는 친구와 같은 느낌이 든다
	도시 브랜드 인지도	• 도시가 외부사람들에게 잘 알려져 있다 • 외부에 알리기 위해 전략적이며 많은 홍보비용을 쓴다 • 도시의 독특한 개성과 정체성이 있다 • 도시를 상징하는 랜드마크가 있다

출처: 이용진·한은경 (2010).

4. 영국 에든버러의 사례

에든버러는 오랫동안 사람들의 상상력을 사로잡아온 도시다. 이 도시는 아름다운 풍경과 역사, 문화를 토대로 시민, 기업, 관광객에게 높은 삶의 질을 제공하고 있다. 이러한 이미지를 이미 가진 에든버러가 왜 브랜드 평판이 필요했을까? 도시민의 삶의 질에 대한 자부심과 열정을 깨우고, 더 많은 투자자, 우수한 학생, 관광객 등 이해관계자와의 지속적 관계를 형성함으로써 세계적 에든버러를 구축할 필요가 있었기 때문이다. 에든버러시는 도시마케팅 커뮤니케이션을 지원하기 위해 EICB(Edinburgh Inspiring Capital Brand)를 개발했다.

표 11-2 EICB의 개념

핵심요소		특성
영감을 주는 도시		아름다운 풍경과 환상적 분위기로 전 세계 과학, 기술, 교육, 예술, 기업에 영감을 주는 도시
가치	어조	설명
창의적 비전	상상력	에든버러는 예술, 과학, 비즈니스 및 교육의 도시다
다양성	활기	에든버러는 다양한 사람과 기술이 융합되어 활기찬 다국적 문화를 형성하고 있고, 이는 영감을 주는 건축물과 자연미에 반영되어 있다
우수성 추구	결단력	에든버러와 스코틀랜드는 과거의 성공과 미래의 비전을 실현하는 노동윤리를 공유한다
진심 어린 친절	정통성	에든버러 시민들은 모든 방문객을 진심으로 환영하고 배려한다
절제된 우아함	자신감	에든버러는 차분한 마음으로 모든 성과를 자랑스러워할 뿐 자랑하거나 자만하지 않는다

에든버러의 특성을 가장 효과적으로 알릴 수 있는 브랜드에센스는 '영감을 주는 도시'(*Inspiring Capital*)로 조사되었다. 에든버러의 아름다운 자연과 지적 전통은 발명과 창의성의 발판이 되었다. 연간 진행되는 수많은 축제, 복제양 돌리, 해리포터 시리즈 등 전 세계에 영감을 주는 도시로서의 자원이 충분했다. EICB는 영감을 핵심주제로, 과거 전통과 미래비전을 반영하는 에든버러만의 고유한 가치를 제정했다. 에든버러의 모든 활동에는 이들 가치가 반영되도록 했다.

1) 도시 평판관리 추진경과

EICB팀은 기업 및 단체가 EICB를 채택하고 사용하도록 독려했다. 파트너들이 사용할 수 있도록 VIP용 브로슈어를 개발했다. 시의회, 필름 포커스, 컨벤션협회 등과 협력하여 DVD를 제작했다. 월간 소식지를 발간했고, 브랜드 채택 워크숍을 개최했다. 또한 홈페이지를 통해 매달 60개국 이상에서 해당 사이트를 방문하도록 유도한다. 홈페이지 등록 이용자에게는 설문조사를 실시해 브랜드 평판이 마케팅 커뮤니케이션 자료개선에 도움을 주는지 등을 조사하도록 했다.

새로운 웹사이트에 라이브 섹션을 개발했고, 에든버러 시의회 및 다양한 문화단체가 EICB를 채택하도록 했다. 채용박람회를 포함한 다양한 행사를 지원했고, 삶의 질에 관한 행사를 진행했다. 2006년 여름축제 기간에 에든버러 환경단체(Waste Aware Edinburgh)와 공동으로 라디오 홍보캠페인을 추진했다.

에든버러에 대한 투자를 늘리기 위해 부동산개발사, 유통업체 등 주요 공공 및 민간단체가 EICB를 채택하도록 했다. 새로운 EICB

'영감을 주는 도시'라는 브랜드에센스로 도시 평판관리에 성공한 영국 에든버러.

웹사이트에 투자섹션을 개설했고, 내부투자 문의과정을 정리하는 워크숍을 진행했다.

　관광객 증대를 목표로, 일관된 방향으로 에든버러를 홍보하고 에든버러의 주요 장점을 마케팅 메시지에 담기 위해 관광공사(VISITS SCOTLAND)와 협력했다. 관광안내소가 위치한 에든버러공항 국제선 도착구역은 방문객을 환영하는 따뜻한 분위기로 재단장했다. 2007년 초 EICB 팀과 관광공사가 공동으로 런던 지하철 홍보캠페인을 진행했다. 런던 지하철 100여 개 지점에 눈에 잘 띄는 광고를 설치하고 멋지게 디자인된 에든버러 엽서를 발행했다.

　에든버러에서는 연중 다채로운 행사 및 축제를 연다. EICB 팀은 도시에 활기를 불어넣고, 도시에 대한 관심을 높이며, 에든버러만의 특성을 반영하여 지역경제에 이바지할 수 있는 행사 및 축제를 진행한다. 이를 위해 정체성과 메시지, 가치를 공유하여 도시 평판과 시너지 효과를 높이기 위해 에든버러 이벤트 유닛, 스코틀랜드 엔터프라이즈 등과 밀접하게 협력하고 있다.

그 결과, 모든 주요 축제가 EICB를 채택했다. 뉴욕 타탄 위크에서 페스티벌을 지원했고, 음식 관련 행사 및 프로그램을 홍보하기 위해 에든버러 시의회 및 스코틀랜드 엔터프라이즈 에든버러 앤 로디언과 협력하여 'Inspiring Cuisine' 프로그램을 개발하여 제1회 에든버러 국제패션 페스티벌을 지원했다.

2) 도시 평판관리의 성과

에든버러는 영국 최고 도시상을 13회 이상 수상했다. 2000부터 2007년까지 '영국 최고 도시'로 뽑혔고, 2006년 어바니즘 어워드(Urbanism Awards)에서 '올해의 유럽 도시'로 선정되었으며, '영국에서 가장 살기 좋은 도시'로 이름을 올렸다. 2006년과 2007년 영국 시티 모니터(UK Cities Monitor)에서 '근로자의 삶의 질과 시민들의 자유도가 가장 높은 도시'로 꼽혔다.

이렇듯 영국 내에서 빠르게 성장하는 도시 중 하나인 에든버러는 2018년 도시의 지속가능성을 확보하면서도 역량을 키울 수 있도록 '공평하고 영감을 주는 도시', '건강한 도시', '스마트하고 번영하는 도시'라는 3가지 도시상을 제시하고, 그에 맞는 실천전략을 담은 '2050 에든버러 도시비전'(2050 Edinburgh City Vision)을 발표했다. 에든버러는 영국 최고 도시뿐 아니라 세계적으로 살기 좋은 도시를 지향하며 꾸준히 발전하고 있다.

5. 긍정적 도시 평판관리를 위한 팁

1) 도시 평판관리 모델의 도입

성공적 도시 평판을 구축하기 위해 어떻게 해야 하는가. 도시 평판의 성공적 관리를 위해서는 도시브랜드 아이덴티티, 도시브랜드 이미지, 도시브랜드 평판 사이의 관계를 이해하고, 장기적으로 평판을 관리해 나가야 한다. 〈그림 11-1〉은 도시 평판관리의 단계 및 사이클을 보여준다.

그림 11-1 도시 평판관리 모델

	아이덴티티 인터페이스		이미지 인터페이스		평판
	1단계 **아이덴티티 수립** **단계**		**2단계** **도시 마케팅** **단계**	**3단계** **평판형성** **단계**	**4단계** **수익성과 피드백** **단계**
	도시비전 수립	도시브랜드 아이덴티티 전략 수립	도시이미지로 전환	시간경과에 따라 도시평판 형성	수익성과 피드백
	도시비전 전략적 계획 도시의 실체적· 감성적 자산	도시·소비자· 경쟁분석 브랜드 에센스 핵심 아이덴티티 확장 아이덴티티 도시브랜드 개성 도출 브랜드 가치 제안 소비자 브랜드 관계 브랜드 포지셔닝	슬로건 시마크 상징물 (캐릭터, 시화 등) 환경디자인 마케팅 프로모션 도시상품 개발	핵심 이해관계자의 평판 모니터링	ACID 테스트

환경적 요소의 영향

도시아이덴티티는 도시가 주민 및 관광객을 포함한 이해관계자들에게 인식되고자 하는 그 도시의 정체성이다. 도시이미지는 도시마케팅 활동의 결과로 도시아이덴티티를 이해관계자가 받아들이고 인식하고 느끼는 것이다. 도시 평판은 도시아이덴티티와 도시이미지의 합이라고 말할 수 있다.

좀더 구체적으로 도시 평판의 단계적 구축방법을 알아보자.

(1) 1단계: 도시아이덴티티 수립하기

첫 단계는 도시아이덴티티 수립단계이다. 도시브랜드 아이덴티티를 구축하기 위한 방법론은 다양하지만 여기서는 3C(City, Consumer, Competitor) 분석에 의한 방법을 제안한다.

3C 분석은 도시비전을 토대로, 도시에 대한 강점과 약점, 그리고 환경적 기회요인과 위협요인을 분석한다. 소비자 분석은 주민으로서의 소비자, 투자자, 관광객의 니즈와 트렌드를 분석하고 시사점을 도출한다. 경쟁도시 분석에서는 주변도시의 아이덴티티와 도시마케팅 포지셔닝을 분석하여 차별적 요소를 도출해 낸다. 주변도시는 지리적으로 도시규모에 따라 국제적 경쟁도시가 포함될 수 있다.

도시아이덴티티는 도시의 유형적 가치를 기반으로 무형적 가치를 창출하고, 이를 통해 도시의 이미지를 차별화하기 위한 것으로, 도시 경쟁력을 강화하는 전략적 활동인 도시마케팅 활동의 핵심요소이다. 따라서 도시아이덴티티 전략을 수립하기 위해서는 도시의 실체적 자산과 감성적 자산을 잘 분석해야 한다. 이때 도시의 하드웨어적 요소에는 경제환경, 자연환경, 생활인프라, 문화인프라, 도시안전 등 도시 평판의 구성요소가 고려된다. 소프트웨어 요소에는 도시 인지도, 인적 자본, 신뢰도, 애착심, 사회적 책임 등이 고려된다.

(2) 2단계: 도시마케팅 커뮤니케이션하기

도시 평판 구축의 두 번째 단계는 도시마케팅 단계이다. 도시마케팅은 도시아이덴티티 수립단계에서 도출된 브랜드에센스를 토대로 한 도시브랜드 슬로건과 디자인, 캐릭터 등의 상징물을 개발하는 것으로부터 시작된다. 도시마케팅 전략은 도시브랜드 정체성을 이해관계자에게 전략적이고 체계적으로 커뮤니케이션하는 방법이다.

브랜드 아이덴티티 전략수립 시 정리했던 상황분석을 토대로 마케팅 및 커뮤니케이션 대상 분석에 들어간다. 도시마케팅의 대상은 정주민, 관광객, 투자자로 나누어서 생각해야 한다. 도시상품은 3가지 유형을 생각해 볼 수 있다. 첫째, 기개발된 도시브랜드, 마크, 상징물과 같은 도시이미지, 둘째, 박물관, 스포츠경기장, 쇼핑센터 등의 공간시설, 셋째, 공연, 축제, 이벤트 등과 같은 문화 콘텐츠 등이 그것이다.

도시마케팅의 목적이 주로 시민들을 대상으로 한 주거만족 또는 문화향유인지, 외부 관광객을 끌어들이는 것인지, 투자자를 확보유치하는 것인지에 대해 검토한 다음 도시마케팅의 상품 우선순위를 결정한다.

구체적 커뮤니케이션 실천계획으로는 축제, 공공디자인, 시설물, 조형물, 이벤트, PR 등 다양한 방법이 동원된다. 특히 최근에 도시경관 관리가 중요해지고 있다. 글로벌 도시로서 환경경쟁력을 갖추기 위해 정책 및 공공 디자인시스템 구축방안을 마련하는 것이 중요하다.

(3) 3단계: 도시 평판 구축하기

세 번째 단계는 도시 평판 구축단계이다. 이 단계에는 도시마케팅 커뮤니케이션 전략의 꾸준하고 장기적인 추진을 통해 도시 평판을 구축한다. 실행에 있어서는 관, 민, 전문가가 모두 포함되는 상설 조직 체계를 구축하고 지속적이고 체계적으로 실시할 수 있도록 한다. 특히 선거에 의해 지방정부 조직이 바뀌고 선출된 지자체 장의 의견에 따라 지속적 도시마케팅 커뮤니케이션이 어려울 수 있으므로 시민 등 민간과 전문가를 조직에 참여시킬 필요가 있다. 또한 시 내부 임직원, 시 자문위원, 시민 등 핵심 이해관계자에 대해서는 매년 정기적 평판 모니터링을 통해 평판을 관리한다.

(4) 4단계: 수익성과 피드백하기

마지막 단계는 수익성과 피드백 단계다. 도시마케팅 성과는 도시 평판지수로 평가된다. 앞서 도시 평판의 구성항목, 도시 평판의 실체적 요인과 관계적 요인을 중심으로 현 단계의 도시평판지수를 파악한다. 도시평판지수를 통해 현 단계에서 어느 요인이 우수하고, 어느 요인이 열세인지 파악 가능하다. 다른 도시와 비교해 도시평판지수를 조사하면, 다른 도시보다 어느 부분이 우위이고, 어느 부분이 열세인지 알 수 있다. 주민, 관광객, 투자자 등 이해관계자별로 어느 요인이 좋은 평가를 얻고, 어느 요인을 개선해야 하는지 알 수 있다.

현 단계의 도시평판지수는 향후 장기적 도시 평판 구축에 있어 장기적 지표가 된다. 정례적 도시평판지수 평가는 도시마케팅 활동의 결과가 좋은지 나쁜지를 판단하게 하며, 이는 향후 도시정책의 방향성을 결정하게 한다.

2) 좋은 도시 평판 구축을 위한 팁

좋은 도시 평판을 구축하기 위한 방법론을 이 모델을 통해 제안해 본다. 첫째, 좋은 도시 평판을 구축하기 위해서는 첫 단계인 도시아이덴티티를 잘 구축해야 한다. 아이덴티티 구축에는 도시의 장점과 비전을 중심으로, 경쟁요인을 고려하여 차별화된 아이덴티티를 구축하는 것이 중요하다. 도시 평판관리는 도시가 만든 아이덴티티와 이미지 간 일치도가 높을수록 성공할 가능성이 높다.

둘째, 구축된 아이덴티티를 이해관계자에게 전달하기 위해서는 통합적 마케팅 커뮤니케이션이 필요하다.

셋째, 지속적 관리가 필요하다. 특히 도시의 경우 전임자가 선정해 놓은 좋은 도시의 비전과 아이덴티티가 후임자에 의해 폐기되거나 방향 전환되는 예산낭비 사례가 많다. 이를 해결하기 위한 방안 중 하나는 도시브랜드 관리조직을 시 직원들로만 구성하는 것이 아니라 민간과 공유하여 상설조직화하는 것이다.

넷째, 시민과의 소통이 중요하다. 브랜드 아이덴티티를 만드는 과정에서 슬로건 디자인에 대한 시민공모전, 공청회, 브랜드 론칭행사, 시민 자문위원회, 시민축제 추진위원회 등 각종 기구와 위원회 등을 통해 시민들의 의견을 충분히 반영하고, 시민과의 공감대를 형성해가는 것이 중요하다.

다섯째, 아이덴티티, 이미지 인터페이스를 고려할 뿐만 아니라, 이미지와 평판의 인터페이스를 고려해야 한다. 각 단계는 유기적으로 상호작용하며, 한 단계의 성공과 실패는 다음 단계의 성공과 실패에 영향을 미치기 때문이다. 첫 단계의 잘못된 계획은 다음 단계의 실패를 가져오므로 처음부터 체계적이고 계획적인 마스터플랜이 매우 중요하다. 처음 계획은 중간과정의 수익성과 피드백을 통해 지속적으로 교정, 보완되어야 한다.

마지막으로, 이 모든 과정에서 환경적 요소의 영향을 고려해야 한다. 환경적 인터페이스는 정치, 경제, 자연, 기술, 문화, 환경 등 외부적 요소로 아이덴티티 관리의 전 과정에 영향을 미친다. 예를 들어, 도시비전을 수립할 때 세계적 흐름인 지구온난화와 환경오염을 고려해야 한다. 이는 특히 현대 도시의 집중화와 난개발에 대한 대안으로 검토되는 지속가능한 발전이라는 대전제 속에서 이해하고 접근해야 할 것이다.

국가브랜드 품격을 높이는 평판관리

1. 국가 평판 1위 스웨덴의 비밀

만약 당신이 2주간 휴가를 간다면, 어떤 국가로 여행을 떠나겠는가? 혹은 이민을 가거나 해외유학을 간다면 어떤 국가를 택하겠는가? 당신의 선택에 영향을 미치는 요인은 무수히 많을 것이다. 그중에도 사람들이 지각하는 국가에 대한 평판은 중요한 의사결정을 하는 데 좋은 참고가 된다. 사람들이 국가를 대상으로 하는 선택은 무엇보다 위험부담이 크고, 중요한 결정이며, 결과에 큰 영향을 받는다. 따라서 선택에 대한 후회를 줄이기 위해 신뢰할 수 있는 정보가 필요하며, 평판이 그 역할을 할 수 있다.

우리가 익히 알고 있는 평판연구소(The Reputation Institute)에서는 기업대상 평판연구와 함께 국가대상 평판조사를 실시해 정기적으로 그 결과를 발표한다. 2019년 국가평판조사 결과, '가장 평판이 좋은 국가 순위'에서 스웨덴이 1위를 차지했다. 2위는 스위스, 3위 노르웨이, 4위 핀란드, 5위 뉴질랜드 순이었다. 대부분의 사람들이 고개를 끄덕일 만한 국가가 평판조사에서도 상위권에 속해 있다.

국가평판조사는 평판연구소의 국가 렙트랙이 유일하다. 긍정적 국가 평판은 다양한 이해관계자들에게 유리한 이점을 제공한다. 여행객이 여행지를 선택할 때, 투자자가 투자국가와 투자기업을 선정할 때, 학생이 유학 가고 싶은 나라를 정할 때 국가 평판을 참고한다.

2019년 평판연구소 국가평판조사

- 조사대상: GDP 상위 55개국
- 조사기관: CAWI
- 조사방법: 온라인 인터뷰
- 조사기간: 2019년 3~4월
- 샘플 수: 총 5만 8,000명(G8 국가)

평판연구소에서는 매년 국가별 평판순위를 발표한다. 2019년에는 55개국, 5만 8,000명을 대상으로 온라인 인터뷰를 진행했다. 그 결과, 2019년 국가평판 렙트랙 순위에서 스웨덴이 1위를 차지했다. Top 10 국가를 살펴보면, 2위는 스위스, 3위 노르웨이, 4위 핀란드, 5위 뉴질랜드, 6위 캐나다, 7위 덴마크, 8위 오스트레일리아, 9위 네덜란드, 10위 아일랜드 순으로 나타났다.

출처: 평판연구소 홈페이지

또한 이민을 고려하는 사람이 살고 싶은 나라를 결정할 때, 소비자가 해당국가의 제품과 서비스 구매 여부를 고민할 때, 취업준비생이 해외취업에 적당한 나라를 선택할 때에도 국가 평판은 도움을 준다.

2. 더 나은 경제, 더 나은 정치를 위해

사람들은 국가를 평가할 때 국가를 하나의 브랜드로 인지하고 관리하는 경향이 있다. 국가브랜드의 정의를 살펴보기 전에, 먼저 브랜드 개념을 이해할 필요가 있다. 브랜드는 크게 두 가지 의미로 나뉜다. 하나는 로고나 마크, 컬러 등 시각적 측면에서 찾을 수 있는 의미다. 또 하나는 브랜드의 본질적 의미로 시각적 측면의 상위개념인 의미론적 측면에서 파악할 수 있다. 즉, 브랜드란 곧 명칭을 가진 하나의 디자인적 상징체로서 제품 혹은 이미지를 다른 경쟁사들과 차별화하기 위한 것이다.

이러한 맥락에서 국가브랜드의 사전적 개념을 살펴보면, 한 국가에 대한 인지도와 호감도, 신뢰도 등 유무형 가치의 총합을 의미한다(노주현·정보민, 2013). 국가브랜드는 한 국가의 자연환경, 국민, 역사, 문화, 전통, 정치체제, 경제수준, 사회안정, 제품, 서비스, 문화 등 유형 또는 무형의 정보와 경험을 활용해 내외국민들에게 의도적으로 심어 주고자 기획된 상징체계다. 또한 사람들로 하여금 특정 국가나 특정 국가의 집단, 제품, 서비스를 식별하고 다른 국가와 구별하도록 의도된 이름, 기호, 심벌, 디자인 혹은 이들의 조합을 의미한다.

스웨덴은 수년간 국가 평판 1위를 차지하며 국민, 제도, 문화,
원칙, 책임 등에서 모범을 보이는 국가로 인정받고 있다.

우리가 국가브랜드를 관리하는 이유는 그 효과가 크고 다양하기 때문이다. 국가브랜드의 효과를 살펴보면 다음과 같다.

첫째, 국가브랜드는 국가의 경제적 부를 향상시켜 준다. 디니는 국가가 관광객 유치, 내부투자 활성화, 수출증대라는 중요한 3가지 목표를 실현하기 위해 스스로를 브랜드화하는 데 점차 노력을 기울이고 있다고 했다(Dinnie, 2008). 그리고 템포랄(Temporal)은 견실한 국가브랜드를 가짐으로써 얻을 수 있는 다양한 혜택을 제시했다. 우선, 통화 안정성 증가, 국제신용과 투자자 신뢰회복, 국제 신용등급 향상, 국제 정치력 강화, 브랜드 제품과 서비스 수출 증대, 외국인의 국내관광과 투자증가 등의 이점을 얻을 수 있다. 나아가 국가 자신감 회복, 환경 및 인권 문제에 관한 부정적 시각 해소, 부패와 편파 논란 일소, 세계시장 접근의 용이성, 세계 경쟁기업에 대한 자국시장 경쟁력 향상 등의 측면에서도 유리하다.

둘째, 국가브랜드는 해당 국가의 국내외 정치적 역량을 길러 준다. 국내적으로 국가브랜드 아래 국내정책을 계획하고 수행할 수 있다.

표 12-1 국가브랜드 평판의 긍정적 효과

이해관계자	평판 효과
관광객	평판이 좋은 국가로 여행 가고 싶다
이민자	평판이 좋은 국가로 이주하고 싶다
취업자	평판이 좋은 국가로 일하러 가고 싶다
투자자	평판이 좋은 국가에 투자하고 싶다
소비자	평판이 좋은 국가에서 생산하는 제품과 서비스를 구매하고 싶다
학생	평판이 좋은 국가에서 공부하고 싶다
기업인	평판이 좋은 국가에서 개최하는 이벤트에 참석하고 싶다

이때 국가브랜드는 국내정책의 방향성을 제시하는 동시에 국민들에게 국가정책을 홍보하는 슬로건으로서 국민의 이해를 돕고, 지지를 이끌어 내며 결집시키는 역할을 한다. 국외적으로는 국가인지도를 향상시켜 국가신뢰도를 높여 준다(김명전, 2005).

소프트파워 시대에 진입하면서 많은 국가가 국가브랜드 경쟁력을 제고하기 위해 노력하고 있다. 한국도 한류 붐에 힘입어 국가인지도와 국가브랜드 매력도가 높아지고 있다. 또한 한국 브랜드의 긍정적 효과로 한국산 제품을 구매하고, 한국을 관광하고자 하는 외국인들이 늘고 있다. 하지만 여전히 한국에 대한 부정적 인식이 존재하며, 한국전쟁, 군사독재 등 부정어와 연관하여 한국을 인식하는 외국인들이 많다. 지속적인 국가브랜드 관리를 통해 한국에 대한 긍정적 인식이 자리 잡을 수 있도록 노력해야 하는 이유다.

국가브랜드의 중요성이 증가하는 시점에서 국가브랜드의 효과적 관리방안이 필요하다. 그중 하나는 우리가 지금까지 다룬 평판의 개념에서 그 해답을 찾을 수 있다. 평판은 장기간에 걸친 조직에 대한 이해관계자들의 전반적 평가로, 사람들이 조직에 대해 지속적으로 호의나 비호의를 나타내는 평가태도를 의미하며(Weiss, Anderson, & MacInnis, 1999), 조직과 이해관계자 사이의 이성적·감성적 관계를 말해 준다(Fombrun & Shanley, 1990).

국가 평판관리는 왜 중요할까? 긍정적 국가 평판을 가진 국가는 그렇지 못한 국가에 비해 여러 이해관계자 집단들로부터 다양한 효과를 얻을 수 있다. 많은 관광객을 유치할 수 있고, 수출을 증가시킬 수 있으며, 유능한 인재에게 매력적 취업시장으로 인식될 수 있다. 뿐만 아니라 투자를 유치할 수 있으며, 이민자들에게 이주하고 싶은 국가로 인기를 끌 수도 있다. 좋은 국가 평판은 다양한 이해관계자들에게 여러 긍정적 효과를 창출할 수 있다.

3. 국가브랜드 평판측정의 다양한 방식

1) 국가브랜드 지수

지금까지 국가브랜드 측정은 여러 기관에서 많이 시도되었지만, 국내외 기관마다 평가항목이 달라 아직까지 보편적으로 인정되는 기준은 없다(노주현·정보민, 2013). 그러나 국가브랜드를 측정하는 데 가장 일반적으로 활용하는 사례가 있다. 1996년 사이먼 안홀트(Simon Anholt)가 개발한 국가브랜드 지수(NBI: Nation Brand Index)이다. 국가브랜드 지수 모형은 관광(*tourism*), 수출(*export*), 국민(*people*), 정부(*governance*), 문화·유산(*culture & heritage*), 투자·이주(*investment*

속성	세부항목
정부	• 정치적·행정적 안정과 수준에 대한 국가고객 만족도 • 정부의 능력, 공정성, 인권 및 국제사회 기여도
국민	• 가장 호의적이고 우선적인 고용대상 국가의 국민에 대한 요구 • 친절하고 우호적인 정도
수출	• 제품 및 서비스 만족도 • 과학기술 발전 기여도
문화·유산	• 국가의 문화적 유산 • 대중문화, 스포츠 등
관광	• 자연경관의 아름다움, 역사적 건축물 및 문화재 • 도시의 활력 및 레저시설에 대한 인식 • 관광지로서의 이미지, 방문의도
투자·이주	• 해당 국가에서 거주하거나 일하려는 의도 • 교육기관의 수준 • 사회적·경제적 상황에 대한 인식

표 12-2 안홀트-GfK 국가브랜드 지수

출처: 노영순 외 (2015).

& *immigration*) 등 6개 속성으로 국가브랜드를 평가한다. 국가브랜
드 지수는 브랜드적 관점에서 국가를 평가하기 위한 척도를 마련했기
때문에 우리가 이해하는 평판 개념과는 차이가 있다.

2) 국가평판지수

국가 평판을 측정하는 다양한 기준이 존재하는데, 그중 대표적인 것
이 국가평판지수다. 국가가 경쟁력을 가지려면 기업 등 다른 조직처
럼 적극적 평판관리가 필요하다. 파소(Passow) 와 그의 동료들의 초기
국가평판 연구는 그동안 검증된 기업평판 측정기준인 기업평판지수
(RQ: Reputation Quotient) 를 참고하여, 국가평판지수(CRI: Country
Reputation Index) 를 제안했다.

| 표 12-3 | 기업평판지수와 국가평판지수 비교 |

최초 차원	최초 측정지표(RQ)	수정 측정지표(CRI)	수정 차원
감성적 소구	• 기업에 좋은 느낌을 가졌다 • 기업을 존경한다 • 기업을 믿는다	• 국가를 좋아한다 • 국가를 존경한다 • 국가를 믿는다	정서적 소구

제품과
서비스
	• 기업은 제품과 서비스를
	  지지한다
	• 기업은 혁신적 제품과
	  서비스를 개발한다
	• 기업은 높은 질의 제품과
	  서비스를 제공한다
	• 기업은 가격에 비해 높은
	  가치가 있는 제품과
	  서비스를 제공한다
		• 국가는 아름다운 장소가
		  있다
		• 국가는 좋은 교육을 받은
		  사람들이 있다
		• 국가는 좋은 인프라(도로,
		  주택, 서비스, 건강관리,
		  커뮤니케이션)를 가졌다
			물리적
			소구

재정적
성과
	• 이익이 높다
	• 낮은 위험투자를 한다
	• 미래 성장가능성이 보인다
	• 경쟁자보다 기량이
	  뛰어나다
		• 비즈니스하기에 좋은
		  장소이다
		• 잘 발달한 산업지역이다
		• 낮은 세율 국가이다
		• 투자하기에 안전한 지역이다
			재정적
			소구

비전과
리더십
	• 좋은 리더가 있다
	• 미래를 위한 확실한
	  비전이 있다
	• 시장기회의 장점을
	  인식하고 취한다
		• 카리스마적 리더가 있다
		• 국가비전을
		  커뮤니케이션한다
		• 잘 관리된다
		• 국제법을 잘 지킨다
			리더십
			소구

근무환경	• 잘 관리된다
	• 일하기에 좋은 기업이다
	• 좋은 직원을 가진
	  기업이다
		• 사회적·문화적 다양성이 있다
		• 부유한 역사적 과거가 있다
		• 즐거운 엔터테인먼트
		  활동을 제공한다
			문화적
			소구

사회
책임성
	• 좋은 근거를 지지한다
	• 환경에 책임감 있는
	  기업이다
	• 사람들을 다루는 방법에서
	  높은 표준을 유지한다
		• 좋은 자선단체를
		  지지한다
		• 글로벌 커뮤니티의 책임감
		  있는 일원이다
		• 환경규제를 지지한다
			사회적
			소구

출처: Passow, Fehlmann, & Grahlow (2005).

국가는 내부수용자, 정체성, 선거나 국회에 의해 선출되는 정부 등에서 기업과 여러 가지 차이가 있다. 그러나 경쟁구조 아래 존재하고 작용하는 점, 재정적 논리를 따르는 점, 이해관계자에게 호소하는 점 등은 기업과 유사하다. 이런 특성을 고려하여 기업 평판 측정도구를 발전시킨 측정방법이 국가평판지수다.

국가평판지수는 국가도 다른 나라와의 경쟁구조에서 활동한다는 점과 재정적 논리에 따라 이해관계자들과의 관계가 중요하다는 점 등 기업과 유사한 측면이 반영되었다. 국가 평판을 측정하기 위한 6가지 요인은 정서적(감성적) 소구, 물리적 소구, 재정적 소구, 리더십 소구, 문화적 소구, 사회적 소구 등이다.

정서적 소구는 해당 국가가 믿을 만하거나 좋아할 만한지와 관련 있다. 물리적 소구는 해당 국가의 도로나 공항 등 사회간접자본과 우수한 인재 등 인적 자원, 천연자원, 아름다운 자연 등을 갖추었는지 묻는다. 재정적 소구는 비즈니스하기 좋은 여건인지, 산업지역이 얼마나 발달했는지, 세율은 낮은지, 투자하기에 안전한지를 따진다. 리더십 소구는 정치인들이 제대로 리더십을 발휘하는지, 국가비전을 갖고 움직이는지, 국제법을 준수하는지 등을 묻는다. 문화적 소구는 문화적 다양성이 있는지, 자랑스러운 역사와 전통을 가졌는지, 다양한 엔터테인먼트 활동이 가능한지를 따진다. 사회적 소구는 국제사회 일원으로서 글로벌 커뮤니티에서 인정받는지, 환경보호에 적극적인지, 언론의 자유가 보장되는지 등을 묻는다(김대영, 2016).

3) 국가 렙트랙 모델

국가 평판을 측정하기 위한 진화된 모델로 국가 렙트랙(Country RepTrak)이 있다. 국가 렙트랙 모델은 이성적 평판과 감성적 평판을 결합하여 최종 국가 평판을 정리한다. 우선 국가 렙트랙 모델의 감성적 평판은 호감(*feeling*), 자존감(*esteem*), 신뢰(*trust*), 감탄(*admire*)이며, 이성적 평판은 총 3가지 차원, 16개 세부항목으로 이루어져 있다.

첫 번째 차원은 경제의 선진성(*advanced economy*)이다. 세부항목은, 높은 품질의 제품과 서비스를 생산하는가, 잘 알려진 브랜드를 보유하는가, 글로벌 문화에 중요한 공헌자가 있는가, 기술적으로 선진화되었는가, 고등교육을 받고 믿을 수 있는 노동력을 보유하는가, 교육을 가치 있게 생각하는가 등이다.

두 번째 차원은 환경의 매력성(*appealing environment*)이다. 구체적으로, 아름다운 국가인가, 즐길거리가 있는 국가인가, 매력적인 라이프스타일을 제공하는가, 국민들이 친절하고 따뜻하게 맞아 주는가 등이다.

세 번째 차원은 정부의 효율성(*effective government*)이다. 자세히 살펴보면, 비즈니스하는 데 호의적 환경을 제공하는가, 실질적 정부가 운영하는가, 진보적 사회와 경제정책을 채택하는가, 글로벌 사회에서 책임감 있는 존재인가, 안전한 정부인가, 정부가 효율적으로 운영되는가 등이다.

그림 12-1 국가 렙트랙 모델

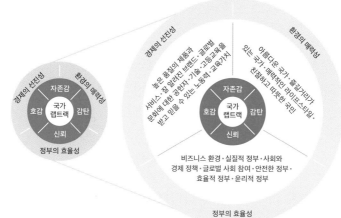

출처: The Reputation Institute(2019).

표 12-4 국가 렙트랙 평가기준

차원	세부항목
경제의 선진성	• 높은 품질의 제품과 서비스를 생산하는가? • 잘 알려진 브랜드를 보유하는가? • 글로벌 문화에 중요한 공헌자가 있는가? • 기술적으로 선진화되었는가? • 고등교육을 받고 믿을 수 있는 노동력을 보유하는가? • 교육을 가치 있게 생각하는가?
환경의 매력성	• 아름다운 국가인가? • 즐길거리가 있는 국가인가? • 매력적인 라이프스타일을 제공하는가? • 국민들이 친절하고 따뜻하게 맞아 주는가?
정부의 효율성	• 비즈니스하는 데 호의적 환경을 제공하는가? • 실질적 정부가 운영하는가? • 진보적 사회와 경제정책을 채택하는가? • 글로벌 사회에서 책임감 있는 존재인가? • 안전한 정부인가? • 정부가 효율적으로 운영되는가? • 윤리적 정부인가?

출처: 평판연구소 홈페이지.

2019년 국가 렙트랙 순위

2019년 국가 렙트랙에서 G1, G2 국가인 미국과 중국은 저조한 평가를 받았다. 미국은 36위를, 중국은 45위를 차지했다. 아시아에서는 일본이 11위로 가장 높은 랭킹을 기록했다. 한편 한국은 31위에 그쳤다. 한국보다 경제력이 낮지만 국가 평판에서 높은 평가를 받는 국가로는 태국 23위, 페루 25위, 말레이시아 27위를 들 수 있다. 2014년부터 2019년까지 렙트랙 10위권 국가는 큰 변동 없이 유지되었다.

2019년 국가 렙트랙 순위 Top 55

순위	국가	순위	국가	순위	국가	순위	국가	순위	국가
1	스웨덴	12	스페인	23	태국	34	브라질	45	중국
2	스위스	13	오스트리아	24	대만	35	필리핀	46	알제리
3	노르웨이	14	벨기에	25	페루	36	미국	47	방글라데시
4	핀란드	15	이탈리아	26	폴란드	37	인도	48	콜롬비아
5	뉴질랜드	16	포르투갈	27	말레이시아	38	남아프리카 공화국	49	베네수엘라
6	캐나다	17	싱가포르	28	칠레	39	이집트	50	나이지리아
7	덴마크	18	영국	29	아르헨티나	40	멕시코	51	러시아
8	호주	19	독일	30	베트남	41	카타르	52	사우디 아라비아
9	네덜란드	20	체코	31	한국	42	이스라엘	53	파키스탄
10	아일랜드	21	프랑스	32	아랍 에미리트	43	루마니아	54	이란
11	일본	22	그리스	33	인도네시아	44	터키	55	이라크

2014~2019년 국가 렙트랙 순위 Top 10

순위	2014년	2015년	2016년	2017년	2018년	2019년
1	스위스	캐나다	스웨덴	캐나다	스웨덴	스웨덴
2	캐나다	노르웨이	캐나다	스위스	핀란드	스위스
3	스웨덴	스웨덴	스위스	스웨덴	스위스	노르웨이
4	핀란드	스위스	호주	호주	노르웨이	핀란드
5	호주	호주	노르웨이	뉴질랜드	뉴질랜드	뉴질랜드
6	노르웨이	핀란드	핀란드	노르웨이	호주	캐나다
7	덴마크	뉴질랜드	뉴질랜드	핀란드	캐나다	덴마크
8	뉴질랜드	덴마크	덴마크	덴마크	일본	호주
9	네덜란드	네덜란드	아일랜드	네덜란드	덴마크	네덜란드
10	독일	벨기에	네덜란드	아일랜드	네덜란드	아일랜드

출처: 평판연구소 홈페이지.

4) 국가 평판관리 체크리스트

한국에서도 국가브랜드 평판을 측정하고 관리하기 위한 시도가 있었
다. 문효진은 학계, 업계, 정부 등 각 분야 전문가를 대상으로 조사를
실시했고, 일반인을 대상으로 설문조사를 진행하여 최종적으로 국가
브랜드 평판을 측정하기 위한 6가지 척도를 2017년에 개발했다.

표 12-5 국가 평판관리 체크리스트

척도	세부항목
감성적 매력성	• 존경할 만한 국가이다 • 신뢰할 만한 국가이다 • 좋아할 만한 국가이다 • 치안유지가 잘되고 안전한 사회이다 • 계층·세대·지역 갈등이 없는 화합사회이다 • 청년실업 문제를 해결하기 위해 노력하는 사회이다
국정운영 능력	• 정부가 효율적으로 운영된다 • 재난에 대한 위기대응 및 관리능력이 있다 • 국가를 잘 관리한다 • 민주주의 성숙도가 높다 • 언론의 자유가 보장된다 • 국가의 매력적 비전이 잘 전달된다
글로벌 시민정신	• 글로벌 공동체의 책임감 있는 일원이다 • 글로벌 문화에 중요한 공헌을 한다 • 글로벌 사회에서 책임감 있는 존재이다 • 국제적 공통이슈나 문제에 관심을 갖고 해결하기 위해 노력한다
경영·투자환경 안정성	• 비즈니스하기 좋은 환경을 제공한다 • 잘 발달한 산업지역을 보유한다 • 투자하기에 안전한 지역이다
문화·관광 오락성	• 즐길거리가 있는 국가이다 • 즐거운 엔테테인먼트 활동을 제공한다 • 아름다운 명소(관광지)를 보유한다
타문화 개방성	• 외국인에게 개방적이고 호의적이다 • 다른 국가 문화에 대해 개방적이고 이해한다.

출처: 문효진 (2017)

구체적으로 살펴보면, 감성적 매력성, 국정운영 능력, 글로벌 시민정신, 경영·투자환경 안정성, 문화·관광 오락성, 타문화 개방성 등이다. 국가 평판관리 체크리스트는 〈표 12-5〉와 같다.

4. 한국의 국가 평판관리를 위한 제언

정치·사회·경제 변화가 급속히 이루어지는 오늘날 평판은 새로운 시대를 여는 데 중요한 무형의 가치를 제공한다. 특히 국가 평판은 한 국가와 다른 국가를 비교하고 상호 경쟁력을 키우는 데 활용될 수 있고, 다양한 이점을 제공해 준다. 호의적이고 긍정적인 국가 평판은 경제분야에서 외국인 투자를 이끌어 낼 수 있고, 해당 국가에서 생산된 제품이나 서비스는 해외소비자들의 구매욕구를 자극할 수도 있다. 관광분야에서는 해당 국가로 여행을 떠나고 싶은 의도에 영향을 미칠 수 있으며, 나아가 해당 국가에 장기적으로 체류하거나 거주하는 데도 도움을 준다.

국가 평판관리 측면에서 국가크기가 그 국가의 평판을 보증하지 않는다. 국가평판조사 결과 상위권에 오른 국가 대부분은 크지 않은 국가이고, 인구 면에서 한국과 비교했을 때 적거나 비슷하다. 2019년 국가평판조사 순위에서 1위를 차지한 스웨덴은 인구가 천만 명이 조금 넘고, 2, 3, 4위 국가인 스위스와 노르웨이, 핀란드의 인구는 천만 명도 되지 않는다. 이들 국가는 우리가 이른바 강대국이라고 부르는 미국이나 중국처럼 영토가 넓지도, 인구가 많지도 않다. 그렇다고 자원이나 문화적 유산이 풍부한 것도 아니다. 그럼에도 평판조사에서 최고국가에 등극한 힘은 무엇일까?

물론 국가 평판을 긍정적으로 이끈 동기는 다양하겠지만, 크게 국민, 제도, 문화, 원칙, 책임 등으로 꼽을 수 있다. 국가 평판이 좋은 국가의 국민들은 친절하고, 배려심이 강하다. 사회적으로 치안유지가 잘되고 안전하며, 빼어난 자연경관을 보유하고, 매력적인 라이프스타일을 즐긴다. 문화적으로 여유가 있고, 삶을 즐길 줄 알며, 원칙을 중시한다. 제도가 잘 갖추어진 것은 물론이고, 이를 잘 관리하고 존중하며 준수한다. 마지막으로 글로벌 시민으로서 책임감을 갖고 참여하는 모습을 보인다.

스웨덴은 유럽에서 이주위기가 한창일 때 16만 3,000명의 이민자를 받아들였다. 세계에서 가장 성차별이 없는 성평등 국가이며, 미투운동에 적극적으로 참여하는 국가다. 한마디로 평판의 감성적 차원에서 '느낌이 좋은 국가'(Feel so Good)로 '느낌 갑'이다.

그렇다면 한국의 국가 평판관리는 어떤 상황일까? 한국은 정권이 교체될 때마다 국가를 관리하는 조직, 인력, 전략의 일관성이 흔들리는 경향을 보였다. 정권 간 이념 차이, 기존 정권에서 이룩한 성과에 대한 불인정, 국가 평판관리와 관련된 국가브랜드 관리전략의 견해차 등 여러 문제가 발생했다. 이로 인해 국가브랜드가 장기적 목표하에 지속적으로 관리되지 못하고, 5년 단위로 단절적으로 관리되는 양상을 보였다.

국가브랜드 관리를 위한 팁으로 평판 개념을 적용해 국가 평판관리의 목표를 제시하면 다음과 같다. 국가 평판의 궁극적 목표는 내외국민들에게 장기적이고 일관된 평가를 받는 것이고, 그 평가는 당연히 긍정적이어야 한다. 전략적으로 관리되는 국가 평판은 한국을 더 매력적인 국가로 포지셔닝할 수 있다. 이를 위해 국가 평판관리의 1차적 목표는 한국을 모르는 외국인이 한국을 알 수 있도록 해야 한다(인지도 제고 전략). 2차적으로 한국을 경험한 외국인이 한국을 좋아하도록 평판을 관리해야 한다(호감도 제고 전략). 3차적으로는 한국을 좋아하는 것을 넘어 존경하고 칭찬하며 믿음을 가지도록 힘써야 하며, 나아가 한국을 사랑하는 국가로 인지할 수 있도록 범정부 차원에서 관리해야 할 것이다.

13장

존경받는 대통령을 위한 평판관리

1. 소프트파워 시대, 리더십의 변화

2016년 미국 대통령 선거에서 공화당 후보 도널드 트럼프(Donald Trump)는 "미국을 다시 위대하게!"라는 표어를 무기로 선거활동을 이끌었다. 트럼프가 자신의 표어에 '다시'라는 표현을 사용한 이유를 이해하기 위해서는, 그 배경을 파악할 필요가 있다.

트럼프는 당시 집권당이던 민주당과 오바마(Barack Obama) 대통령의 부드러운 정책 때문에 미국의 국제적 입지가 약화되었고, 다른 국가들로부터 존중받지 못하는 상태가 되었다고 주장했다. 오바마 정권이 추구하는 소프트파워(*Soft Power*)가 국가의 입지에 해가 된다고 판단한 것이다. 그렇다면, 실제로 오바마의 소프트파워 정책이 미국의 국제적 입지에 해가 되었을까? 〈워싱턴 포스트〉의 기사에 따르면, 오바마의 집권기간 동안 미국의 국제 인기지수는 오히려 상승한 것으로 밝혀졌다(Wan & Clement, 2016).

과거의 군사력이나 경제력과 같은 하드파워 대신 국민들의 자발적 순응과 동의를 이끌어 내는 소프트파워가 국가의 평판에 긍정적으로 작용한다는 추론이 설득력을 얻고 있다. 이것이 세계 주요 강국이 소프트파워 경쟁에 뛰어드는 이유다. 오늘날 각국 지도자의 국제적 신뢰와 평판같이 눈에 보이지 않는 무형의 가치는 점점 중요하게 부각되고 있다.

평판 개념을 적용한 연구 중 개인을 대상으로 수행된 연구의 대표적인 예는 기업의 CEO 평판에 관한 것이다. 최고 지식경영인 레슬리 게인즈 로스(Leslie Gaines-Ross)는 평판 구축을 위해 CEO에 대한 올바른 평가와 이해관계자들에게 CEO의 가시성을 높이는 것이 중요하다 논하였고, CEO에게 의미 있는 명예를 안겨 줄 수 있다고 주장했다.

CEO들이 얻는 긍정적 평가는 소속회사의 평판을 개선시키고, 반대로 CEO들이 얻는 부정적 평가는 소속회사의 평판에 타격을 준다(Love, Lim, & Bednar, 2017). CEO 평판을 높이기 위해서는 CEO의 신뢰성, 위기관리능력, 고객관리, 전략적 비전, 인사관리능력, 한국적 품격 등이 중요하고, 기업의 선호도와 관련 제품 및 서비스 구매의도에 CEO 평판이 영향을 미치기 때문에 전략적 관리가 필요하다(한은경·김이환·문효진, 2005).

한편, 국가를 대표하는 최고지도자인 대통령을 대상으로 한 평판 연구는 거의 이루어지지 않았다. 그동안 주로 대통령 리더십 연구에 치중되었다. 기존의 정치학 영역, 특히 대통령학과 대통령 리더십론에서 대통령 개인의 자질(*personal character*), 대통령 리더십 유형을 판별하는 일, 퇴임 후 리더십의 성패 혹은 성과를 기술사적으로 평가하는 일 등에 주로 관심을 기울였다. 즉, 대통령 평가를 위한 객관적 기준이 없고, 있다고 해도 대체로 대통령에 선출되기 전의 자질 평가에 맞춘 기술적 평가에 머물러 있다(함성득, 2003).

오늘날 대통령 및 국회의원, 지자체장 선거를 포함해 정치인 이미지가 범람하고 있다. 정치과정의 많은 부분이 미디어를 매개로 구성되며, 미디어를 타고 다니는 이미지의 영향력이 광범위하게 확산되면서 마치 이미지가 정치의 모든 것인 듯 '이미지 정치'에 치중하고 있다. 언론매체는 복잡하고 다양한 형태의 이미지를 생산하고 유통시키면서 정치제도와 시스템, 정치인의 정치스타일까지 변화시킨다.

이러한 변화 속에서 감성과 이미지가 선거를 비롯한 정치과정을 지배함으로써 실용적 정책선거가 실종되고, 궁극적으로 이성과 합리성이 작동해야 할 민주주의가 위기를 맞았다고도 할 수 있다.

2. 대통령 이미지의 변천과정

1) 영상이미지와 대통령 평판

시각적으로 잘 드러나는 뉴스가 진짜 중요한 뉴스인 시대가 되었다 (Perlmutter, 1999). 정치 커뮤니케이션에서 이미지가 차지하는 비중이 점점 커지고 중요해지면서 정치인들은 직간접적 통제와 전략적 접근법을 통해 자신의 이미지를 관리하고 있다. 대통령이 되는 것만큼, 훌륭한 대통령으로서 역사와 국민에게 인정받는 것도 중요해졌다. 선거를 통해 선택된 대통령이더라도 재임기간에 명성과 평판을 관리

한국의 역대 대통령 사진. 상단 왼쪽부터 문재인, 박근혜, 이명박, 노무현, 김대중, 김영삼, 노태우, 전두환, 최규하, 박정희, 윤보선, 이승만 대통령의 모습이다.

하는 것은 필수적 과제가 되었다.

1948년 정부수립 이후 한국은 70여 년의 역사를 경험했다. 그동안 이승만, 윤보선, 박정희, 최규하, 전두환, 노태우, 김영삼, 김대중, 노무현, 이명박, 박근혜 등 11명의 대통령이 청와대를 거쳐갔고 현재는 문재인 대통령이 재임 중이다. 역대 대통령은 권력의 정당성을 집권기간 동안 계속 확인시키는 한편 국민의 지지를 받아 정책을 안정적으로 수행하기 위한 목적으로 대(對) 국민 커뮤니케이션을 수행해왔다. 현대정치는 미디어를 매개로 구성되는 미디어 정치(*media politics*)라고 해도 과언이 아니다(마정미·천현숙, 2012).

사진은 신뢰도 높은 매체로서 시선을 집중시키고 감정을 자극하는 특징 때문에 (Moriarty & Popovich, 1991), 피사체가 되는 인물에 대한 독자의 태도형성에 영향을 준다 (Graber, 1988). 사진이 갖는 이런 특징을 파악한 미국의 대통령 후보들은 자신들을 매력적인 방식으로 보여줌으로써 유권자들의 우호적 투표로 이어지도록 노력해왔다 (Verser & Wicks, 2006: 179).

정치의 영역에서 최고지도자가 사진이나 영상을 통해 국민과 커뮤니케이션하는 것은 불가피한 상황이 되었다. 최고 정치지도자의 얼굴은 매스미디어를 통해 끊임없이 노출된다 (Schill, 2012: 127). 영상 이미지는 정치지도자의 정체성을 드러내며, 국민들은 영상이미지를 보면서 지도자의 현재와 미래를 읽는다.

미국 정치에서는 이미 1924년 대통령 선거 때부터 전문가들이 대중의 이목을 끌기 위해 다양한 이벤트를 기획하고 실행했다 (Grabe & Bucy, 2009: 91). 미국 로널드 레이건 대통령의 공보관이던 마크 웨인버그 (Mark Weinberger) 는 "사진은 정보를 전달하는 가장 중요한 방법 중 하나로 많은 사람들이 사진을 기초로 대통령에 대해 판단한다. 따라서 우리는 당연히 가장 유리하면서 정책과 일치하는 사진을 만드는 데 관심이 있다. 사람들은 글을 항상 읽지 않아도 사진은 항상 본다"라고 말했다. 미국에서는 이제 "이미지가 정치의 모든 것"이라는 우려까지 나온다 (Waterman et al., 1999: 151).

한국 대통령들도 시각이미지를 관리해왔다. 1980년 광주민주화운동 당시 전두환 계엄사령관은 미국의 〈뉴스위크〉와 〈타임〉에서 자신과 관련된 모든 기사와 사진을 삭제한 채 국민들에게 전달되도록 하는 방식으로 직접 통제하기도 했다. 1987년 민주화 이후에도 대통령들은 통제 가능한 수의 사진기자들에게만 접근과 취재를 허용하는 방식으로 이미지를 관리했다.

텍스트를 읽기엔 너무 바쁜 현대인에게 사진은 커뮤니케이션의 중요한 수단이다. 현대인들은 문자로 이루어진 브로슈어보다 디자인적 요소가 가미된 브로슈어를 더 선호한다. 정치 커뮤니케이션 분야에서도 영상이미지를 통한 정보전달과 설득은 이제 필수요소가 되었다. 앞으로 대중매체와 유튜브 등 온라인 동영상 플랫폼을 통해 영상이미지의 중요성은 더욱 확대될 것으로 예상된다.

그러나 영상이미지 개념과 평판구성(reputation formation)의 연관성에 대한 이해는 여전히 부족하다. 현재 한국의 정치체제는 단임대통령제다. 한국 대통령은, 재선을 위해 이미지를 적극적으로 관리하고 좋은 평판을 얻으려고 노력하는 미국 대통령과 평판관리 목적이 다를 수 있다. 하지만 행정부의 대표인 대통령이 획득하는 평판은 국가정책에 대한 국민의 지지와 국가에 대한 국민의 자부심에 막대한 영향을 끼치기 때문에 매우 중요하다고 할 수 있다. 그리고 사진이나 동영상 등 시각적으로 보여지는 이미지보다도 다양한 각도에서 평가하는 대통령 본연의 실체에 대한 관리가 필요하다. 대통령도 평판에 신경쓰고, 관리해야 한다.

2) 미디어 속 대통령 사진의 특징과 변화

사진은 사진작가의 피사체 선택이나 프레이밍, 렌즈, 피사체에 대한 개인적 관심에 따라 달라진다. 또한 더 폭넓고 제도화된 역사적 상황이나 문화적 상황에 따라서도 달라진다(Wright, 1999). 한 나라의 최고지도자의 이미지 혹은 평판도 불변하는 것이 아니라 시간과 공간에 따라 다양한 형태로 나타난다. 이러한 다양성 또는 변화는 대상을 둘러싼 여러 원인이 종합적으로 작동하여 나타나는 총체적 현상이다. 또한 암묵적으로 위계질서를 반영하기도 한다.

사진은 대통령을 어떻게 표현해왔을까? 그동안 한국 대통령 사진의 개괄적 특징을 살펴보면 다음과 같다.

첫째, 한국 대통령 사진에서는 대통령만 부각시키는 경우가 많지 않다. 얼굴만 클로즈업한 사진보다 허리나 무릎까지 보이는 사진이 주로 사용된다. 렌즈는 망원렌즈보다 와이드렌즈를 많이 사용함으로써 주변환경이 잘 보이도록 하며, 대통령 사진이라고 해서 대통령만 등장하는 것이 아니라 다른 등장인물도 존재한다. 대통령 혼자 있는 사진은 아주 작은 크기로 사용될 뿐 지면에서 두드러지지 않는다. 대통령에게만 조명이 집중된 사진, 즉 스포트라이트(*spot light*)를 이용한 사진은 거의 발견되지 않는다. 이것은 대통령 개인보다 대통령이 처한 환경이나 맥락을 중시함을 시사한다. 역대 대통령 사진이 갖는 이런 특징으로 인해, 대통령 개인을 우상화하거나 특별한 존재로 부각시키는 과도한 시도가 수용자에게는 낯설게 느껴질 수도 있다.

둘째, 대통령의 이미지와 평판을 대통령이 직접 관리하던 시대가 끝나고 외부에 맡겨야 하는 시대가 되었다. 박정희 대통령 시절부터 전두환 대통령 시절까지 대통령 사진은 청와대와 정부에 소속된 공무원이 촬영해 언론사에 배포했다. 이 당시 대통령 사진은 주로 신문 지면의 우측 상단에 위치했다. 세로쓰기 지면에서는 제호가 오른쪽에 있고, 시선이 오른쪽에서 왼쪽으로 움직인다. 즉, 오른쪽 상단은 지면의 가장 중요한 위치이므로 여기에 대통령 사진이 들어갔다. 하지만 1989년부터는 지면의 하단 부분에 대통령 사진이 실리는 경우가 생기기 시작한다. 이전에는 사례를 찾기 힘든 지면배치이다. 이것은 대통령의 권력이 줄어들기 시작했음을 의미하며 민주화의 한 척도라고 볼 수도 있다. 현재는 일간지와 국가기관 통신사인 〈연합뉴스〉 소속 사진기자들이 청와대를 출입하면서 대통령 사진을 직접 촬영해 신문에 게재한다. 주목할 것은 2005년 전후로 대통령의 얼굴이 그래픽 속에 등장한다는 것이다. 이것은 대통령이 분석대상으로 인식되기 시작했음을 의미하며, 언론의 힘이 이전에 비해 훨씬 강해지고 자유로워졌음을 보여주는 지표이다.

셋째, 대통령 사진은 눈높이에서 촬영되거나 카메라가 높은 곳에 위치한 상태에서 촬영된 경우가 많다. 독재자의 경우 카메라가 피사체를 올려다보며 촬영하는 경우가 많다고 알려졌지만, 한국 역대 대통령 사진은 군사독재 시절을 포함해 로우앵글(*low angle*)은 거의 발견되지 않는다. 이것은 로우앵글로 촬영할 경우 자칫 인물이 왜곡되어 보일 수 있고, 전체적 상황을 설명하는 데 적절하지 않기 때문이라고 추론할 수 있다. 우리에게 익숙한 대통령 사진은 로우앵글보다 아이레벨(*eye level*) 또는 하이레벨(*high level*)이다.

넷째, 대통령의 실제생활을 보여주는 사진은 거의 없다. 청와대를 출입하는 사진기자들에 따르면, 대통령을 직접 보는 시간은 개인별로 1주일에 20분에서 1시간 정도에 지나지 않는다고 한다. 그러다 보니 대통령의 공식일정을 기록하는 사진이 대부분이고, 이 사진들은 사전에 계획된 시나리오에 따라 진행되는 행사에 사진기자들이 동원된 듯한 느낌을 준다. 이런 방식으로는 자연스러움을 확보할 수 없는 한계가 있다. 대통령의 영상이미지가 국민들로부터 외면받지 않기 위해서는 대통령의 솔직한 모습을 보여주는 방향으로 사진의 주제가 바뀔 필요가 있다.

다섯째, 역대 대통령 사진의 게재빈도와 게재크기가 가장 큰 시대는 전두환 대통령 시기와 노무현 대통령 시기이다. 전두환 대통령 시기에는 출처도 없고 촬영날짜도 없는 대통령의 가족사진이 실리기도 했다. 전두환 대통령의 경우, 권력이 매우 강했던 대통령으로서 언론을 정치적 설득과 정당성 확보의 도구로 활용했다고 볼 수 있다. 노무현 대통령의 경우, 새로운 패러다임을 제시하는 대통령이라는 특수성 때문에 언론의 관심이 높았다고 할 수 있다.

대통령 사진의 현저성은 권력이 크면 두드러질 수 있다. 또 언론의 입장에서 뉴스가치를 가진 대통령의 통치기간 동안 두드러질 수 있다. 하지만 후자의 경우 권력의 필요라기보다 언론의 필요에 의해 대통령 사진의 게재빈도가 증가했기 때문에 대통령 이미지는 대통령이 원하는 것이 아닐 가능성이 높다. 미디어와 국민의 힘이 강해지는 추세에서 대통령의 이미지 관리전략은 변화가 필요하다.

여섯째, 연출상황이 증가하고 있다. 청와대도 백악관처럼 사진 연출을 담당하는 공무원이 존재한다. 이른바 사진촬영 기회(*photo opportunity*)를 준비하는 전문가(*handler*)가 있다. 전두환 대통령은 신년사를 발표하면서 한복을 입은 채 한자가 쓰인 병풍을 배경으로 사진에 등장했고, 대통령 가족사진이 신문에 실리기도 했다. 한자가 쓰인 병풍은 문민정부가 아닌 군사정부이기 때문에 인문학적 소양을 강조하기 위한 의도로 보이며, 가족사진을 사용한 것은 국부로서의 자기정체성을 강조한 것으로 해석할 수 있다. 태극기를 배경으로 한 기자회견 사진은 대통령이 국가의 상징으로서의 역할을 한다는 레토릭을 전하기 위해 이미지를 활용했음을 의미한다.

3. 대통령 리더십과 평판관리

헌법 제66조는 "대통령은 국가의 원수이며, 외국에 대하여 국가를 대표한다. 행정권은 대통령을 수반으로 하는 정부에 속한다"라고 하여 대통령의 지위를 규정했다. 대통령을 한 국가의 원수인 동시에 행정부의 수반으로 규정한 것이다. 또한 헌법은 "대통령은 국가의 독립, 영토의 보전, 국가의 계속성과 헌법을 수호할 책무를 지며"(제66조 2항), "조국의 평화적 통일을 위하여 성실한 의무를 진다"(제66조 3항)고 명문화하여 대통령을 국가수호자로 규정하였다. 이 밖에 현행 헌법상의 대통령은 주권의 행사기관으로서, 입법부나 사법부와 동위 내지는 우월한 기관으로서 이들 통치기관을 조정하는 지위를 갖는다.

1) 대통령 리더십

대통령 리더십이란 '국민의 행동에 영향력을 행사하여 대통령이 원하는 방향이나 목표로 국민의 자발적 참여를 유도해 내어 그것을 달성할 수 있도록 하는 대통령의 행동과 힘, 또는 이를 위한 영향력 행사과정'이라고 할 수 있다. 일반적 지도자에게 필요한 리더십과 한 국가의 운명을 좌우할 수 있는 권력을 가진 대통령의 리더십은 분명히 차이가 있다. 리더십의 일반적 개념과 달리 대통령 역할의 특수성 때문에 1960년대에 이르러 대통령 리더십 자체만 연구하는 '대통령 리더십론'이 등장하여 대통령들이 참고할 수 있는 바람직한 리더십을 제시했다.

그린슈타인(Fred I. Greenstein)은 이를 종합적으로 정리하여 바람직한 대통령의 덕목, 즉 대통령에게 요구되는 조건 내지 능력 6가지를 제시했다. 그린슈타인이 정리한 성공하는 대통령의 능력은 첫째, 대국민 설득력(의사소통 능력), 둘째, 인재등용 및 적재적소 활용, 셋째, 정치적 협상능력, 넷째, 국가비전을 제시할 수 있는 통찰력, 다섯째, 정보수집 능력을 통한 판단력과 의사결정 능력, 여섯째, 자기절제 능력(정서관리능력) 등이다(김기휘, 2000). 그린슈타인은 주로 대통령 리더십을 특성이론 관점에서 연구하고 강조했다고 볼 수 있다.

닉슨(Richard Nixon) 대통령 때부터 클린턴(Bill Clinton) 대통령 때까지 백악관에서 근무했던 거겐(David Gergen)은 바람직한 대통령 리더십의 요소를 7가지로 정리했다. 첫째, 리더십은 지도자 자신의 내면에서 나와야 한다. 진정한 지도자는 자신을 지배할 수 있어야 한다는 것, 즉 수신(修身)을 일컫는다고 볼 수 있다. 둘째, 강력한 목적의식이 있어야 한다. 왜 자신이 대통령이 되어야 하는지에 대한 확실한 답이 있어야 한다. 목적의식이 명백해야 국가를 이끌어갈 방향과 자신의 정책방향을 확실히 제시할 수 있고, 그것을 달성하기 위해 모든 힘을 모을 수 있다는 말이다. 이것은 통치철학을 뜻한다고 볼 수 있다. 셋째, 설득력이 있어야 한다. 국민에게 정책에 대한 필요성과 중요성을 충분히 설명해야 한다. 국민의 지지와 신뢰가 곧 국정운영에 필요한 동력이 될 수 있기 때문에 끊임없이 설득해야 한다. 넷째, 시스템에 의한 업무추진 능력이 있어야 한다. 이는 법치주의적 사고와 조직장악 능력 및 조직운영 능력을 말한다. 다섯째, 확고하면서도 신속한 추진력이 있어야 한다. 이는 의사결정 능력을 말한다. 여섯째, 강력하면서도 신중한 조언가가 있어야 한다. 지도자가 언로를 터주고 경청하는 사람이라면 충언하는 조언자는 생기기 마련이다. 이것은 인재등용 능력을 말한다. 일곱째, 임무를 성공적으로 완수할 수 있도록 이끄는 능력이 있어야 한다. 부하와의 인간관계, 부하에 대한 동기부여, 솔선수범 등의 덕목이 이에 속한다. 거겐은 대통령이 필요한 리더십을 행위이론 관점에서뿐만 아니라 상황이론 관점에서 제시했다.

동양에서는 군주가 천하를 다스리는 원리와 법도를 강조했다. 이러한 원리와 법도를 요약한 군주의 치인론(治人論)을 살펴보면 다음과 같다. 첫째, 자기수양이 깊어야 한다. 둘째, 뜻을 높이 가져야 한다. 셋째, 많은 사람의 이야기를 잘 들어야 한다. 넷째, 바르고 현명한 인재들을 넓게 구하여야 한다. 다섯째, 언로를 크게 열어야 한다. 여섯째, 선비(학자, 전문가)들을 우대해야 한다. 이것은 수신, 통치이념, 커뮤니케이션 능력, 인재등용 능력 등 4가지와 관련 있다(박세일, 2003).

이에 따르면, 동서양 공히 이상적 지도자가 되기 위한 덕목 내지 조건이 비슷하다고 할 수 있다. 단, 서양은 주로 리더의 '객관적 능력' 측면에 주목하여 리더십론을 발전시켰고, 동양은 '주관적 성품' 내지 내면세계에 초점을 맞추어 치인론을 발전시켰다(박세일, 2002). 치인론이란 백성을 다스리는 원리로서 서양의 대통령 리더십론과 유사하다. 박세일은 치인론을 최고통치자가 마음가짐과 행동규범을 어떻게 가져야 하는가를 논하는 치자론(治者論)과, 최고통치자가 함께 일할 인재들을 어떻게 찾아내고 어떻게 활용해야 하는가에 대한 기준을 논하는 용현론(用賢論)으로 나누어 설명했다.

한국에서도 1990년대 말 이후 대통령에 대한 연구가 활발히 진행 중이다. '대통령학'이라는 이름의 대학강좌도 개설한 상태이다. 구체적으로 1992년 한국행정학회가 '대통령과 정책'을 주제로 대통령의 리더십 유형과 그 특징을 다룬 적이 있다.

그러나 대통령 리더십 부분에서는 그간 대통령의 업적과 실패에 대한 분석이 대부분을 차지한다. 박세일은 지도자의 조건과 덕목을 이렇게 꼽았다. 첫째, 정직과 국민사랑 그리고 자기희생의 열정을 가져야 한다. 둘째, 국가발전의 비전과 전략에 대한 청사진을 가져야 한다. 셋째, 천하의 최고 인재를 폭넓게 모아야 한다. 넷째, 자신을 낮추고 남의 이야기를 잘 들어야 한다. 다섯째, 자기관리에 엄격해야 한다. 여섯째, 국정 시스템 능력이 있어야 한다. 일곱째, 역사의 교훈을 배워야 한다(박세일, 2003). 안병영은 미국의 위대한 대통령들에 관한 수많은 전기적 연구를 수행하였다. 이를 바탕으로 대통령이 갖추어야 할 기본적 특성을 비전, 권력감각과 방향감각, 결단력, 설득력, 정보관리능력, 도덕성과 성실성 등으로 도출하였다(안병영, 1992).

대통령 관련 연구는 대통령의 국정운영능력 중 하나인 리더십 관련 연구가 다수 진행되었다. 대통령 선거와 관련한 대통령 후보 이미지 연구도 선거철이 오면 정기적으로 이루어졌다.

먼저 리더십에 대한 기존 연구를 살펴보면, 리더십에 대한 개념정의에서 연구자마다 차이를 보임을 알 수 있다. 지금까지의 리더십 개념 연구 중에서 가장 대표적인 것은 함필과 콘스의 연구이다. 그들은 리더십이 "개인의 행동이며, 집단의 활동들을 공유 목표로 향하게 한다"라고 했다(Hamphill & Coons, 1957). 카츠와 칸은 리더십을 "조직의 일상적 지시에 기계적으로 응종하도록 하는 것에 더해 영향력을 증가시키는 것"이라고 했다(Katz & Kahn, 1978). 번스는 "개인이 … 부하들을 동기유발하고 관여시키고 만족시키기 위해 제도적, 정치적, 심리적 및 기타 자원을 … 동원할 때 리더십이 발휘된다"라고 했다(Burns, 1978). 로치와 베링은 리더십을 "조직화된 집단활동에 영향을 미쳐 목표를 성취하도록 하는 과정"이라고 설명했다(Rauch & Behling, 1984). 리처드와 이글은 "리더십은 비전을 천명하고 가치를 구현하며 이를 달성할 수 있는 환경을 조성하는 것"이라고 정의 내렸다(Richards & Engle, 1986). 장태화는 리더십이 "스스로의 성향을 통해 개인인 지도자가 타인이나 단체에게 공동목표를 설정하고 그 목표를 향해 함께 나갈 수 있는 비전을 제시하고 영향을 미치는 것"이라고 정의했다(장태화, 2010).

여러 학자들의 선행연구에서 공통된 대통령 리더십 평가항목을 정리하면 다음과 같다. 대통령의 위기관리능력, 도덕적 성실성, 조직 인사관리능력, 능력과 자질, 정치적 협상능력, 비전제시, 업적, 지식과 체력, 자신감과 과단성, 개혁성과 참신성 등이다. 특히, 리더십 평가에서 다수 학자들이 공통항목으로 설정한 대통령 리더십 평가항목 중 위기관리능력과 비전제시가 제일 빈번하게 기준이 되고 있다. 위기관리능력과 비전제시는 리더십 연구에서 가장 객관적인 자료가 드러나는 부분으로 많은 평가가 이루어져 객관적 평가가 용이하기도 하다.

이처럼 대통령이 국가를 성공적으로 이끌기 위해서는 리더십이 무엇보다 중요하지만, 리더십만으로는 2% 부족하다. 대통령이 국민들로부터 존경과 신뢰를 받고, 나아가 사랑받기 위해서는 더 많은 덕목이 필요하다.

　카우제와 포스터는 국민들이 요구하는 대통령의 덕목을 범세계적 여론조사를 통해 연구하여 다음의 리더십 요인을 도출했다. 정직, 언행일치의 중요성, 미래지향적 정책목표와 더불어 미래에 대한 강한 자신감과 열정, 고무적 정신, 창조적 새로운 질서를 만드는 유능함 등을 대통령 리더십으로 제시했다(Kouzes & Posner, 1995).

표 13-1　대통령 리더십 평가항목

평가자	대통령 리더십 평가항목									
	위기관리 능력	도덕적 성실성	조직인사 관리능력	능력과 자질	정치적 협상력	비전 제시	업적	지식과 체력	자신감과 과단성	개혁성과 참신성
라이딩과 맥클레버	O	O	O	O	O	O	O	O	O	
노이슈타트 지표 제시	O				O	O	O			
마라베크 전문가 평가	O		O		O					
시에나 연구소 전문가 평가	O	O	O	O	O			O		
한국공직자 자체평가		O			O	O		O	O	
〈경향신문〉 여론조사	O	O	O				O	O		O
〈동아일보〉 여론조사	O	O								
최평길 학자평가	O		O	O			O		O	
최평길 국민평가	O	O	O		O	O		O	O	O

출처 : 최평길 (2007).

프레드 그린스타인(Fred I. Greenstein)은 성공하는 대통령 능력을 연구하기 위해 루즈벨트부터 클린턴까지 총 11명의 역대 미국 대통령들의 리더십 요인을 분석하였으며 다음과 같이 결론을 내렸다.

첫째, 의사소통 능력으로 국민을 설득하고 고무시킬 수 있는 대화 능력, 둘째, 유능한 참모진을 구성하여 효율적 내각을 구성하는 능력, 셋째, 정치적 용병술로 협상능력과 권력의 역학을 통해 언론과 여론을 활용하는 능력, 넷째, 비전을 제시할 수 있는 통찰력, 다섯째, 시대변화와 민심의 움직임을 읽어 내는 통찰력과 나아갈 방향을 뚜렷이 제시할 수 있는 능력, 여섯째, 국정운영에 대한 문제파악 능력, 일곱째, 탁월한 인지력으로 정보의 홍수 속에서 신속한 결정을 내릴 수 있는 능력, 마지막으로 감성지능 등을 대통령 리더십 요인으로 강조했다.

특히, 감성지능(Emotional Intelligence)은 그동안 '최고통수권자'(Commander-in-Chief)로서 대통령이 지녀야 할 리더십 요인으로 부각되지 않았지만, 뉴미디어 시대의 대통령에게는 무엇보다 중요한 자질로 인식된다. 《감성 리더십》(Primal Leadership)의 저자 다니엘 골먼(Daniel Goleman)은 2008년 대선에서 오바마가 지지도 68%로 압도적 승리를 이끌어낼 수 있었던 이유 중 하나가 바로 감성지능이라고 분석했다. 그는 리더십 요소로서 감성지능을 4개 차원에서 분석했다. 즉, 인식제고와 자기절제를 통해 상대의 견해에 공감하고 경청하는 능력, 더 나아가 구성원들을 격려하여 발전시키는 영향력을 발휘하는 관계관리 리더십으로 확대되는 이론의 틀을 마련했다. 골먼은 이러한 지능은 선천적 기질도 필요하지만, 후천적 노력으로 습득할 수 있는 리더십 자질이라고 설명했다.

성공적 대통령 리더십을 갖췄다고 평가받는 레이건 대통령은 2011년
갤럽 여론조사에서 '미국인이 생각하는 가장 위대한 대통령' 1위에 올랐다.

거겐은 닉슨, 포드, 레이건, 클린턴 등 4명의 대통령을 30여 년간
보좌한 경륜과 현직 하버드대 교수로서 정치현장에서 활동한 경험을
바탕으로, 성공적 대통령의 7가지 요인을 거의 완벽하게 갖춘 미국
대통령으로 40대 레이건(Ronald Reagan) 대통령을 꼽았다(David
Gergen, 2002). 레이건은 미국의 43대 대통령 중에서 가장 위대한 대
통령 6위에 뽑혔고, 학자들로부터 가장 많이 인용되는 대통령 3위를
차지했다. 거겐이 제시한 성공적인 대통령 리더십 덕목은 인품, 정
책목표와 비전제시 능력, 설득력, 국민·국회·언론과의 협력, 취
임 초기 정책추진력, 유능한 참모등용, 명확한 정책목표 등이다
(David Gergen, 2003).

대통령 선거후보와 관련된 정치인 이미지 연구에서 후보자를 평가
하는 속성은 다양하다. 우선 지도자로서의 역량, 자질, 신뢰성, 쟁
점, 외모, 목소리, 인상에 관해 유권자들이 머릿속에 그리는 상을 의
미한다. 또한 유권자의 주관적 평가와 후보자가 전하는 메시지(말

씨, 속성, 품성)에 근거하여 유권자가 갖는 후보자에 대한 지각, 후보자의 외모나 말투, 인품, 능력과 같은 내면적 요소에 대한 인식까지 포함한다(Shyles, 1984).

니모와 사비지는 정치인 이미지의 구성요소를 개인적 속성과 정치적 속성, 두 가지 차원으로 구분하여 설명했다. 외모나 말투, 제스처 등과 같은 후보자 개인이 갖는 특성부터 후보자의 업무수행 능력과 같은 요소까지 포함했다(Nimmo & Savage, 1976). 밀러와 그의 동료들은 미국에서 32년간 8회에 걸쳐 실시된 미국선거 연구(National Elections Studies) 조사자료에서 후보의 장점과 단점을 묻는 개방형 질문을 통해 이미지 구성요인을 개발했다. 이는 정치인의 능력, 잠재력, 도덕성, 권위, 신체적 특성 등 5가지 차원으로 구성된다(Miller, Wattenberg, & Malaanchuk, 1986).

2) 대통령 평판관리 체크리스트

대통령 평판에 관한 기존 문헌고찰과 전문가 조사 그리고 일반 시민대상 사전조사 결과를 바탕으로 대통령 평판관리 체크리스트를 도출했다. 대통령 평판은 대통령의 업적과 활동에 대한 다양한 이해관계자의 전반적 평가이며 '국정능력', '경제운영', '소통력', '글로벌 역량', '도덕성' 요인 등으로 구성된다. 결국 대통령 평판의 주요 요인들은 앞서 살펴본 리더십 구성요소와 밀접한 관계를 형성한다.

이를 좀더 구체적으로 살펴보면, 우선 '국정능력'은 대통령의 행정업무 처리능력과 관련된 것으로, 통치 카리스마, 안보태세 확립, 국정운영 일관성을 의미한다. 대통령은 국가의 최고통치권자로서 강력한 리더십이 요구되며 국정운영에 대한 일관성 있는 카리스마와 함께 외부위협으로부터 국가를 안전하게 지킬 수 있는 안보능력도 요구된다.

'경제운영'은 대통령의 국가경제에 대한 운영능력과 추진력과 관련된 것으로, 경제적 목표의 명확한 제시와 실천, 경제적 식견, 경제성장 달성정도를 의미한다. 이는 경제 전반에 대한 능력과 연관되는데, 국가경제 목표를 제시하고 올바른 상황판단 능력 및 목표를 달성하고자 하는 실천의지를 포함한다. 경제정책은 국민들의 생활과 직결되므로 경제정책에 대한 올바른 비전 수립과 발전은 중요한 대통령의 능력이라고 볼 수 있다.

'소통력'은 대통령의 다양한 이해관계자와의 커뮤니케이션 능력과 관계로서 국민과의 소통, 당정과의 소통을 의미한다. 이는 대통령의 주요 이해관계자 집단과의 관계와 커뮤니케이션 능력과 관련된다. 구체적으로, 국민의 소리를 경청하고, 국민에게 정책을 원활히 커뮤니케이션하는 능력, 정치권과의 소통관계를 유지하는 능력을 말한다.. 대통령을 비롯한 정치인의 소통력은 오늘날 더 중요시된다. SNS 플랫폼의 발전과 함께 국민들은 실시간으로 대통령의 활동과 정책이슈 등을 지켜보며 이에 대한 반응도 즉각적으로 표출한다. 이에 청와대는 홈페이지 국민청원 게시판을 활용하여 국민들과 커뮤니케이션하고 있다. 대다수의 정치인들도 동영상과 SNS 플랫폼을 활용하여 국민들과의 원활한 소통을 이어가는 추세이다.

'글로벌 역량'은 대통령의 외교활동 능력과 관련된 것으로 우방국・타국과의 소통관계, 글로벌 상황파악력, 글로벌 시대에 맞는 역량을 의미한다. 특히 국내에서는 대북문제가 첨예하므로 대통령의 글로벌 역량이 더욱 중시된다. 대통령의 글로벌 역량은 국가와 국민의 평판에도 큰 영향을 미치므로, 글로벌 사회에서의 원활한 상황파악 능력과 함께 중요한 역할을 하는 글로벌 리더십이 요구된다.

마지막으로 '도덕성'은 대통령의 개인적 품성과 관련된다. 즉, 사생활과 국정운영 시 업무처리에 대한 마음가짐 태도로서, 청렴성과 정직성, 공평・공정한 정도를 의미한다.

표 13-2 대통령 평판관리 체크리스트

요인	세부항목
국정능력	• 국정운영의 일관성을 유지해야 한다 • 안보태세 확립능력을 갖추고 있어야 한다 • 통치 카리스마가 있어야 한다
경제운영	• 경제성장 달성을 위한 경제운영력이 있어야 한다 • 경제적 목표를 명확히 제시해야 한다 • 경제에 대한 식견이 있어야 한다
소통력	• 여야당과 소통, 관계유지를 잘해야 한다 • 국민의 소리를 듣고 국정방향을 잘 이해해야 한다 • 국민과 소통, 관계유지를 잘해야 한다
글로벌 역량	• 글로벌 시대의 국제적 역량을 갖추어야 한다 • 글로벌 상황파악력, 시대관을 갖추어야 한다 • 우방국과 관계유지 능력이 있어야 한다
도덕성	• 청렴성을 갖추고 부정축재, 비리가 없어야 한다 • 공평, 공정해야 한다 • 정직해야 한다

출처: 심인(2012).

4. 오바마와 메르켈의 사례

1) 오바마 대통령

(1) 가족애

오바마 대통령은 '가족애가 넘치는 아빠' 이미지가 강하다. 그는 공식행사나 휴가기간 동안 외부에 노출되는 모습에서 자주 두 딸과 함께 등장하며, 딸들과 함께 단란하게 어울리는 장면이 빈번하게 포착되었다.

(2) 전문가에게 양보하는 리더십

2011년 5월 오바마 미국 대통령은 참모진과 함께 백악관 상황실에서 알카에다 지도자 오사마 빈 라덴을 제거하는 '제로니모 작전'을 위성방송을 통해 실시간 시청했다. 이 역사적 순간을 현실감 있게 포착한 사진은 이후 백악관 홈페이지 포토갤러리에 올라왔다. 백악관 전속 사진사가 촬영한 이 한 장의 사진은 권위적 이미지를 탈피한 변화된 대통령의 모습을 보여주었다.

만약 오바마 대통령을 모르는 사람이 이 사진을 보았다면 사진 한가운데에 있는 사람이 대통령이라고 지목했을 것이다. 오바마 대통령은 가장 크고 높은 의자, 주목받는 중앙의 자리에 앉지 않았다. 그는 이를 마셜 웹 연합특수전사령부 부사령관에게 양보하고 그의 옆에서 작전을 지켜보았다. 오사마 빈 라덴을 제거하는 중대한 군사작전에서 전문적이고 유능한 참모에게 중요한 역할을 주는 조용하지만 강력한 리더십을 보여주었다.

2014년 11월 29일, 크리스마스 선물을
고르는 오바마 대통령과 두 딸 마리아와
사샤. 출처: 백악관 홈페이지

2011년 5월 1일 오바마 대통령이 참모들과 함께 백악관 상황실에서
'제로니모 작전'의 위성 생중계를 시청하고 있다. 출처: 백악관 홈페이지

2) 메르켈 총리

2005년 독일 역사상 최초로 여성총리에 오른 메르켈은 〈포브스〉에
서 2010년 처음으로 '세계에서 가장 영향력 있는 여성' 1위로 선정된
이래 9년 연속으로 부동의 1위를 고수하고 있다.

(1) 검소함

메르켈 독일총리는 '엄마 리더십'으로 잘 알려져 있다. 그는 푸근한
엄마를 연상시키는 외모뿐만 아니라 라이프스타일과 패션도 매우 소
박하다. 메르켈 총리는 수년간 여름휴가마다 같은 지역에서 같은 옷
을 입고 등산을 즐기는 것으로 유명하다. 2017년 7월 이탈리아 북부
산악휴양지 쥐트티롤 줄덴에서 남편 요하임 자우어와 휴식을 취하는
메르켈 총리의 모습을 독일 대중지 〈빌트〉와 영국 일간지 〈데일리
메일〉이 전했다. 그는 9년간 같은 지역, 같은 4성급 호텔에서 휴가를
보냈는데, 복장마저 체크무늬 셔츠에 베이지색 바지로 똑같았다.

수년간 같은 곳에서 같은 복장으로 여름휴가를 즐기는 메르켈 총리의 모습.

2013년 이후 5년간 휴가지에서 메르켈 총리를 담은 사진을 비교해 보면 모두 한날한시에 찍힌 것처럼 소름 끼치도록 비슷하다. 메르켈 총리는 남편과 함께 산행하거나 맥주를 마시며 조용히 휴식을 취한다고 한다.

(2) 균형 있는 리더십

메르켈 총리는 우파와의 연정을 이끌어 내면서 유연성 있는 정치리더십을 보여주었다. 보수주의자들의 비난에도 동성결혼에 대한 찬성 입장을 숨기지 않았다. 또한 전통적 좌파의 주장이었던 원전폐기도 받아들였다. 그는 2017년 총리직을 네 차례 연임하는 데 성공하면서 영국 마가렛 대처 수상이 세웠던 유럽 최장수 여성지도자 기록을 뛰어넘었을 뿐만 아니라 독일 최장수 총리로 기록되었다.

5. 한국 대통령 평판관리를 위한 제언

이 장에서는 대통령의 지위와 역할, 그리고 대통령을 평가하는 다양한 방법에 대해 살펴보았다. 한국에서는 4년, 5년마다 국회의원 및 지자체 단체장 선거와 대통령 선거가 지속적으로 진행된다. 이러한 한국 정치환경을 고려하여 오랫동안 국민들의 신뢰와 존경, 사랑을 받는 성공적인 대통령, 지도자, 정치인이 되기 위해서는 자기관리가 중요하다. 여기서는 이를 어떻게 해야 하는가 하는 질문의 답으로 평판개념을 제시했다. 역으로 대통령을 어떻게 평가할 것인가라는 측면에서도 평판은 답을 제시해 줄 수 있다.

재임기간이 끝난 대통령의 업무성과를 사후적으로 평가하는 종래의 대통령 평가방식에서 진일보하여 앞으로 대통령이 되고자 하는 사람들에게 대통령으로서 갖추어야 할 리더십을 제시했다. 즉, 도덕성, 경제정책 수행력, 소통능력, 국정운영 능력, 글로벌 역량에 대해 기준을 보여주었다. 이로써 대통령이 되고자 하는 사람은 물론이고 대통령을 선출해야 하는 유권자, 대통령 후보를 배출하는 정당에 성공적인 대통령의 평판가치를 제시했다.

더불어 평판은 이해관계자의 의사결정에 중요한 역할을 수행하는 개념으로 확인된다. 비즈니스 업계에서는 고객들이 어떤 기업 제품을 구매할지 결정하는 데 영향을 준다. 해당기업 임직원들이 기업경영이나 행위에 대한 의사를 결정하는 데도 영향을 미친다(Fombrun & van Riel, 2003). 정치계에서도 평판은 유권자들이 선거에서 올바른 투표행위를 하는 데 있어 중요한 역할을 수행할 것으로 기대된다.

끝으로, 대통령은 직접 경험하기 어렵다는 측면에서 미디어에 나타난 대통령의 모습, 특히 사진은 대통령과 권력이 국민에게 자신의 정체성을 전달하고 평판을 관리하는 하나의 방법이다. 신문사진은 신문사가 가진 대통령에 대한 평판과 관계를 반영한다. 사진은 보는 사람의 인식과 태도변화에 큰 영향을 끼칠 수도 있고 아닐 수도 있다. 현대 사회에서는 정부주도의 보여주기 전략만으로 성공할 수 없다. 이제 전략적 평판관리가 필수적이고, '제대로 보여주어야 하는' 시대가 되었다.

대통령 영상이 국민의 호응을 얻고 대통령 평판을 제고시키기 위해서는 고려해야 할 몇 가지 사항이 있다.

첫째, 대통령 사진이 완벽히 통제되던 시대는 지났다. 과거 대통령들은 자신을 제대로 보여주지 않음으로써 '국민들 머릿속에 남을 이미지'를 관리해왔다. 기자들의 접근을 제한하거나 선별적으로 허용하여 미디어를 통제해왔다. 대통령의 모습은 청와대가 원하는 모습 또는 평범한 모습만 노출시켰다. 또한 대통령의 영상은 그대로 수용될 뿐 논쟁과 토론의 대상도 아니었다.

그러나 지금은 달라졌다. 대통령의 영상은 사진기자들이 적극적 해석을 거쳐 생산한다. 그 과정에서 대통령의 행위에 대한 비판이나 대항담론도 존재한다. 신문에 대통령 얼굴이 일러스트레이션 형태로 등장하는 것도 대통령 영상이 단순히 기록이 아니라 해석의 결과물임을 보여준다. 과거와 같이 청와대가 매스미디어에 일방적으로 배포하는 영상물이 국민에게 전달될 가능성은 점점 줄어들고 있다. 대통령 평판의 이해관계자인 국민의 시선을 끌기 위해서는 새로운 접근이 필요하다.

둘째, 통제가 느슨해졌지만 대통령의 평판은 여전히 청와대에서 관리한다. 한국에서는 아직까지 우연히 포착된 대통령의 모습이 지면이나 화면을 통해 국민에게 전달되지 않는다. 테렌스 라이트 (Terence Wright)는 이러한 촬영방법을 '현관 층계에서 기다리다가 찍는 방법'이라고 명명했다. 이는 말 그대로 피사체의 집 앞에서 대기하다가 피사체가 집으로 돌아오거나 일하러 나갈 때 그가 나타나는 장면을 재빨리 포착하는 방법이다. 집 앞에서 기다린다는 것은 저널리즘이 조심스럽고 세밀하게 조사한다는 측면도 있지만 한편으로는 피사체를 괴롭힌다는 뜻이다.

하지만 대통령의 평판은 여전히 연출되고, 준비되고, 관리된다. 청와대는 특별한 과정을 거쳐 허용된 기자단에만 사진촬영 기회를 준다. 촬영장면을 연출한다는 것은 사진의 결과를 촬영기회를 주는 쪽에 유리하도록 조정함을 의미한다. 촬영기회를 얻은 사진기자들이 주최 측 입장을 홍보하는 사진에서 벗어나려고 노력할 수 있으나 한계가 있다. 따라서 청와대가 이 촬영행사를 어떻게 준비하는가 하는 문제가 중요하다. 국민들이 대통령을 보는 유일한 통로가 촬영기회이기 때문이다. 청와대가 보도진을 위해 촬영기회를 준비하면서 잊지 말아야 할 사실은 "정체성이 좋지 않으면 이미지가 좋을 수 없다"는 것이다. 또한 이미지가 축적되어 만들어지는 평판의 결과도 좋아질 수 없다는 것을 명심해야 한다.

셋째, 사진은 사회적·문화적 맥락에서 발생하는 현상이기 때문에 한국 문화의 맥락 속에서 나타나는 사진의 특징을 살펴보는 것은 의미가 있다. 한국과 미국은 사진에 대한 태도뿐만 아니라 인물에 대한 표현방법도 다르다. 그림에 대해 낮게 평가하는 전통적 인식으로 한국 사회에서 사진은 정치에 적극적으로 활용되지 않았다. 역대 대통령 사진이 가진 이러한 표현방법의 특징은 수용자인 독자와 국민들에게 시각적 준거(*visual reference*)의 역할을 한다. 따라서 이런 표현방법을 크게 벗어나는 독특한 시각적 요소로서의 대통령 사진이 효과적일지, 아니면 관행적 표현방법을 크게 벗어나지 않는 범위에서 새로운 시도를 하는 것이 효과적일지에 대한 다각적 검토가 필요하다.

넷째, 정체성에 맞는 평판전략이 필요하다. 대통령의 정체성이란 대통령이 국민에게 심어 주고자 하는 모습이라면, 대통령의 평판은 대통령에 대해 형성된 인식의 총체로서 대통령이 벌이는 제반활동이 복합적으로 작용하여 형성되는 것이다. 축적된 이미지로서의 평판은 국민들의 대통령에 대한 평가라 할 수 있는데, 이 과정에서 영상이미지는 대통령의 정체성에 맞는 방향으로 기획해야 국민들로부터 신뢰받을 수 있다.

14장

위기에 강한 증권사의 평판관리

1. 재테크와 증권사에 대한 인식 변화

'재테크'라는 단어가 언론보도에 등장하기 시작한 시기는 1990년 전후이다. 주로 기업이나 자산가의 재산증식 기술을 뜻하던 이 신조어는 돈을 의미하는 한자 '財'(재) 와 기술체계를 뜻하는 'Technology'를 조합한 '財テク'(자이테쿠) 라는 일본식 합성어에서 유래했다. 재테크란 주식거래나 펀드, 예적금, 채권 및 부동산 등 다양한 금융상품과 실물자산을 활용하여 자산을 불리는 기술 혹은 방법으로 정의된다. 몇 년 지나지 않아 재테크는 국민 누구나 아는 친숙한 단어로 자리 잡았다.

한국 사회에서 재테크가 널리 받아들여지고 쓰이는 과정은 자산증식에 대한 사람들의 인식변화와 그 궤를 같이한다. 1990년대 초까지 정기예금은 10%대 금리를 자랑했다. 하지만 이후 금리는 한 자릿수로 떨어졌고, IMF 사태가 발생한 1997년과 이듬해인 1998년을 제외하고 지속적 하락추세에 접어든다. 은행금리로는 만족스러운 자산

2000년대 증권사 객장의 모습. 재테크가 유행하면서 다양한
계층의 개인소액투자자, 이른바 '개미투자자'들이 증가했다.

증식이 불가능한 시대가 도래한 것이다. '쥐꼬리만 한 월급이나 집
한 채로 자산증식은 언감생심'이며, '은행 적금이야말로 원금이 깨지
지 않고 목돈을 굴리는 유일한 방법'이라는 사회적 통념이 바뀌기 시
작했다. 여기에 IMF 이후 '평생직장'이 사라지며 증가한 고용불안,
기대수명이 늘면서 생겨난 노후자금에 대한 니즈 역시 재테크에 대
한 관심과 파급력에 힘을 실어 주었다.

　일부 부유층만이 누렸던 재무설계 개념의 자산관리가 재테크라
는 이름으로 유행처럼 번졌다. 재테크는 점차 경제활동을 영위하
는 모든 사람들 사이에서 일상의 화두로 자리 잡았다. 대학생도,
사회초년생도, 은퇴를 앞둔 직장인도 재테크 관련 서적을 탐독하
고 재테크 정보를 나누기 위해 온라인 커뮤니티와 투자설명회를 찾
아다녔다.

　코스피지수가 사상 처음으로 2000선을 돌파했던 2007년에는 재테
크 서적의 판매량 폭증이 그해 출판업계 최대이슈로 기록되었다. 이
후에도 재테크에 대한 관심은 꾸준히 이어져, 관련 서적은 경제코너

2000년대 여의도 증권가 전경.

의 간판 역할을 톡톡히 하고 있다. 포털사이트의 지식 검색은 물론 주요 일간지 경제면에는 '연봉 5,000만 원 직장인입니다'로 시작하는 재테크 상담이 봇물을 이룬다. 오늘날 재테크는 일시적 붐이 아니라 내일을 위한 당연한 준비로 받아들여진다.

그 재테크의 중심에 증권사와 다양한 금융상품이 자리 잡고 있다. 국내외 주식과 채권, 실물자산에 투자하는 펀드와 랩어카운트, ELS와 ETF, CMA와 발행어음 등은 부동산과 달리 적은 금액으로도 얼마든지 투자가 가능하며, 시중금리보다 높은 수익률을 기대할 수 있는 상품이다. 직장인들은 은행 월급통장 대신 더 높은 금리에 수시 입출금이 가능한 CMA에 열광했다. 수익률 좋다고 입소문 난 펀드에 가입하려는 사람들로 증권사는 문전성시를 이뤘다.

이처럼 증권사 이용빈도가 현저히 늘어나면서 증권사에 대한 사람들의 인식도 크게 변화했다. 과거에 증권사는 '집 날려먹기 딱 좋은' 주식을 매매하는 곳으로, 주식투자를 하지 않는 이상 거래할 일 없는 금융기관이었다. 하지만 이런 고정관념은 재테크에 대한 사람들의 관심으로 상당 부분 사라졌다. 각각의 증권사에 대한 다양한 평가와 입소문이 새롭게 형성되어 그 인식의 공백을 메워 나갔다. 궁극적으로 고객을 비롯한 다양한 이해관계자 집단의 커뮤니케이션을 통해 구축되고 확립되는 증권사 평판이 증권사의 행보에 큰 영향을 미칠 것은 명약관화한 사실이다.

이 장에서는 증권사 평판이 조직 운영에 어떠한 영향을 미치며, 긍정적 평판을 획득하기 위한 최우선 과제는 무엇인지 살펴보고자 한다.

2. 증권사와 이해관계자

현대 사회에서 금융기관과 거래하지 않고 살아가기란 거의 불가능하다. 극히 일부를 제외하면 한국 국민 누구나 지갑 속에 신용카드나 직불카드 하나쯤은 있고, 자기 이름으로 된 은행 예금통장이 있다. 자가 운전자는 자동차보험 가입이 의무적이며, 질병·상해·손해보험 역시 보편화된 지 오래다. 주식이나 채권, 펀드 등 금융상품은 공부해서라도 잘 알아 두어야 할 재테크 상품이 되었다.

금융기관이라고 하면 은행을 먼저 떠올리기 쉽지만, 실제로는 증권사와 보험사, 신용카드사 등이 모두 금융기관에 속한다. 증권사는 자본시장에서 주식, 채권 등 유가증권의 발행을 주선하고, 발행된 유가증권의 매매를 중개하는 것을 주업무로 삼는다. 즉, 증권사는 증권을 발행하는 기업(Issuer, 자금수요자)과 증권을 매입하는 투자자(Investor, 자금공급자) 사이에서 중개자 역할을 수행한다.

증권사 업무는 고객이 누구인지에 따라 크게 기업 관련 업무(기업의 자금조달 지원)와 투자자 관련 업무(고객의 자산운용 및 관리)로 나뉜다. 부가적으로 증권회사의 고유자산 활용 업무도 있다.

증권사 역시 고객을 중심으로 다양한 이해관계자 집단을 가지고 있다. 다울링은 증권사의 이해관계자를 4가지 집단으로 분류했다. 이에 근거하여 증권사의 주요 이해관계자를 살펴보면 〈표 14-2〉와 같다(Dowling, 2001).

표 14-1 자본시장법에 따른 금융투자 업무

금융투자업 유형	업무내용	주담당 금융투자회사
투자매매업	• 금융투자상품 매수·매도 • 증권의 발행 및 인수 등	• 증권사 • 선물사
투자중개업	• 금융투자상품 중개	
집합투자업	• 투자자금을 모아 만든 펀드 운용	• 자산운용사
투자일임업	• 투자판단을 일임받아 투자자별 금융투자상품 운용	• 투자자문사 • 증권사
투자자문업	• 투자판단 자문	• 자산운용사
신탁업	• 위탁자(고객)로부터 이전받은 특정재산을 관리·처분	• 부동산신탁사 • 증권사

출처: 〈자본시장과 금융투자업에 관한 법률〉, 제6조

표 14-2 증권사의 주요 이해관계자

유형	이해관계자
고객집단(customers group)	고객, 투자자
확산집단(diffused group)	언론매체
규범집단(normative group)	정부, 규제기관, 전문가집단
직무집단(functional group)	내부직원

출처: Dowling (2001).

2019년 8월 미국의 경기침체로 뉴욕증시 주요 지수가 급락하자 뉴욕증권거래소 객장은 주식시세를 살피고 정보를 공유하려는 주주들로 문전성시를 이루었다.

　고객은 증권사의 가장 중요한 이해관계자 집단이다. 주식 및 채권 등의 위탁매매와 CMA나 펀드, ELS 등의 금융상품 판매는 대부분 일반 고객을 대상으로 하기 때문이다. 이들은 자산증식을 위해 원금 미보장이라는 위험을 감수하며, 상품정보를 습득하기 위해 다양한 정보 원천을 활용하는 적극적 성향을 가졌다. 다시 말해, 증권사 고객은 적절한 투자시기와 투자처에 대한 감식안을 기르기 위해 경제 관련 신문이나 방송, 인터넷사이트를 수시로 이용하며, 이를 통해 접하는 전문가집단의 의견과 고객 상호 간 정보공유를 중시한다. 이는 원금 미보장이라는 증권사 상품의 특성에 기인한 일종의 자구책으로 증권사 고객의 가장 큰 특징이다.

　앞에서도 언급했지만, 증권사의 금융상품은 소비재 상품처럼 구매 후 항상 만족스런 결과를 보장해 주지 않는다. 일반 소비재 상품은 기대치에 못 미치는 경우는 있어도 그 효용 자체가 제로인 경우는 없다. 행여 불량이어서 정상 작동하지 않더라도 반품이나 교환이 가능하다. 하지만 금융상품은 다르다. 구매 후 추가적 이익이 발생하지 않거나, 원금손실을 입는 경우도 적지 않기 때문이다. 물론 반품도 불가능하다. 이런 까닭에 증권사를 이용하는 고객은 언론매체나 전문가의 정보에 매우 민감하게 반응하며, 고객집단 내 입소문이나 판매직원의 의견을 경청한다. 즉, 증권사에서 가장 중요한 이해관계자인 고객은 다른 이해관계자 집단에 대한 의존도가 타 업종의 고객에 비해 상대적으로 큰 편이다.

따라서 언론매체와 규제기관, 전문가집단 역시 증권사에서는 소홀히 할 수 없는 중요한 이해관계자다. 이들이 증권사에 호의적인지, 아닌지에 따라 고객들의 인식이 달라지며, 이는 결국 증권사의 수익창출과 직결된다. 언론매체는 방송과 신문, 인터넷 등을 포함하면 그 수가 엄청나서 증권사 언론홍보 실무자들은 어려움을 겪기도 한다. 증권사의 규제기관은 금융감독위원회와 금융감독원, 한국금융투자협회 등이다. 금융감독위원회는 심의·의결 기능을 가진 합의제 행정기관이다. 금융감독원은 정부조직이 아닌 민간조직이지만 법률에 의해 공적 규제기능을 맡고 있는 특수 공법인이다. 한국금융투자협회는 기존의 증권업협회와 자산운용협회, 선물협회가 통합되어 출범한 기관이다. 자본시장법에 의해 공인된 증권시장의 자율규제기관으로서 특수법인의 성격을 띠고 있다.

끝으로 증권사의 주요 이해관계자로 내부직원이 있다. 증권사의 실적과 성과는 업무를 수행하는 임직원의 역량에 전적으로 달려 있다고 해도 과언이 아니다. 주식중개, 상품추천, 고객 자산관리를 운용하는 주식 브로커리지와 펀드 매니지먼트 등도 매매기법이나 정보수집에서 직원 개인의 경험과 능력에 크게 좌우되는 양상을 보인다. 고객의 가장 근접한 곳에서 고객의 의사결정에 가장 큰 영향을 미치는 이들이 바로 증권사 직원인 것이다. 따라서 직원 이직률을 낮추고, 타 증권사로부터 뛰어난 직원을 영입해 오는 것은 증권사의 매우 중요한 사안이다. 특히 최근 증권사 설립이 증가함에 따라 신규 증권사는 인력확보를 위해, 기존 증권사는 이직을 막기 위해 고심하는 웃지 못할 상황도 벌어지고 있다. 이는 증권사의 이해관계자로서 내부직원이 얼마나 중요한지 보여주는 실례이다.

3. 증권사 평판의 중요성

증권사에 평판은 어떠한 영향을 미치며, 그로부터 얻어낼 수 있는 중요한 가치는 무엇일까? 폼브런과 반 리엘은 그들의 저서인 《명성을 얻어야 부가 따른다》에서 평판의 가치를 이렇게 논했다(Fombrun & van Riel, 2003).

> 사실 평판과 금전적 가치는 3가지 측면과 관련되어 있다. 첫째, 평판은 기업의 운영 그리고 나아가서는 이윤창출에 영향을 미친다. 둘째, 이윤창출은 해당 기업의 향후 전망에 대한 시장의 인식에 영향을 미친다. 그리고 그 결과 공개된 기업의 주식수요, 말하자면 시장 자본주의에도 영향을 준다. 셋째, 해당 기업의 경영활동 자체는 '평판자본'을 쌓아올리는 데 기여한다. 여기서 평판자본이란 한 기업의 제품 브랜드와 기업 브랜드 둘 다에 은밀히 배어 있는 무형의 이미지를 담은 일종의 그림자 자산이자 그 기업의 모든 주주들이 지닌 긍정적 평가이다.

여기서 증권사가 주목해야 할 점은 이윤창출과 시장인식, 두 가지이다. 이윤창출은 기업의 존재가치와 맞닿는 본질적 부분이므로 재고의 여지가 없다. 시장인식은 기업의 리스크 관리 측면에서 매우 중요한 가치이다. 시장 내에서 어떠한 평판을 얻느냐는 것은 단순히 고객으로부터 사랑받는지, 아닌지의 문제에서 끝나지 않는다. 이는 판매자와 구매자의 1차적 관계는 물론 시장을 둘러싼 여러 이해관계자와의 2차적·3차적 관계까지 포함하기 때문이다. 특히 증권업에서 고객을 제외한 기타 이해관계자는 매우 중요한 의미를 지닌다. 예컨대, 증권사 평판은 새로운 펀드 출시에 따른 고객의 가입 여부뿐만 아니라, 신상품에 대한 언론사 기사와 펀드평가회사 및 금융투자협회의 관련 코멘트, 펀드판매를 대행하는 타 금융사 판매직원의 추천 여부까지 좌우할 수 있다. 결국 이는 고객의 증권사(혹은 금융상품 및 서비스) 선택에 지대한 영향을 미치는 결과를 낳는다.

한 발 더 나아가, 이런 증권사에 대한 시장인식, 즉 다양한 이해관계자의 평판은 리스크 관리영역과도 직결된다. 증권사 평판이 부정적이냐, 긍정적이냐에 따라 증권사 행보에 따른 이해관계자들의 시각과 평가는 상이하기 때문이다. 증권사에 악재가 발생했을 때, 이들 이해관계자가 불 끄는 소방수가 될지, 불에 기름을 들이붓는 얄미운 시누이가 될지는 결국 그 증권사가 쌓아온 평판에 달렸다. 이는 다음의 사례에서 확인할 수 있다.

2018년 한국투자증권은 발행어음으로 조달한 자금 중 일부를 특수목적법인(SPC)에 대출했고, SPC는 이 돈으로 SK실트론 주식을 매입하여 이를 기초자산으로 최태원 SK그룹 회장과 총수익스와프(TRS) 계약을 맺었다. 이후 금융감독원은 발행어음 자금을 개인 대

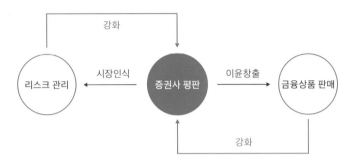

그림 14-1 증권사 기업 평판의 주요 가치

출에 사용했다며 해당 계약을 문제 삼고 나섰다. 흥미로운 사실은 금융당국의 날선 제재에도 불구하고 한국투자증권을 옹호하는 기사나 칼럼을 적잖이 찾아볼 수 있었다는 점이다. 즉, 기존에 구축되어 있던 한국투자증권에 대한 긍정적 평판이 리스크를 상쇄하는 보호막으로 작용했음을 알 수 있다.

이상에서 살펴본 바와 같이, 증권업에서 평판의 가치는 크게 두 가지로 나뉜다. 첫째, 증권사 평판은 고객들이 증권사 상품과 서비스를 선택하는 데 있어 큰 영향을 미친다. 둘째, 위기봉착 시 리스크를 제어하고 축소할 수 있도록 도움을 준다. 더 나아가 증권사의 긍정적 평판을 통해 달성된 리스크 관리와 금융상품 판매는 증권사 평판을 재강화하는 선순환 효과를 이끌어 낸다.

1) 증권사 평판과 금융상품 판매

흔히 은행은 원금이 보장되는 예적금 상품으로, 증권사는 원금손실이 발생할 수 있는 투자상품으로 구분하지만, 사실 그렇지 않다. 일반 은행이 금융투자상품을 판매할 수 있도록 허용한 시기는 20여 년 전인 1998년부터였다. 2019년 연이어 발생한 금리연계 파생결합펀드(DLF) 손실, 라임자산운용 펀드환매 중단, 독일 헤리티지 파생결합증권(DLS) 만기연장 사태 등은 모두 은행이 주요 판매사로 이름을 올리고 있다. 원금손실이 가능한데도 판매사가 투자자들에게 제대로 위험을 알리지 않아 불완전판매 논란이 크게 불거졌던 고위험 상품들이다.

그럼에도 은행은 여전히 예적금 상품이 주력이고, 예금자보호법에 의거하여 1인 5,000만 원까지 원금과 이자를 보호받는다. 반면, 증권사에서 제시하는 대부분의 금융상품은 원금 미보장형이다. 이는 고객의 상품선택에 뚜렷한 특징을 만들어 낸다. 원금보장이 기본인 예적금 상품은 수익률(이자율)만 살피면 되지만, 펀드나 ELS 같은 투자상품은 수익과 위험(원금손실)을 함께 고민해야 한다. '고위험 고수익'(*High Risk, High Retun*)이나 '중위험 중수익' 같은 말이 여기서 비롯되었다.

금융투자협회와 자본시장연구원이 공동으로 증권사와 은행 등을 통해 주식, 펀드, 파생결합증권 등 원금손실이 가능한 금융투자상품에 투자하는 개인고객 2,399명을 대상으로 2016년에 설문조사를 실시했다. 구매 의사결정에 영향을 주는 대상은 '금융회사 직원의 권유'가 67.3%로 가장 높았으며, 다음으로 '주변 지인의 권유' 35.6%, '개인(본인)의 판단' 35.3% 순이었다. 이외에 신문이나 TV 등 언론과 인터넷 포털 및 블로그 등 미디어를 참고한다는 응답도 있었다. 금융투자상품 정보를 수집하고 분석해 스스로 판단하는 경우도 있다. 하지만 상당수는 신뢰할 만한 전문가의 의견을 따르려는 경향이 있다. 금융회사 직원과 주변 지인, 언론과 인터넷 미디어 등은 접촉채널은 다르지만 모두 전문가집단이라고 볼 수 있기 때문이다.

일반적으로 금융회사 직원의 상품추천은 고객의 투자성향과 상품 특성 및 과거 수익률 등을 고려하여 이루어진다. 분명히 객관적 데이터에 근거한 추천이지만, 한 가지 간과해서는 안 되는 사실이 있다. 제품 균질화로 개별상품 간 변별력이 떨어지는 일반 소비재보다 덜하지만, 금융상품 역시 기초자산과 수익구조가 유사한 상품들이 다수 존재한다. 이때 수익률마저 비슷하다면, 결국 어떤 증권사에서 출시된 상품인지, 그 증권사가 얼마나 신뢰할 만한지, 시장에서 어떤 평가를 얻는지에 따라 상품선택이 이루어진다. 즉, 금융회사 직원이 추천 포트폴리오를 구성하기 위해 개별상품을 선택할 경우 증권사(혹은 운용사)의 평판을 염두에 둔다는 것이다.

예를 들어 한국 주식시장이 상승할 것으로 판단되어 국내 주식형 펀드를 추천한다고 가정해 보자. 국내 주식형 펀드는 운용규모 1,000억 원 이상, 5,000억 원 이하로 한정해도 2020년 3월 기준으로 수십여 종이다. 이 중 1년 누적수익률 평균 이상의 성과를 낸 펀드만 교보, 한국투자, 삼성, 미래에셋 등 23종에 이른다. 여러 펀드 중 무엇을 추천할지는 결국 과거 증권사가 쌓아온 성과와 안정성, 신뢰도 등을 고려한 평가, 즉 증권사 평판에 달렸다.

블랙웰과 미니어드는 소비자의 행동이 일반적으로 '문제인식 → 정보탐색 → 대안평가 → 구매'의 4단계를 거쳐 이루어진다고 정의했다(Blackwell & Miniard, 1993). 금융상품의 수익성이나 안정성을 따져 보고, 전문가와 금융사 직원의 의견에 귀 기울이는 것은 구매 의사결정 과정 중 정보탐색에 해당한다. 또 금융상품과 관련된 신문기사나 입소문, 평소 가졌던 증권사에 대한 평가를 바탕으로 추천 포트폴리오상의 여러 상품을 비교하는데, 이는 정보탐색과 동시에

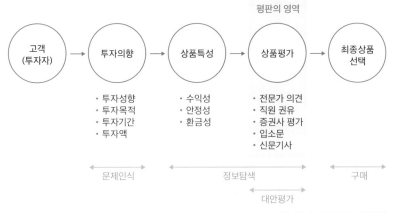

그림 14-2 소비자 구매의사 결정과정과 평판의 영역

출처: Blackwell & Miniard (1993)

대안평가 단계가 이루어지는 과정이다. 여기서 우리가 주목할 점은 정보탐색 가운데 대안평가 과정에서 증권사 평판이 큰 영향을 미친다는 것이다.

평판이란 기업의 내외부 이해관계자들이 장기간에 걸쳐 조직이 반복적으로 수행한 능력과 의지에 근거하여 기업의 전체 특성에 대해 일관되게 평가를 내리는 것으로 정의된다. 따라서 증권사 중 고객이나 펀드평가사, 경제부 기자와 같은 이해관계자로부터 긍정적 평판을 얻는 증권사(운용사)의 상품이 호의적 평가와 추천을 받고 더 많이 판매되는 것은 당연한 이치이다. 또한 펀드로 대표되는 원금비보장형 금융상품들이 은행이나 보험사, 우체국 등에서 판매 대행되는 것을 고려하면 증권사에 대한 창구 판매직원의 평판이 상품권유에 어떠한 영향을 미칠지는 분명하다.

2) 증권사 평판과 리스크 관리

증권사 평판의 두 번째 주요 가치는 리스크 관리다. 리스크 관리란 말 그대로 위기를 효과적으로 관리하는 것을 의미한다. 즉, 일어날 수 있는 위험은 그 가능성을 낮추고 위기가 발생하면 그로부터 안전하고 신속하게 벗어나는 것이다. 재테크를 예로 들면, 우량주나 안전한 채권 및 펀드 등 여러 곳에 분산 투자하고 혹시 불확실성이 나타나면 적절하게 매도 및 환매하는 것이라고 할 수 있다.

증권사에서 이런 리스크 관리는 특히 중요하다. 고객의 자산을 '보관'하는 은행과 달리 증권사는 고객이 맡긴 돈을 '관리' 혹은 '운용'하는 곳이기 때문이다. 이는 증권사가 취급하는 금융상품의 특성상 원금손실이라는 위기에 직면할 가능성이 매우 높다는 것을 의미한다. 이런 리스크 관리를 위해 증권사는 전담조직을 구성하고 전산시스템을 마련하는 등 체계적 위험관리에 역량을 집중한다. 최근에 문제가 되었던 사모펀드이슈 역시 리스크 관리의 중요성에 대해 시사하는 바가 크다.

2019년에 라임자산운용이 상환 및 환매 연기를 선언했다. 투자자의 돈을 돌려주지 못한다는 뜻이다. 부사장을 비롯한 라임 경영진 일부는 잠적하기까지 했다. 모자(母子)펀드 구조의 특성상 라임의 다른 펀드들도 연쇄적으로 흔들렸고 손실은 눈덩이처럼 불어났다. 드러난 손실만 1조 2,000억 원이 넘었다. 펀드로 인해 적잖은 금전적 손실을 입은 고객들은 그 화살을 증권사를 비롯한 판매사로 돌렸다. 이러한 움직임은 불완전판매에 대해 소송을 제기하거나, 거래하던 금융상품 및 서비스를 해지하는 등 증권사의 직접적 손실로 이어졌다. 펀드운용은 운용사의 역할이며, 손실에 대한 책임 역시 운용사에 있지만 비난은 증권사로 쏟아진다.

과거에 증권사의 주요 제공 서비스는 주식매매 업무에 국한되었다. 여기에 ELS, 랩어카운트, CMA 등의 금융상품 라인업을 확장하며 서비스 다변화를 꾀한 것은 최근 10년 사이다. 원금 미보장이라는 리스크에도 불구하고 사람들은 상대적으로 높은 수익률과 자산증식을 기대하며 증권사를 찾기 시작했다. 그런 까닭에 소기의 목적을 달성하지 못하면 미련 없이 발길을 돌린다. 증권사에 대한 고객의 충성도는 기대하기 어렵다. 증권사에 위기상황이 발생하면 고객이탈이라는 최악의 상황으로 곧바로 치닫게 된다. 결국 리스크를 어떻게 관리하느냐는 것은 증권사의 생존과 직결된 첨예한 화두이다. 미래의 수익률은 결코 단정지을 수 없으며, 변동성과 위기는 언제든 발생할 수 있기 때문이다.

리스크 관리에서 최상의 시나리오는 리스크 자체가 발생하지 않는 것이다. 리스크 발생 가능성이 제로에 수렴하도록 통제하는 것이 리스크 관리 전담조직의 첫 번째 목표이다. 하지만 이는 현실적으로 불가능한 일이며, 결국 크든 작든 위기상황에 직면하게 된다.

따라서 발생한 위기를 효과적으로 축소하고 상쇄하는 것이 두 번째 목표이다. 이를 위해 증권사는 리스크 관리 전담조직을 운영하고, 이를 효율적으로 지원하는 전산시스템까지 마련하고 있음은 이미 앞서 설명했다. 요컨대 리스크가 발생하면 이를 최소화하기 위해 상황별 매뉴얼에 준하여 즉각적으로 대응하고, 전담조직과 시스템을 통해 리스크를 분석하여 관리 솔루션을 적용하는 것이다. 이러한 일련의 단계를 체계화하고 최적화한 것이 증권사의 리스크 관리 시스템이다.

표 14-3 리스크 관리로서의 증권사 기업 평판

그렇다면 평판은 어떻게 리스크 관리에 일조하는 것일까? 평판은 언론매체의 논조에 영향을 미치며, 관련 기관의 대응양상을 좌우한다. 증권사에 대한 이들 이해관계자의 태도는 그 자체로도 의미 있지만, 결과적으로 고객의 인식에 지대한 영향을 미친다는 점에서 그 파급력은 더욱 확대된다. 특히 복잡다단한 금융상품의 특성상 전문가나 언론매체의 관련 기사에 대한 고객 의존도가 높다는 점은 이를 더욱 의미 있게 만든다. 〈그림 14-3〉은 증권사에서 리스크 발생 시 이에 대한 관리 시스템과 기업 평판이 리스크 규모에 미치는 영향을 도식화한 것이다.

리스크 관리 시스템과 증권사 평판이 얼마나 제 역할을 해주느냐에 따라 리스크 규모는 확대 혹은 축소될 수 있다. 이 두 가지 요소는 위기상황에 직면한 증권사에 일종의 알약 처방과도 같다. 리스크 관리라는 연질캡슐 안에 들어 있는 두 종류의 가루약은 평판과 관리 시스템을 의미한다. 이 가루약이 적절한 비율로 배합되어 있어야 약으로서 효능을 제대로 발휘할 수 있다.

특히 증권업의 특성상 리스크는 곧바로 고객이탈로 이어질 가능성이 크다. 그렇기 때문에 리스크 관리 시스템을 통해 이슈를 파악하고 근본적 문제를 해결하면서, 동시에 긍정적 평판에 근거한 이해관계자의 신뢰 강화와 불안감 해소를 유기적으로 수행해야 한다. 리스크 관리 시스템만으로 문제를 해결하려 하거나 리스크 관리를 위한 충분한 평판이 구축되지 않으면, 증권사의 리스크 해소 과정은 이해관계자들의 불신에 직면하거나 그 효과 자체에 의구심을 품는 결과를 낳을 수 있다.

4. 정문성과 신뢰성을 높이는 증권사 평판관리 팁

지금까지 우리는 증권사 평판이 증권사의 영업활동에 어떠한 영향을 미치는지 살펴보았다. 여기서는 긍정적 평판을 구축하기 위해 증권사가 관심을 기울이고 노력해야 할 것은 무엇인지 짚어 보고자 한다. 무릇 모든 기업이 그러하듯 증권사 역시 성공적 기업경영을 위해 여러 가지 덕목을 갖추어야 한다. 그중에도 전문성과 신뢰성은 증권사 평판 구축을 위한 핵심적 가치라 할 수 있다.

1) 증권사의 전문성 확보

증권사 평판 구축을 위한 첫 번째 과제는 바로 전문성을 확보하는 것이다. 이를 위해 증권사는 두 가지 수행과제를 세울 수 있는데, 하나는 업무영역 특화전략이며 다른 하나는 금융상품 성과관리이다. 2009년 2월 자본시장법 시행과 함께 증권, 선물, 자산운용 등의 겸업이 가능해지면서 금융산업 지형도가 크게 달라졌다. 충분한 자기자본력과 리스크 관리 인프라를 갖춘 대형 증권사라면 사업영역 전체를 아우르는 대형 금융투자회사로 거듭날 수 있는 기회가 마련되었기 때문이다. 자본시장법의 도입취지가 업종 간 벽을 허물어 금융회사의 대형화·전문화를 유도하고 이를 통해 경쟁력을 높이는 것임을 상기하면 이는 당연한 흐름이라고 할 수 있다.

하지만 금융투자의 전 분야에서 뛰어난 역량을 발휘하기란 쉬운 일이 아니다. 단순히 금융투자회사라는 이름을 내걸고 문어발식 사업을 펼친다고 해서 고객들이 좋게 평가해 주지 않는다. 따라서 당장 그런 역량을 발휘하기 힘들다면 비즈니스 포트폴리오를 효율적으로 조직하여 각 증권사별로 특화된 업무영역을 구축하고, 이를 중심으로 다른 사업과의 시너지 효과를 불러일으키는 전략이 유효할 수 있다.

다시 말해, 전 사업영역에서 전문성을 담보할 수 있다면 더할 나위 없겠지만 그럴 수 없다면 특정 사업영역에서부터 확고한 전문성을 갖추어 나가는 것이 증권사의 평판 구축에서 득이 된다. 다른 증권사에 비해 특정 사업영역에서 전문성을 갖추었다는 것은 적어도 그 사업영역에서만큼은 상대적으로 더 나은 성과를 이끌어 내어 고객의 기대에 부응할 수 있음을 의미한다. 이는 증권사의 전문성을 강화할 뿐만 아니라 경쟁사와 다른 차별성까지 부여해 주는 이점이 있다. 이미 자산관리는 삼성증권, 해외투자는 미래에셋대우, 기업금융은 한국투자증권, 온라인 주식거래는 키움증권 식으로 사업영역에 따른 증권사 평판이 형성된 것은 이를 잘 설명해 주는 사례이다.

긍정적 평판을 위한 증권사의 전문성 확보, 그 두 번째 수행과제는 금융상품의 성과관리이다. 어떤 기업이든 기업 본연의 업무에 충실하면 일정 수준 이상의 긍정적 평판을 얻을 수 있다. 양질의 제품과 서비스를 제공하는 기업이 고객으로부터 외면당하는 경우는 극히 드물기 때문이다. 당연한 말이지만, 고객이 지불한 비용의 대가로 기업이 제공하는 제품과 서비스는 고객의 욕구를 충족시키는 양질의 것이어야 한다. 이는 모든 기업의 존재이유이자 핵심가치이며, 증권사도 예외일 수 없다.

증권사에서 양질의 금융상품이란 고객이 만족할 만한 수익률을 의미한다. 증권사를 이용하는 고객에게 수익률이란 그야말로 절대적 지상과제이자 궁극적 목표다. 고객은 오직 수익률 하나만을 바라보며, 그에 따른 자산증식에 촉각을 곤두세운다. 일반 소비재의 경우 구매자의 필요와 요구를 만족시키고, 제품이 갖는 이미지나 브랜드 파워, 스토리를 통해 심리적 만족을 얻을 수 있지만, 금융상품은 그렇지 않다.

위험자산에 투자하여 그 위험부담의 대가로 수익을 돌려받는(혹은 돌려받지 못할 수 있는) 증권사 금융상품은 그 특성상 기능적 가치만을 내포하며 이는 오직 수익률로 귀결된다. 위탁된 고객자산을 운용하여 창출되는 금전적 이익이 금융상품을 통해 얻을 수 있는 유일무이한 가치이다. 고객 입장에서는 결국 기대수익률이 실현되면 그 증권사가 좋은 증권사, 거래하고 싶은 증권사, 추천 증권사가 된다. 즉, 금융상품의 금전적 이익창출이 증권사의 긍정적 평판 형성에 직접적 영향을 미친다.

미래에셋대우가 비교적 짧은 역사에도 투자자들이 가장 선호하는 증권사 중 하나로 자리 잡을 수 있었던 것도 바로 이러한 고객의 니즈에 잘 부응해왔기 때문이다. 재벌이나 은행의 후광 없이 자생적인 비즈니스 포트폴리오를 구축하며 급성장해온 미래에셋은 "한국 자본시장의 역사를 새로 쓰고 있다"는 찬사를 받을 정도로 뛰어난 퍼포먼스를 보였다. 특히 적립식 펀드의 독보적 수익률로 한국 펀드열풍에 일조했다는 점은 많은 이가 동의하는 바다.

　미래에셋의 사례에서 알 수 있듯이, 증권사는 특화된 업무영역과 뛰어난 성과관리를 통해 전문성을 담보할 수 있다. 또한 이러한 전문성은 증권사 평판으로 전이되는 것을 확인할 수 있다. 전문성은 고객의 궁극적 욕구와 실질적 혜택을 위한 증권사의 기본적 역량이다. 전문성을 통한 수익성이 전제되지 않으면 증권사가 제아무리 뛰어난 다른 덕목을 갖추었다고 해도 고객으로부터 환영받지 못한다. 전문성은 증권사의 행보에서 언제나 첫걸음이어야 한다.

2) 증권사의 신뢰성 확보

금융회사, 특히 증권사에서 신뢰성은 전문성 다음으로 중요한 가치다. 얼마나 많은 수익을 돌려주느냐가 증권사와의 거래 여부를 결정한다면, 얼마나 믿을 만한가는 거래지속 여부에 영향을 미친다. 이러한 신뢰성은 증권사의 안정성과 건전성을 통해 형성된다. 여기서 안정성이란 증권사의 위험회피 및 경영지속 능력을 의미한다. 1997년 IMF 사태에서 목격했던 은행파산과 2008년 서브프라임 사태로 촉발된 대형 투자은행의 몰락은 증권사의 안정성이 얼마나 중요한지를 보여주는 단적인 예이다.

　일반적으로 증권사를 이용하는 고객은 그 자체만으로 수많은 시장위험과 개별위험에 노출되어 있다. 인플레이션 위험이나 신용위험,

기회비용과 수익률 차이 등 금융거래에는 완전히 회피할 수 없는 위험이 항상 도사리고 있다. 이런 불가항력의 위험에 더하여 거래 증권사가 내포한 불안정성까지 짊어지고 싶어하는 고객은 없을 것이다.

최근 금융시장 불안과 실물경기 침체에 대한 우려까지 겹치면서 증권사를 비롯한 금융회사의 안정성을 중시하는 경향은 더욱 두드러지고 있다. 이에 증권업계가 뽑아 든 카드가 바로 자기자본 확충이다. 당면한 각종 금융위험을 효과적으로 관리하기 위한 수단 중 하나로 투자자산 위험도에 비례하여 자기자본을 보유하는 것이다. 증권사 파산을 예방하여 고객과 투자자를 보호하며 금융안정을 도모하는데 그 목적이 있다. 더불어 늘어난 자기자본을 활용한 사업영역 확대와 수익창출도 가능해진다.

일반적으로 안정성은 증권사가 갖춘 규모와 경영전략, 기업철학 등을 통해 표출된다. 구체적으로 살펴보면, 자기자본 등의 증권사 규모, 리스크 관리 역량과 모기업의 유무, 대표 금융상품 등이 안정성에 영향을 미치는 요인이다. 위험요소에 대한 증권사의 신속한 반응과 효과적 해결이 안정적 기업경영에 매우 중요하다는 것은 부연설명이 필요 없다. 대기업이나 은행 등을 모기업으로 한 증권사 역시 그 후광효과로 경영 및 재정 안정성에서 좀더 후한 점수를 받는다. 이러한 요인은 증권사의 전반적 성향, 즉 해당 증권사가 안정적인지 아닌지, 혹은 안정성을 추구하는지 아닌지에 대한 이해관계의 인식에 영향을 미쳐 최종적으로 증권사 평판으로 굳어진다.

증권사 평판 구축을 위한 신뢰성 확보에 영향을 미치는 두 번째 특성은 건전성이다. 증권사에서 건전성이란 경영 및 영업활동을 얼마나 투명하고 합법적으로 수행하는지를 의미한다. 고객의 요구에 따라 위탁받은 자산으로 주식거래를 대행하고 금융상품에 투자를 권유하는 영업 특성상 증권사는 여러 가지 분쟁이나 소송에 휘말리기 쉽다. 실제로 금융상품의 과대광고부터 주식 담당직원의 임의매매, 펀드와 같은 금융상품의 불완전판매까지 그 사례가 다양하다.

특히 최근에 이슈화되는 금융상품의 불완전판매는 증권사 직원이 상품의 세부적 설명을 누락하거나 틀리게 한 채로 금융상품을 판매하는 것이다. 이렇게 판매된 금융상품은 고객에게 손실을 입히고 법적 소송으로까지 이어진다. 미국에서는 불완전판매를 적발하면 해당 직원에게 경고, 정직, 해고 등 사내 징계조치는 물론 전미증권업협회에 통보하여 재취업 기회를 박탈할 정도로 엄격히 규제한다. 불완전판매는 단순히 해당 직원이 법적 책임을 진다고 끝나는 것이 아니라 기업 이미지 실추와 회사의 불명예까지 초래하는 문제이기 때문이다. 이처럼 증권사 영업활동에서 건전성이 결여되면, 소송에 따른 금전적 손실은 물론 증권사의 신뢰도와 만족도를 크게 떨어뜨리는 요인이 된다.

증권사의 건전성을 담보하기 위해서는 두 가지 측면의 노력이 요구된다. 증권사 직원의 윤리의식을 제고하고, 비합법적 영업활동을 묵인하거나 점검이 미비한 경영시스템을 개선하는 것이다. 이를 위해 증권사와 관련 기관들이 많은 노력을 기울이고 있다. 최근에 시행된 자본시장법 역시 금융상품의 불완전판매를 막고 투자자를 보호하는 제도를 강화했다. 자본시장법 시행 이후 금융상품 구조는 더욱 복잡다단해졌기 때문에 투자자들이 충분히 이해하고 투자할 수 있는 환경을 시스템적으로 보장해 주기 위한 방편이다.

불완전판매 방지를 위한 제도적 장치를 도입한 현대증권의 행보도

눈에 띈다. 위처제도라 불리는 이 시스템은 상품판매에 대한 직원 윤리교육 등이 주내용이다. 금융투자협회도 증권사 임직원의 성과평가 모범규준을 재정비하고 있다. 과거의 단기 실적평가와 외형적 실적 위주 성과평가를 중장기 수익성과 건전성 위주 성과평가로 전환하고 위험관리 비중을 높이는 방침이다.

증권사에 대한 신뢰는 평판에 그대로 반영되어 이해관계자 사이에 전파되고 공유된다. 통계자료나 과거 수익률 데이터를 통해 수치로서 입증되는 전문성과는 달리 정서적 측면이 강한 신뢰성은 한 번 굳어지면 좀처럼 바뀌지 않는다. 따라서 증권사는 신뢰성 획득을 위해 꾸준히 관심을 기울이고 노력해야 한다. 무엇보다 신뢰성은 신뢰성 그 자체만으로도 기업의 핵심가치임을 잊어서는 안 된다.

15장

건강한 교회를 위한 평판관리

1. 오늘날 한국 교회의 단상

얼마 전 대형교회에 관한 흐뭇한 기사를 보았다. 거룩한빛광성교회의 정성진 은퇴 목사 이야기다. 대형교회는 주로 그 규모를 교인 수 기준으로 잠정적으로 측정한다. 미국에서는 약 2,000명이 넘는 개신교회를 지칭하는 데 비해, 한국은 보통 1만 명이 넘어야 이에 속한다(한국일, 2015). 기사에 따르면, 거룩한빛광성교회는 1만 4,500명의 교인이 출석한다. 원래 교인 수가 2만 명에 육박했는데, 정성진 목사가 2019년 12월 교회를 분립하며 줄었다. 정 목사가 분립한 파주 거룩한빛운정교회(유정상 담임목사)에는 4,000여 명이 출석하고 있다. 인구밀도가 높은 한국의 특성상 수십만 교인의 '슈퍼메가 처치'들도 있으니, 이제 거룩한빛광성교회는 초대형교회가 아닌 대형교회로 불린다.

한국 대형교회를 분석한 홍영기는 한국의 대형교회를 크게 전통적 대형교회, 카리스마적 대형교회, 중산층 대형교회 등 3가지 유형으로

거룩한빛광성교회에서 분립한 거룩한빛운정교회 전경.
출처: 거룩한빛광성교회 페이스북 광성포토.

구분했다(홍영기, 2001). 전통적 대형교회는 1970년대 한국 교회가 급성장하기 전에 형성된 전통을 중시하는 규모가 큰 교회로, 영락교회와 충현교회가 그 예다. 카리스마적 대형교회는 카리스마적 목회자를 중심으로 형성된 규모가 큰 교회로, 1970년대에 출현한 대부분의 교회를 말한다. 중산층 대형교회는 주로 강남 중산층 교인이 주류를 이루는 규모가 큰 교회로, 소망교회, 사랑의교회, 광림교회 등이다.

1970~1980년대 한국 교회의 성장 배경에는 교회에 대한 사회적 신뢰가 크게 작용했다. 즉, 다종교 사회인 한국에서 교회가 발전할 수 있었던 것은 지역사회의 신뢰를 받았고, 전도할 때 낯선 사람에게 집을 개방하거나 걸음을 멈추고 귀를 기울였기 때문이다. 또 부모는 교회에 출석하지 않아도 자녀는 교회에 보냈기 때문에 교회학교가 부흥하고 활발히 성장할 수 있었다(한국일, 2015).

그러나 최근 들어 한국 교회를 바라보는 사회적 시선은 예전에 비

한국에 개신교 복음을 전파한 아펜젤러와 언더우드.

해 부정적으로 변화하고 있다. 과거의 사회적 신뢰가 한국 교회 성장의 원동력이었다면, 지금의 부정적 시선은 교회에 대한 사회적 신뢰가 떨어진 결과로 볼 수 있다. 결국 이러한 사실은 한국 교회 전반에 대한 부정적 이미지와 평판이 형성되었다는 의미이다.

한국 사회에서 교회의 역할과 영향력이 여러 분야로 확대되는 현실을 고려할 때, 교회를 바라보는 다양한 이해관계자들에게 지속적 신뢰를 얻기 위한 방안으로 평판 개념을 적용한 전략이 필요하다. 교회도 평판관리가 필요한 시대가 되었다.

2. 교회 평판의 중요성 및 필요성

1885년 감리교 목사인 아펜젤러(Henry G. Appenzeller, 亞扁薛羅, 1858~1902) 부처와 장로교 목사인 언더우드(Horace G. Underwood, 元杜尤, 1859~1916)가 미국으로부터 한국에 건너와 선교활동을 시작하면서 한국 개신교의 역사가 시작되었다(홍영기, 2005). 1970년대와 1980년대에는 한국의 산업화와 도시화를 배경으로 한국 교회가 급성장하면서 대형교회가 출현한다. 한국 대형교회는 초기에 순수하고 헌신적이며 열정적인 전도와 선교활동의 결과로 발생했다. 하지만 1970년대 초반 이후에 의도적으로 대형교회를 추구하면서 양적 성장과 대형교회 자체를 목적으로 지향하는 왜곡이 나타났다(한국일, 2015).

1980년대 후반 이후 한국 사회는 또 한 번 새로운 변화의 시기를 맞이하는데, 그것은 세계로의 본격적 진출이었다. 1988년 서울 올림픽을 기점으로 1990년 인천 JPIC, 1993년 대전 EXPO, 2002년 한일 월드컵 등을 개최하며 한국은 세계 정치·경제 무대에서 당당하게 우뚝 섰다. 이 시기에 한국 개신교회는 "세계적 선교 기적을 이루어 낸 교회", "최단기간에 가장 많은 사람들을 전도한 교회", 한국은 "세계에서 가장 큰 교회가 많은 나라"라는 타이틀을 갖게 되었다(박창현, 2002).

그러나 눈부신 성장의 이면에 많은 문제점이 지적되었다. 대형화된 교회는 교단이라는 공동체의 틀에서 벗어나 점차 이기적인 개교회주의 모습을 띠어갔다. 개교회 공동체만 보호하고 발전시키려는 이기적 개체주의가 나타나면서, 물질과 세속적 기준, 교인 수 등이 교회의 절대적 주요가치로 부각되었다. 헌금 액수와 교회 크기를 중시하고, 가난한 자를 위한 교회에서 중산층의 교회로 변모했다(임진창, 2004). 이는 정치불안과 도시화에 따른 공동체와 소속감의 상실, 급변하는 사회현상에 따른 가치관 혼란과 아노미 현상 등의 원인으로 작용했다. 1990년대부터 현재까지 한국 교회의 성장둔화 현상이 일어난 이유이기도 하다.

한국 교회의 성장둔화 현상은 사회 일반적 요인과 교회 내적 요인이 결합한 복합적 인과현상이라 볼 수 있다. 선교 초기부터 근대성과 함께 전개된 개신교는 최단기간에 근대화를 추구했던 정치적·경제

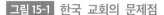

그림 15-1 한국 교회의 문제점

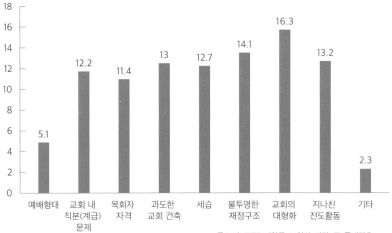

주 : 이 도표는 "한국 교회의 가장 큰 문제점은
무엇인가?"라는 질문에 복수 선택한 결과다.
출처 : 뉴스앤조이 (2017. 8. 9).

적 논리에 적절하게 대응하면서 교세를 확장했다. 하지만 언제부터
인가 성장이 느려지면서 주춤하는 양상을 보이고 있어 해결점을 찾
아야 할 필요가 있다.

최근에 종교개혁 500주년을 맞아 한국기독청년협의회(EYCK)가
실시한 종교의식에 관한 설문조사 결과를 살펴보면, 시민들은 한국
교회의 문제점으로 교회 대형화(16.3%)를 1순위로 꼽았다. 이어서
불투명한 재정구조(14.1%), 지나친 전도활동(13.2%), 과도한 교
회건축(13%), 세습(12.7%), 교회 내 계급문제(12.2%), 목회자 자
격(11.4%) 등을 문제로 보았다. 복수 선택이 가능한 설문이었는데,
그만큼 한국 교회가 여러 문제를 안고 있다고 본 것이다(뉴스앤조이,
2017. 8. 9).

한국의 교회성장은 많은 대형교회를 만들어 냈다. 대형교회는 강

력한 목회자의 리더십과, 경건한 모습을 갖춘 근대 과학기술 시스템을 실용적으로 사용한다는 특징을 지닌다. 예를 들어 대중매체와 사이버 예배와 같은 효과적 시스템의 활용은 대형교회 성장을 촉진했다. 이러한 대형교회들의 화려한 외적 성장 이면에는 많은 문제가 제기되었다. 한국 교회가 세속적이며 인위적인 방법으로 교회를 대형화하려고 지속적으로 시도했다는 것이다.

이는 목회자가 외형적 성장에만 치중하는 목회철학을 가진 결과라고 볼 수 있다. 특히 로버트 슐러(Robert Schuller)의 영향으로 성장한 초대형교회 중 한 곳은 많은 목회자들의 꿈이 되었다. 교회성장이론의 대가인 맥가브란(Donald A. McGavran)의 이론 역시 한국 교회 대형화에 큰 영향을 주었다. 즉, 한국 교회의 대형화는 미국의 상업주의와 실용주의 철학에서 비롯되었다. 결국 한국 교회는 초대교회의 순수성과 개혁자들이 주장했던 올바른 교회의 본질에서 차츰 멀어지고 있다.

한편, 교회의 대형화는 소형교회의 생존에 심각한 영향을 끼쳤다. 대형교회는 카리스마적 당회장과 함께 다양한 최신시설을 갖추고, 풍성한 교회 프로그램, 다양한 전문교육자들의 봉사, 교회버스 운영 등으로 수많은 교인을 예배당으로 끌어모았다. 그 결과, 소형교회에 긍정적 영향과 부정적 영향을 동시에 받게 된다. 작은 교회는 대형교회의 수준 높은 목회사역과 교회운영, 그리고 한국 교회 선두주자로서의 역할을 모델로 삼고 정진해 나갔다. 그러나 대형교회의 외형적 화려함과 편리함은 교인들의 수평이동을 가속화시켰고, 결국 작은 교회들은 문을 닫을 수밖에 없는 지경에 이르렀다.

오늘날 교회를 기업적 관점에서 바라보는 경향이 있다. 그러나 기업이 이윤추구를 목적으로 삼는다면, 교회의 목적은 신앙적 측면에서 신적 구원을, 사회적 측면에서 삶의 변화와 윤리적 견인을 지향한다. 또한 기업의 최종목적이 많은 이윤획득을 통한 기업의 성장이라면, 교회의 최종목적은 다양한 노력을 기반으로 한 교회의 성장이다. 물론 이 과정에서 교회도 기업의 이윤과 같은 양적 성장이나 물질적 성장을 기대할 수 있지만, 교회는 특수성을 띤 종교집단으로서 일반기업과는 엄연히 다른 성격을 지닌다.

교회는 양적 성장에 치우치기보다 질적 성장을 추구한다. 맥가브란은 "교회성장은 단지 더 많은 사람들과 돈을 교회 안으로 끌어들이려는 전략이 아니다. 교회성장의 기반은 신학이다. 교회성장은 그리스도 밖에 있는 모든 사람들은 사실 잃어버린 자들이며, 하나님께서는 그 잃은 자들을 찾길 원하신다는 성서적 원칙에 기반을 둔다. 그러므로 교회성장은 하나님에 대한 성실한 복종이다"라고 말했다 (McGavran, 1970).

한편, 교회와 기업은 닮은 점도 많다. 오늘날 기업은 특정한 환경에 둘러싸여 있고, 그 내부에서 경영자와 종업원이 조직을 형성하며 기술과 노하우를 이용하여 생산적 활동을 펼친다. 이와 마찬가지로 교회 역시 다양한 사회적 · 문화적 환경에 둘러싸여 있고, 내부의 여러 교인과 목회자와 직분자가 함께 조직을 형성하며 그들만의 방식으로 교회를 운영한다. 또한 교회는 고유한 비전과 목표가 있으며 독특한 조직문화가 있다는 점에서도 기업과 유사하다.

기업이 명성을 획득하고 부를 창출하기 위해 좋은 평판을 구축한다면, 교회는 영성을 회복하고 질적 성장을 이루기 위해 좋은 평판을 구축하는 이유가 여기에 있다. 교회의 평판관리는 교회의 성장에 영향을 미칠 수 있다.

3. 교회의 질적 성장을 위한 평판관리 팁

평판에 영향을 미치는 요인은 하나의 차원이 아니라 다양한 차원에서 구성되고 지속, 유지된다. 그러므로 교회 평판에 영향을 미치는 요인을 설정하려면 교회의 전반적 활동과 중심적 속성을 파악하고, 이를 적절히 분류해야 한다. 교회 평판에 영향을 미치는 6가지 요인을 정리하면, 목회자의 리더십, 교회비전 및 목회철학, 교회 교인 및 조직 문화, 교회 미디어 커뮤니케이션, 교회 프로그램과 서비스, 교회의 사회적 책임 등이다. 각각의 요인과 그에 따른 세부항목을 살펴보면 〈표 15-1〉과 같다.

1) 목회자의 리더십

교회는 목회자로 평가된다고 할 정도로 목회자의 역할이 중요하다. 또한 교회성장에서 목회자의 리더십과 자질은 중요한 몫을 담당한다. 목회자의 리더십이 탁월한 교회는 반드시 성장한다. 리더, 즉 지도자는 무리를 이끌고 미래를 향하여 나아가는 동력과 움직임을 가능케 하는 사람이다.

목회자는 사람들을 인도하는 공적 리더십이나 사회적 리더십을 개발하기 전에 먼저 자신을 이끄는 개인적 리더십을 키워야 한다. 교회성장형 목회자라면 영성뿐만 아니라 전문성도 뛰어나야 한다. 목양도 잘해야 하고, 경영도 잘해야 한다. 설교와 기도, 인격은 뛰어나지만 이상하게 교회성장을 이루지 못하는 목회자는 교회를 조직으로서 이해하지 못하고 경영능력을 개발하지 않았기 때문이다(홍영기, 2001).

진정한 지도자의 리더십은 신뢰에 바탕을 두고 사랑에 기초해야 한다. 진정한 리더의 모델은 예수님이다. 예수님은 "인자가 온 것은 섬김을 받으려 함이 아니라 도리어 섬기려 하고 자기 목숨을 많은 사람의 대속물로 주려 함이라"고 말씀하셨다(마가복음, 10 : 45). 섬기는 리더십은 '사랑이 있는 권위'(*authority with love*)가 있다.

표 15-1 교회 평판관리 체크리스트

요인	세부항목	
목회자의 리더십	• 목회자의 영성 • 목회자의 전문성 • 목회자의 인격	• 목회자의 경영능력 • 목회자의 지도력
교회비전 및 목회철학	• 명확한 비전 및 철학 • 바람직한 비전 및 철학 • 비전 및 철학의 이행	• 비전 및 철학이 　교회 발전을 도움 • 교회 슬로건
교회 교인 및 조직문화	• 교인의 영적 수준 • 교인의 친절함 • 교인의 신앙생활 • 교인의 전문성	• 교인사랑과 배려 • 조직 커뮤니케이션 • 조직관리 • 조직의 유기적 연결
교회 미디어 커뮤니케이션	• 활발한 대외적 홍보 • 다양한 홍보물 제작 • 활발한 웹사이트 운영	• 웹사이트를 통해 　교회홍보 도움 • 교회주보를 통해 　광고홍보 도움
교회 프로그램과 서비스	• 다양한 훈련 프로그램 • 체계적 훈련 프로그램 • 훈련 프로그램의 질 • 훈련 프로그램의 관리 • 훈련 프로그램의 전문성 • 훈련 프로그램을 통한 신앙성장	• 교회예배 • 전도와 선교사역 • 교회학교 교육 • 교인 교회봉사 • 기도
교회의 사회적 책임	• 활발한 사회책임 활동 • 사회책임 활동을 통해 　지역사회 도움 • 사회책임 활동 통해 　국가발전 도움	• 희생과 봉사 • 사회문제에 대한 책임감 • 환경문제에 대한 책임감 • 사회적 약자 지원 • 의료복지사업

또한 사도바울은 목회자의 역할에 대해 말하기를, "그가 어떤 사람은 사도로, 어떤 사람은 선지자로, 어떤 사람은 복음 전하는 자로, 어떤 사람은 목사와 교사로 삼으셨으니 이는 성도를 온전하게 하여 봉사의 일을 하게 하며 그리스도의 몸을 세우려 하심이라"(에베소서, 4: 11~12) 라고 했다. 즉, 목회자들은 세상 속에 있는 삶의 현장에서 교회를 이루며 살아가는 교인들이 맡겨진 일들을 잘 감당할 수 있도록 준비시켜 주는 사명을 다해야 한다.

2) 교회비전 및 목회철학

기업에서는 미래에 대한 명쾌한 비전과 뚜렷한 목표가 있을 때 경영성과를 높일 수 있을 뿐만 아니라 신뢰를 얻을 수 있다. 교회 역시 나름대로 비전을 세우고 목회철학을 정해야 한다. 이는 교회가 앞으로 나아가야 할 방향을 제시한다. 교회의 궁극적 비전은 하나님 나라를 건설하는 것이다. 이러한 기본적 토대 위에서 교회가 해야 할 역할들에 대해 분명한 목표를 설정하고 구체적 계획을 세울 때, 뚜렷한 목표의식을 갖고 올바른 사역활동을 할 수 있다.

미국 새들백교회의 릭 워렌(Rick Warren) 담임목사는 '목적이 이끌어가는 교회'(purpose-driven church)를 모토로 삼는다. 그 목적은 하나님의 말씀과 그 나라를 세우는 것이다. 교회는 이를 위해 예배, 전도, 교제, 제자훈련, 봉사 등의 방법을 혁신한다. 그리고 그 목적에 따라 교회의 전반적 활동을 평가한다. 교회의 경영은 목표, 가치, 비전에 의해 움직인다. 교회도 목회자가 어떤 비전, 가치, 목표를 가지느냐에 따라 달라진다. 역사적으로 사회를 움직인 목회자들의 공통점은 비전을 가졌다는 것이다. 따라서 한국 교회도 21세기 교회에 대한 확고한 비전이 있어야 한다.

3) 교회 교인 및 조직문화

교회는 생명체와 조직체의 두 가지 차원으로 구성된다. 생명체를 위해 영성(*spirituality*)을 개발하고, 조직체를 위해 전문성(*speciality*)을 개발해야 한다. 생명을 위한 사역이 성직(*ministry*)이라면, 조직을 위한 사역은 사업(*business*)이다.

조직은 목표를 효율적이고 효과적으로 수행하기 위해 여러 규칙을 합리적으로 수행해 나간다. 베델(L. Wedel)은 조직으로서 교회는 목표를 성취하기 위해 업무, 정책, 활동절차를 세워 움직이는 자동차와 같다고 했다. 즉, 교회조직이란 "하나님을 위한 선한 목적을 달성하기 위해 성도들이 협력하여 헌신할 수 있도록 필요한 활동들을 분류하고 배분하는 구조 및 그 구조가 창출되고 유지, 변화하는 과정"이라고 정의된다(양창삼, 1996).

목회자는 교회의 어느 누구보다 교회를 조직적으로 관리해야 한다. 명확한 비전을 갖고, 조직구성원 모두가 그 비전을 공유할 수 있도록 해야 한다. 특히 목회자는 인적 자원과 재정적 자원을 효율적으로 관리하고 사용해야 한다. 교회의 제도는 교회를 양육하고 인도하기 위한 성령의 필요에 따라 변화할 수 있고, 변화해야 한다.

또한 효과적 팀사역을 위해 담임목사와 부교역자, 여러 교인들 간의 커뮤니케이션이 활발해야 한다. 서로 의견을 나누고 끊임없이 피드백하면서 교회의 조직적 상황을 점검하고 관리해야 한다. 팀이 피

라미드구조가 아니라 원형구조이듯이, 협동적 조직구조를 갖추는 것이 바로 팀목회이다(Henkelman & Carter, 1985). 이처럼 교회는 유기적으로 연결되고, 모두가 동역자로서 세워져 간다. 따라서 교회 조직도 융통성 있게 변화해야 한다.

교회의 조직문화를 구성하는 주요 구성요소 중 하나는 교인이다. 교인은 어린아이에서 노인까지 연령과 계층이 다양하고, 초신자부터 신앙연수가 오래된 사람에 이르기까지 신앙경력도 다양하다. 그런데 오늘날 이들에 대한 비판이 적지 않다. 흔히 "교회 다니는 사람이 왜 저래?", "교회 다니는 사람이 더 나쁘다"라는 지적이 들린다. 이는 분명히 교회 내 교인에게 문제가 있음을 말해 준다.

교인에 대한 비판적인 시각에서 가장 많이 거론되는 문제는 이기적이라는 것이다. 교인들끼리만 연합하고 그 밖의 사람들은 무시하는 행동으로 교회가 이기적이라는 말까지 나온다. 성경에서는 믿음 있는 자들이 세상에 나아가 빛과 소금의 역할을 감당해야 한다고 말한다. 이는 일반인보다 더 정직하고 바르며 착하게 행동해야 한다는 것이다. 하지만 믿음으로 이루어진 하나의 공동체에 모인 사람들이 서로를 비난하고 헐뜯기 일쑤이다. 외모, 학력, 돈, 직업 등 외적 조건을 보고 상대를 판단하기도 한다.

오늘날 한국 교회의 위상과 이미지가 전반적으로 하락하고 있다. 이러한 때일수록 교인들이 앞장서서 본보기가 되고 교회 이미지를 높이는 데 제 역할을 해야 할 것이다.

4) 교회 미디어 커뮤니케이션 활동

위성통신과 대중매체의 발달은 시대의 변화를 가져왔다. 기술과 매체 발전에 따른 변화는 교회라고 해서 예외가 아니다. 디지털기술과 인터넷의 발달은 교회문화를 급격히 바꾸어 놓았다. 제품개발, 기술투자, 서비스, 홍보 등이 기업세계에서 승리하기 위해 필요하듯이, 교회도 프로그램 개발, 시설투자, 서비스, 홍보 등을 통해 경쟁력을 키운다.

실제로 대형교회는 성장전략의 일환으로 인터넷매체를 통한 대대적 홍보와 광고를 펼친다(이원규, 2000). 교회에서 만드는 전도용·행사용 홍보물이나 교회주보, 캠페인 등은 교회의 마케팅 커뮤니케이션 활동의 대표적 예이다. 이를 통해 메시지를 효과적으로 담고 보기 좋게 디자인하여 교인과 일반인들에게 교회를 알리고 홍보한다.

교회는 영상매체를 최대한 활용하여 시각적·청각적 효과를 극대화한다. 예를 들면, 통신을 통해 언제 어디서든 실시간으로 예배에 참여하고 설교를 들을 수 있는 서비스를 제공한다. 한 예로, 미국에서 8번째로 큰 규모의 캘리포니아 하비스트 교회는 라디오용과 텔레비전용, 인터넷용, 모바일용으로 별도의 설교를 제작한다. 휴대폰 정보제공업체인 굿뉴스홀딩스의 마샤 코튼 회장은 "바쁘게 움직여야 하는 현대인들에게 휴대폰은 손안의 교회나 마찬가지"라고 강조했다(국민일보, 2006. 11. 12).

또한 교회는 인터넷 홈페이지를 개설하고 설교, 교회정보, 교회소식 등을 실어 나른다. 교회 홈페이지를 잘 활용하는 대표적 예로 '사랑의 교회'와 '온누리 교회'를 들 수 있다. 이들 교회의 홈페이지는 다양한 콘텐츠를 구비하여 방문자들이 언제든지 정보를 얻고 대화를 나누는 공간이자 교회의 홍보수단으로 적절하게 활용된다.

최근에는 다양한 기독교 언론매체가 온라인과 오프라인에서 한국교회의 교인들과 만나는 장을 마련하여 활성화시키고 있다. 기독교 일간지 〈국민일보 미션라이프〉와 '종교신문 1위'를 슬로건으로 내세운 〈크리스천투데이〉, 기독교방송국 CTS, CGNTV, GOODTV, C채널, 예장합동 교단지 〈기독신문〉, 예장통합 교단지 〈한국기독공보〉, 예장백석대신 교단지 〈기독교연합신문〉(아이굿뉴스) 등이 대표적예다.

5) 교회 프로그램과 서비스

기업의 관점에서 제품 및 서비스는 말 그대로 기업에서 생산하는 제품과 서비스 품질이 얼마나 우수한가, 얼마나 혁신적인가, 얼마나 가치가 있는가 등의 항목으로 평가한다. 한편 교회의 관점에서 제품은 교회의 기능으로 중시되는 예배, 전도, 교육, 봉사, 기도 등이다. 이들이 얼마나 질적으로 우수한가에 따라 그 교회의 수준을 평가할 수 있다.

따라서 교회의 기능을 살펴보고 이에 대한 질적 관리가 잘 이루어져야 교회의 경쟁력을 높이고 나아가 좋은 평판을 받을 수 있다. 먼저 교회의 5가지 기본적 기능의 변화양상을 살펴보면 다음과 같다.

첫째, 예배의 경우 예배방식이 다양화되고 있다. 찬양예배, 열린예배, 인터넷 예배 등 그 방식이 각각 변화하고 있으며, 예배 가운데 설교방식도 다양해지고 있다. 설교내용도 예배의 질을 평가하는 중요한 기준이 되었다.

둘째, 전도의 방식이 다양해지고 질적으로 향상되고 있다. 종래 사람들이 거리에 나가 일방적으로 전도하는 방식이었다면, 오늘날은 통신이나 여러 매체를 통해 양방향 전도를 한다.

셋째, 교육의 질이 달라지고 있다. 과거에 한국 교회의 교회학교 교육은 단순히 구시대적 방법으로 성경말씀을 가르치는 데 전념했다. 그러나 오늘날에는 예배환경 변화와 더불어 다양한 교육의 장으로 탈바꿈하고 있다. 학생들의 흥미를 유발하는 새로운 프로그램과 전문교사들을 투입하여 신앙교육뿐만 아니라 인격과 도덕, 사회성을 키우는 데 큰 몫을 담당한다.

넷째, 봉사의 질이 변화하고 있다. 교인 한 명이 하나 혹은 여러 개의 역할을 맡아 교회 내에서 봉사하거나 교회 밖에서 봉사하는 활동의 폭과 수준이 점점 확대되고 있다. 또 이전에는 봉사가 교회의 권유에 의해 이루어졌다면, 이제 자발적으로 자원하는 경우가 늘고 있다(양창삼, 1996).

다섯째, 기도가 변화하고 있다. 기도는 교회성장에서 무엇보다 중요한 동력자원인데, 오늘날 기도의 형태와 방법이 변화하고 있다. 대표적 예가 특별새벽기도회, 구국기도회, 철야기도회 등이다. 이러한 변화는 교회 차원에서나 전 기독교 차원에서 다양한 명목으로 기도의 영역을 넓히고 질을 높인다.

이상의 변화하는 교회의 5가지 기본적 기능을 관리한다면, 교회의 경쟁력을 키우고 차별화 요인을 강화할 수 있다. 따라서 교회는 기본적 기능관리에 힘써야 한다. 현재 교회에서 이루어지는 훈련 프로그램은 제자 훈련, 평신도 훈련, 목회자 훈련, 전도폭발 훈련, 노인대학, 아버지학교, 평생교육원, 교사 세미나, 성경대학, 새신자 훈련과 그 밖에 여러 수련회 등이다.

교회에 다니지만 혹은 신앙 연수는 오래되었지만 교회에 소속감을 느끼지 못하고 올바른 신앙생활을 하지 않는 교인은 다양한 훈련 프로그램을 통해 신앙을 성숙시키는 기회를 얻을 수 있다. 교회는 각자 실정에 맞게 전문화되고 특성화된 프로그램들을 도입하여 교인들을 교육하고 개개인의 성장을 도움으로써 교회와 지역사회에 봉사하는 일꾼을 양성해야 할 것이다.

6) 교회의 사회적 책임

사회적 책임은 기업의 관점에서는 그 기업이 훌륭한 사회구성원으로서 맡아야 할 몫이다. 기업은 선한 동기로 후원하고, 환경에 피해를 입히지 않으며, 지역공동체에 도움을 주어야 한다. 마찬가지로 교회는 사회변화에 따른 사회적 문제에 적극적으로 대응해야 한다.

역사적으로 한국 교회는 사회문제에 깊은 관심을 갖고 큰 역할을 했다. 초기에는 시민교육과 폐풍혁신으로 사회에 기여했을 뿐만 아니라 빈곤과 질병에 시달리던 소외계층을 돌보는 선한 사역을 많이 펼쳤다. 그러나 언제부터인가 교회는 사회문제와 봉사활동에 소극적인 모습을 보이기 시작했다.

이와 관련해 세계적 목회자 릭 워렌 목사는 2006년 방한 대형집회에서 교회의 사회적 책임을 강조했다. 이는 단순히 사회적 현안에 적극적으로 의견을 개진하는 것이 아니라 '희생'과 '봉사'라는 초기 기독교 공동체 정신을 회복하는 것이다. 교회가 사회의 빛과 소금 역할을 제대로 하지 못한다는 자성의 목소리가 높아지는 상황에서 다시금 사회적 책임의 중요성을 각인시킨 것이다(KBS 뉴스, 2006. 7. 25).

현재 한국 교회는 다양한 사회적 책임활동을 수행하고 있다. 구제 및 재난구호 활동, 독거노인·노숙자·소년소녀가장 등 사회적 약자 지원, 대안학교 설립과 새로운 교육문화 정착, 장기기증, 호스피스 사역, 북한지원 활동 등 이웃을 돌보고 섬기는 다양한 활동을 전개하고 있다. 나아가 환경문제에 관심을 갖고 환경윤리를 적극적으로 실천하려는 노력도 쉬지 않고 있다.

4. 바람직한 교회상에 대한 제언

지난 한 세기 동안 한국 교회는 한국 역사와 현실 속에서 특유의 성격을 형성하며 발전했다. 이는 한편으로 놀라운 교회성장을 가져왔지만, 다른 한편으로는 교회의 많은 질적 문제를 야기했다. 특히 교회의 양적 급성장과 영성신학 정립의 부재로 인해 한국 교회의 정체성이 확립되지 못하면서 여러 부정적 문제들이 나타났다. 따라서 한국 교회가 정체성을 확립하고, 신앙의 본질을 되찾으며, 교인들의 질적 삶을 향상시키고, 사회적 책임을 감당하려면 새로운 영성운동의 방향을 정립해야 한다.

교회의 평판이나 이미지는 교회 안과 밖의 모든 사람들이 교회를 어떻게 바라보는지의 문제이다. 교회 이미지가 부당하게 나쁜 이미지로 고착화되었다면, 이는 잘못된 교회 정체성에서 비롯된 것이라 할 수 있다. 그렇기 때문에 교회의 성격과 일치하는 정체성 구축을

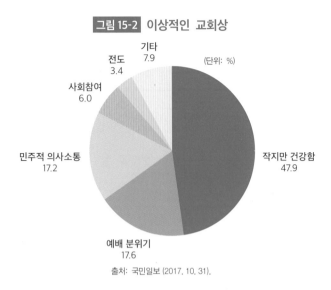

그림 15-2 이상적인 교회상

기타
7.9

전도
3.4 (단위: %)

사회참여
6.0

민주적 의사소통
17.2

작지만 건강함
47.9

예배 분위기
17.6

출처: 국민일보 (2017. 10. 31).

무엇보다 우선시해야 한다. 그리고 긍정적 이미지를 통해 긍정적 평판을 쌓고 유지, 관리하는 노력이 필요하다.

그렇다면 현대 교회가 긍정적 평판을 구축하려면 어떤 정체성을 갖추어야 할까? 2017년, 종교개혁 500주년 기념으로 한국기독청년협의회가 실시한 종교의식에 관한 설문조사를 살펴보면서 그 답을 찾아보겠다. 이 조사에서 이상적인 교회상을 질문한 결과, 작지만 건강한 교회(47.9%)라는 응답이 가장 많았다. 다음으로 예배 분위기가 좋은 교회(17.6%), 민주적 의사소통이 가능한 교회(17.2%)가 뒤를 이었다. 전도에 힘쓰는 교회는 3.4%로 가장 적은 응답 수를 기록했다.

가장 원하는 교회의 모습에 관한 설문에서도 민주적 의사소통이 가능한 교회(17.2%)가 세 번째로 높아 목회자의 권위주의에 대한 불만이 높았다. 교회의 대형화가 1970년대에는 사회적 신뢰요소 중 하나였다면, 지금은 정반대의 인식이 이루어지고 있음을 알 수 있다 (국민일보, 2017. 10. 31).

이상의 조사결과의 핵심을 요약하면, 교인들이 원하는 한국 교회는 성장지향적 대형교회가 아니라 건강하고 민주적인 조직문화를 갖춘 교회이다. 즉, 교인들은 지나치게 크고 권위적인 교회보다는 작지만 유기적 생명력이 넘치는 교회를 원하는 것이다. 성장지향적 대형교회는 3차산업 시대의 매스미디어 중심 권위주의적 패러다임에 걸맞은 교회모델이다. 오늘날 4차 산업혁명 시대에는 SNS와 유튜브로 대변되는 1인 미디어 중심의 소규모 커뮤니케이션이 가능한 교회모델이 요구된다.

교회가 교인들이 원하는 작고 건강한 교회, 민주적이고 분위기 좋은 교회를 지향하는 정체성을 갖추려고 노력할 때, 현대 사회에 걸맞은 평판 좋은 교회모델을 수립할 수 있을 것이다.

참고문헌

평판에 관심과 흥미를 갖고 더 다양하고 심층적인 지식을 습득하고자 하는 독자들을 위해, 여기서는 저자들이 참고한 평판 관련 각종 국내외 논문과 서적, 보고서 등을 상세히 정리했다.

1부 뉴노멀 시대의 경쟁력, 평판

1장 브랜드를 빛내는 평판과 평판자본

폼브런, 찰스·시스 반 리엘(2004). 《명성을 얻어야 부가 따른다》, 한은경(역), 서울: 서울출판미디어.

한은경·이보영(2013). 평판자본의 개념 및 구성에 관한 소고. 〈광고연구〉, 96, 384~419.

Arrow, K. J. (2000). Observations on social capital. In P. Dasgupta & I. Serageldin(Eds.), *Social Capital: A Multifaceted Perspective* (pp. 3~5). Washington DC: World Bank.

Atkeson, A. & P. Kehoe(2005). Modeling and measuring organization capital. *Journal of Political Economy*, 113(5), 1026~1053.

Barnett, M. L., J. M. Jermier, & B. A. Lafferty(2006). Corporate reputation: The definitional landscape. *Corporate Reputation Review*, 9(1), 26~38.

Berens, G., & C. B. van Riel(2004). Corporate associations in the academic literature: Three main streams of thought in the reputation measurement literature. *Corporate Reputation Review*, 7, 161~178.

Brown, T. J., P. A. Dacin, M. G. Pratt, & D. A. Whetten(2006). Identity, intended image, construed image, and reputation: An interdisciplinary framework and suggested terminology. *Journal of the Academy of Marketing Science*, 34(2), 99~106.

Cabello, C. & T. Kekäle(2008). Managing intellectual capital in small ITC companies. *Business Strategy Series*, 9(4), 163~167.

Clardy, A. (2012). Organizational reputation: Issues in conceptualization and measurement. *Corporate Reputation Review*, 15(4), 285~303.

Davies, G., R. Chun, Rui Vinhas da Silva, & S. Roper(2003). *Corporate Reputation and Competitiveness*. London: Routledge.

Deephouse, D. L. (2000). Media reputation as a strategic resource: An integration of mass communication and resource-based theories. *Journal of Management*, 26(6), 1091~1112.

Dowling, G. (2001). *Creating Corporate Reputations: Identity, Image, and Performance*. NY: Oxford University Press.

_____ & P. Moran(2012). Corporate reputations: Built in or bolted on. *California Management Review*, 54(2), 67~88.

Fombrun, C. (1996). *Reputation: Realizing Value from the Corporate Image*. Boston, MA: Harvard Business School Press.

_____ & V. Rindova(1996). Who's tops and who's decides?: The social construction of corporate reputations. New York University, Stern School of Business, Working Paper.

_____ & C. van Riel(1997). The reputational landscape. *Corporate Reputation Review*, 1(1), 5~13.

_____ & C. van Riel(2004). *Fame & Fortune: How Successful Companies Build Winning Reputations*. FT: Prentice-Hall.

Gotsi, M. & A. M. Wilson(2001). Corporate reputation: Seeking a definition Corporate Communications. *An International Journal*, 6(1), 24~30.

Haanes, K. & B. Lowendahl(1997). The unit of activity: Towards an alternative to the theories of the firm. In H. Thomas et al. (Eds.), *Strategy, Structure and Style*. John Wiley & Sons Ltd.

Hall, R. (1992). The strategic analysis of intangible resources. *Strategic Management Journal*, 13(2), 135~144.

Hayami, Y. (2009). Social capital, human capital and the community mechanism: Toward a conceptual framework for economists. *The Journal of Development Studies*, 45(1), 96~123.

Hellmann, T. F., K. C. Murdock, & J. Stiglit(1996). Deposit mobilization through financial restraint. In N. Hermes & R. Lensink(Eds.), *Financial Development and Economic Growth: Theory and Experiences from Developing Economies*. London: Routledge.

_____ & K. C. Murdock(1997). Financial sector development policy: The importance of reputational capital and governance. In R. Sabot & I. Skekely(Eds.), *Development Strategy and Management of the Market Economy 2*(pp. 269~323). Oxford: Clarendon.

Herbig, P., & J. Milewicz(1995). The relationship of reputation and credibility to brand success. *Journal of Consumer Marketing*, 12(4), 5~10.

Itami, H. (1987). *Mobilizing Invisible Assets*. Cambridge, Mass: Harvard University Press.

Jackson, K. T. (2004). Building Reputational Capital. Oxford: Oxford University Press.

Klewes, J. & R. Wreschniok(2014). *Reputation Capital: Building and Maintaining Trust in the 21st Century*, Springer Verlag.

Loss, F. & A. Renucci(2012). Reputation capital, financial capital, and transition to entrepreneurship. *Oxford Economic Papers*, 65(2), 352~371.

Mailath, G. J. & L. Samuelson (2006). *Repeated Games and Reputations: Long-Run Relationships.* Oxford University Press.

Money, K., & C. Hillenbrand (2006). Using Reputation measurement to create value: An analysis and integration of existing measures. *Journal of General Management,* 32 (1), 1~12.

Rao, H. (1994). The social construction of reputation: Certification contests, legitimation, and the survival of organizations in the American automobile industry: 1895~1912, *Strategic Management Journal,* 15, 29~44.

Rindova, V. P., I. O. Williamson, A. P. Petkova, & J. M. Sever (2005). Being good or being known: An empirical examination of the dimensions, antecedents, and consequences of organizational reputation. *Academy of Management Journal,* 48, 1033~1049.

_____, Williamson, I. O., A. P. Petkova, & J. M. Sever (2010). Reputation as an intangible asset: Reflections on theory and methods in two empirical studies of business school reputations. *Journal of Management,* 36 (3), 610~619.

Solow, R. M. (2000). Noted on social capital and economic performance. In P. Dasgupta & I. Serageldin (Eds.), *Social Capital. A Multifaceted Perspective* (pp. 6~10). Washington: The World Bank.

Walsh, G. & S. E. Beatty (2007). Customer-based corporate reputation of a service firm: Scale development and validation. *Journal of the Academy of Marketing Science,* 35 (1), 127~143.

Wiig, K. M. (2008). Knowledge management for the competent enterprise. *Business Intelligence,* 8 (10), 1~21.

2장 미래를 향한 나침반, 평판관리

김민주 (2011). 《(시장의 흐름이 보이는) 경제 법칙 101》. 서울: 위즈덤하우스.
김병윤 (2017). 기업 평판변화가 주식투자 의도에 미치는 영향: 제3자 효과를 중심으로. 성균관대 석사학위 논문.

문윤택(2013). 지역축제 평판과 지역 충성도와의 관계 연구. 성균관대 박사학위 논문.

안재한(2012). 스포츠선수 평판과 스폰서십에 관한 연구: 프로골프선수의 평판 지수 측정을 중심으로. 성균관대 박사학위 논문.

최석환·남상준(2018). 〈이콘(*Econ*)에서 넛지(*Nudge*)로: 교육현장과 사회과 교육 연구에 행동경제학 개념 적용 가능성 모색〉. 2018년 한국 사회교과 교육학회 연차학술대회 자료집.

폼브런, 찰스·시스 반 리엘(2004). 《명성을 얻어야 부가 따른다》, 한은경(역), 서울: 서울출판미디어.

Klapper, J. (1960). *The Effect of Mass Communication*. New York: Free Press.

Klewes, J. & R. Wreschniok(2009). *Reputation Capital*: *Building and Maintaining Trust in the 21st Century*, 1st ed, Springer.

van Riel, C. B. M., & C. J. Fombrun(2007). *Essential of Corporate Communication*. New York: Routledge.

3장 평판을 만드는 사람들, 이해관계자

이기훈(2005). 《지속가능성 경영과 기업가치 평가》. 서울: 박영사.

_____(2006). 기업의 지속가능경영을 위한 전략적 이해관계자 관리전략. 〈한국 항공경영학회〉, 4권 2호, 97~113.

조용호(2015). 공공부문에서의 이해관계자 분석. 딜로이트 안진회계법인.

폼브런, 찰스·시스 반 리엘(2004). 《명성을 얻어야 부가 따른다》, 한은경(역), 서울: 서울출판미디어.

황호찬(2007). 회계투명성은 회계만의 문제인가: 이해관계자 관점에서의 비판적 논의. 〈대한경제학회지〉, 20권 2호, 609~631.

Bryson, J. M. (2003). What to do when stakeholders matter: A guide to stakeholder identification and analysis techniques. A paper presented at the National Public Management Research Conference.

Carroll, A. (1989). *Business and Society*: *Ethics and Stakeholder Management*.

Cincinnati, OH: South-Western.

Dowling, G. (2001). *Creating Corporate Reputation: Identity, Image, and Performance.* New York: Oxford University Press Inc.

Evan, W. M. & R. E. Freeman (1988). A stakeholder theory of the modern corporation: Kantian capitalism, In T. L. Beauchamp & N. E. Bowie (Eds.), *Ethical Theory and Business* (pp. 97~106). Englewood Cliffs, NJ: Prentice Hall.

Freeman, L. C. (1979). Centrality in social networks: Conceptual clarifications. *Social Networks*, 1, 215~239.

Freeman, R. E. (1984). *Strategic Management: A Stakeholder Approach.* Boston: Pitman.

Maon, F., A. Lindgreen, & V. Swaen (2009). Designing and implementing corporate social responsibility: An integrative framework ground in theory and practice. *Journal of Business Ethics*, 87(1), 71~89.

Mitchell et al. (1997). *Business and Society: Ethics and Stakeholder Management*, 2nd ed., Cincinnati, OH: South-Western Publishing.

Mintzberg, H. (1983). *Power in and around Organizations*, Englewood Cliffs, NJ: Prentice-Hall.

Oliver, C. (1991). Strategic responses to institutional processes. *Academy of Management Review*, 16, 145~179.

Rowley, T. J. (1997). Moving beyond dyadic ties: A network theory of stakeholder influences. *Academy of Management Review*, 22(4), 887 ~910.

4장 평판관리의 첫걸음, 평판측정

폼브런, 찰스·시스 반 리엘 (2004). 《명성을 얻어야 부가 따른다》, 한은경 (역), 서울: 서울출판미디어.

Birkigt, K. & M. M. Stadler (1986). *Corporate Identity: Grundlagen, Funktionen, Fallbeispiele, Verlag Moderne Industries.* Deutsch: Gebundene Ausgabe.

Dowling, G. R. (2004). Corporate reputations: Should you compete on yours? *California Management Review*, 46(3), 19~36.

Fombrun, C. J. & C. B. M. van Riel(2003). *Fame & Fortune: How Successful Companies Build Winning Reputations*. Upper Saddle River, NJ: Financial Times/Prentice Hall.

Forman, J. & P. A. Argenti(2005). How corporate communication influences strategy implementation, reputation and the corporate brand: An exploratory qualitative study. *Corporate Reputation Review*, 8(3), 245~264.

Harpur, O. M. (2002). *Corporate Social Responsibility Monitor*. London: Gee Publishing.

Hastch, M. J. & M. Schultz(2008). *Taking Brand Initiative: How Companies Can Align Strategy, Culture, and Identity through Corporate Branding*, San Francisco: Jossey-Bass.

Rayner, J. (2009). Understanding reputation risk and its importance. *Business Strategy Best Practice*. Q Finane.

2부 성공적 평판관리를 위한 가이드

5장 글로벌 디지털 시대의 평판관리

김대영(2016). 《평판이 전부다》. 서울: 매일경제신문사.
솔로브, 다니엘(2008). 《인터넷 세상과 평판의 미래》. 서울: 비즈니스 맵.
송상엽(1998). 《회계원리》. 서울: 웅지경영아카데미.
웨버, 래리(2011). 《기업 평판 소셜네트워크에 달렸다》, 박선령(역), 서울: 멘토르.
이경전·전정호(2018). 《버튼 터치 하트》. 서울: 더난출판.
장우성(2007). 기업 아이덴티티, 이미지 및 평판 간의 관계에 대한 상호지향적 접근: 지상파 방송기업(KBS, MBC, SBS)의 내외부 이해관계자를 중심으로. 성균관대 박사학위 논문.

퍼틱, 마이클·톰슨, 데이비스(2015). 《디지털 평판이 부를 결정한다》. 서울: 중앙북스.

폼브런, 찰스·반 리엘, 시스(2004). 《명성을 얻어야 부가 따른다》. 한은경 (역), 서울: 서울출판미디어.

한국데이터베이스진흥원(2014). 《데이터 분석 전문가 가이드》. 서울: 한국데이터베이스진흥원.

_____(2015). 《빅데이터 실무 기술 가이드》. 서울: 한국데이터베이스진흥원.

한은경·이보영·문효진(2007). 연예인 평판의 척도개발에 관한 연구. 〈한국방송학보〉, 21권 5호, 297~338.

황갑신(2016). 빅데이터 분석을 통한 국제방송 미디어 영향력 측정에 관한 연구. 성균관대 박사학위 논문.

Fertik, M. & D. Thompson(2015). *The Reputation Economy: How to Optimize Your Digital Footprint in a World Where Your Reputation is Your Most Valuable Asset.* Hachette, UK: Crown Business.

Han, J., J. Pei, & M. Kamber(2011). *Data Mining: Concepts and Techniques.* London, UK: Elsevier.

Laney, D. (2001). 3D data management: Controlling data volume, velocity and variety. *META Group Research Note,* 6(70).

Lev, B. (2000). *Intangibles: Management, Measurement, and Reporting.* Washington, D.C: Brookings Institution Press.

Liu, B. F., L. Austin, & Y. Jin(2011). How publics respond to crisis communication strategies: The interplay of information form and source. *Public Relations Review,* 37(4), 345~353.

Marr, B. (2015). Why only one of the 5 Vs of big data really matters. IBM Big Data & Analytics Hub. Available at: https://www.ibmbigdatahub.com.

Nock, S. L. (1993). *The Costs of Privacy: Surveillance and Reputation in America.* Transaction Publishers.

Rayner, J. (2004). Managing reputational risk: Curbing threats. *Leveraging Opportunities,* 6, John Wiley & Sons.

Utz, S., F. Schultz, & S. Glocka (2013). Crisis communication online: How medium, crisis type and emotions affected public reactions in the Fukushima Daiichi nuclear disaster. *Public Relations Review*, 39 (1), 40~46.

6장 스타의 성공공식, 평판관리

김유진 (2001). 스타모델의 이미지가 캐주얼 의류 광고효과에 미치는 영향에 관한 연구. 홍익대 석사학위 논문.

김호석 (2001). 텔레비전, 그리고 스타와 스타시스템. 〈프로그램/텍스트〉, 5호, 31~84.

백형중 (2002). 유명인 광고모델의 사생활에 대한 정보가 광고효과에 미치는 영향. 중앙대 석사학위 논문.

안형경 (2004). 패션 감각별 헤어스타일 이미지 메이킹 차트제작에 관한 연구: TV 드라마 여배우 헤어스타일 분석을 통해. 〈한국패션비즈니스학회지〉, 8권 4호, 141~155.

오윤경·이경희 (2006). 퍼스널 스타일의 유형 분석과 이미지 연구: 국내 여자 연예인을 중심으로. 〈한국의류학회지〉, 30권 1호, 137~145.

윤재식 (2003). 《한류와 방송 영상 콘텐츠 마케팅》. 서울: 커뮤니케이션북스.

이동윤·안민아 (2007). 동아시아에서 한류의 확산과 문제점: 문화와 민족주의를 중심으로. 〈세계지역연구논총〉, 25권 1호, 99~126.

이동은 (2001). 대중음악 분석을 통한 스타 패션의 특징 연구: 청소년이 선호하는 대중음악과 대중 스타를 중심으로. 중앙대 석사학위 논문.

이승선 (2004). 연예인의 인격권 침해 유형과 언론소송에 있어서 '공적 지위'의 특성에 관한 연구. 〈한국방송학보〉, 18권 3호, 293~334.

이재진 (1999). 명예훼손법상의 공인과 언론에 나타난 공인의 개념적 차이에 대한 연구. 〈한국언론학보〉, 43권 4호, 147~176.

이진만 (2003). 한국 대중음악 스타의 스타브랜딩 전략에 관한 연구: 개별 대중음악 스타에 대한 사례분석을 중심으로. 중앙대 석사학위 논문.

정요한 (2003). 연예스타 시스템에 관한 법적 고찰: 전속계약에 대한 공정거래위원회의 시정조치를 중심으로. 경희대 석사학위 논문.

정혜경(1996). 한국 대중문화 영역의 스타시스템 변화과정에 관한 연구: 매니지
먼트와 보조미디어를 중심으로. 서울대 석사학위 논문.

한은경·유재하(2005). 〈한류의 인적 브랜드자산 측정 연구: 일본 광고에 기용
된 한류스타를 중심으로〉. 한국방송광고공사 연구보고서.

_____·박승배·박원기·이상돈·유재하(2005). 〈한류 브랜드자산 측정 및 연
관산업 효과 연구보고서〉. 아시아문화산업교류재단.

_____·이보영·문효진(2007). 연예인평판의 척도개발에 관한 연구: 한국, 중
국, 싱가포르를 중심으로. 〈한국방송학보〉, 21권 5호, 297~338.

허행량(2002). 《스타마케팅》. 서울: 매일경제신문사.

홍성태·강동균·대옥제언(2007). 한류가 한국산 제품에 대한 평가 및 구매의도
에 미친 영향: 일본시장 사례를 중심으로. 〈마케팅관리연구〉, 12권 1호,
71~90.

Koku, P. S. (1995). On bizarreness in the entertainment industry. *Journal
of Services Marketing*, 9(4), 19~30.

Shayre, S. & C. King (2003). *Entertainment and Society: Influences, Impacts,
and Innovations*. London: Sage Publications.

7장 영향력 있는 인플루언서의 평판관리

문효진(2017). 국가브랜드 평판 구성요인 도출을 위한 탐색적 연구. 〈글로벌문
화콘텐츠〉, 29호, 103~128.

장우성·노순석·계상진(2009). 화장품 브랜드 평판과 정서적 충성도, 행동적
충성도 간의 관계 및 정서적 충성도의 매개효과 검증 연구. 〈광고학연구〉,
20권 5호, 131~153.

한은경·김이환·문효진(2005). 기업 평판과 CEO 평판의 효과 모델 연구: 삼성
과 SK를 중심으로. 〈광고학연구〉, 16권 2호, 125~144.

_____·유재하(2005). 〈한류의 인적 브랜드 자산 측정에 관한 연구〉. 서울: 한
국방송광고진흥공사.

_____·오현정·이용진(2007). 도시 평판 척도개발에 관한 연구. 〈서울도시연
구〉, 8권 4호, 31~51.

_____ · 이보영 · 문효진(2007). 연예인 평판의 척도개발에 관한 연구. 〈한국방송학보〉, 21권 5호, 297~338.

_____ · 장우성(2010). 증권사 평판 구성요인 탐색 및 고객 충성도와의 관계에 관한 연구. 〈광고학연구〉, 21권 2호, 151~174.

Balmer, J. M. T. (1997). *Corporate Identity: Past, Present and Future*. University of Strathclyde, Glasgow, ICCIS Working Paper 4.

_____ (1998). Corporate identity and the advent of corporate marketing. *Journal of Marketing Management*, 14, 963~996.

Belch, G. E. & M. A. Belch(Eds.) (2001). *Advertising and Promotion: An Integrated Marketing Communication Perspective*. NY: McGraw-Hill.

Burson-Marsteller Proprietary Research(2003). *CEO Reputation Study*. Belgium.

Debevec, K. & J. B. Kernan(1984). More evidence on the effects of a preventer's physical attractiveness: Some cognitive, affective and behavioral consequence. *Advances in Consumer Research*, 11, 127~132.

DeCremer, D. & C. Sedikides(2008). Reputational implications of procedural fairness for personal and relational self-esteem. *Basic and Applied Social Psychology*, 30, 66~75.

Dholakia, R. R. & B. Sternthal(1977). Highly credible sources: Persuasive facilities or persuasive liabilities. *Journal of Consumer Research*, 3, 223 ~232.

Fombrun, C. J. (1996). *Reputation: Realizing Value from the Corporate Image*. Boston: Harvard Business School Press.

_____ & M. Shanley(1990). What's in a name? Reputation building and corporate strategy. *Academy of Management Journal*, 33, 233~258.

Goldsmith, R. E., B. A. Lafferty, & S. J. Newell(2000). The impact of corporate credibility and celebrity credibility on consumer reaction to advertisements and brands. *Journal of Advertising*, 24, 43~54.

Gotsi, M. & A. M. Wilson(2001). Corporate reputation: Seeking a definition, corporate communications. *An International Journal*, 6, 24~30.

Hall, R. (1992). The strategic analysis of intangible resources. *Strategic*

Management Journal, 13, 135~144.

Hovland, C. I., I. L. Janis, & H. H. Kelley (1953). *Communication and Persuasion: Psychological Studies of Opinion Change*. New Haven, GT: Yale University Press.

Joseph, W. B. (1982). The credibility of physically attractive communications: A review. *Journal of Advertising*, 11, 15~24.

Kang, M., & S. U. Yang (2010). Comparing effects of country reputation and the overall corporate reputation of a country on international consumers' product attitudes and purchase intentions. *Corporate Reputation Review*, 13, 52~62.

Karen, C., G. O. Elizabeth, & R. Sridhar (2003). The reputation index: Measuring and managing corporate reputation. *European Management Journal*, 21, 201~212.

Tucker, L. & T. C. Melewar (2005). Corporate reputation and crisis management: The threat and manageability of anti-corporatism. *Corporate Reputation Review*, 7(4), 377~387.

McCracken, G. (1989). Who is the celebrity endorser?: Cultural foundations of the endorsement process. *Journal of Consumer Research*, 16, 310~321.

McDonald, W. J. (1995). Home shopping channel customer segments: A cross-cultural perspective. *Journal of Direct Marketing*, 9, 57~67.

McGuire, W. J. (1973). Persuasion, resistance, and attitude change. In I. Pool, W. Schramm, F. Frey, N. Maccoby, & E. B. Parker (Eds.), *Handbook of Communications* (pp. 216~252). Chicago: Rand McNally.

_____ (1985). Attitudes and attitude change. In G. Lindzey & E. Aronson (Eds.), *Handbook of Social Psychology 2* (pp. 233~346), 3rd ed., NY: Random House.

Ohanian, R. (1991). The impact of celebrity spoke person's perceived image on consumers' intention to purchase. *Journal of Advertising Research*, 31, 46~54.

Passow, T., R. Fehlmann, & H. Grahlow (2005). Country reputation from measurement to management: The case of Liechtenstein. *Corporate*

Reputation Review, 7, 309～326.

Rayner, J. (2003). *Managing Reputational Risk*: *Curbing Threats*, *Leveraging Opportunities*. Hoboken, NJ: John Wiley & Sons.

Roberts, P. W. & G. R. Dowling(2002). Corporate reputation and sustained superior financial performance. *Strategic Management Journal*, 23, 1077 ～1093.

Schwaiger, M. (2004). Components and parameters of corporate reputation: An empirical study. *Schmalenbach Business Review*, 56, 46～71.

Triandis, H. C. (1971). The self and social behavior in differing cultural contexts. *Psychological Review*, 96, 506～520.

8장 건전한 유튜브 정치채널 평판관리

김성태・김여진・최홍규・김형지(2011). 뉴미디어를 통한 소통 채널의 확장과 정치참여 변화 연구: 인터넷과 소셜미디어를 주목하며. 〈평화연구〉, 19권 1호, 5～38.

한국언론진흥재단(2019). 유튜브의 대약진. 〈미디어 이슈〉, 5권 3호.

폼브런, 찰스・시스 반 리엘(2004). 《명성을 얻어야 부가 따른다》, 한은경(역), 서울: 서울출판미디어.

한은경・이보영・문효진(2007). 연예인 평판의 척도개발에 관한 연구: 한국, 중 국, 싱가포르를 중심으로. 〈한국방송학보〉, 21권 5호, 297～338.

Ba, S. & P. A. Pavlou(2002). Evidence of the effect of trust building technology in electronic markets: Price premiums and buyer behavior. *MIS Quarterly*, 26(3), 243～268.

Bowyer, B. T. , J. E. Kahne, & E. Middaugh(2017). Youth compre- hension of political messages in YouTube videos. *New Media & Society*, 19(4), 522～541.

Carlson, T. , & K. Strandberg(2008). Riding the Web 2.0 wave: Candi- dates on YouTube in the 2007 Finnish national elections. *Journal of Information Technology & Politics*, 5(2), 159～174.

Festinger, L. (1962). Cognitive dissonance. *Scientific American*, 207(4), 93 ～106.

Gaines-Ross, L. (2002). CEOs stranded in Wonderland: A CEOs number-one asset is credibility, but he or she doesn't have much time to build it(Special Focus). *Journal of business strategy*, 23(2), 18～21.

Gioia, D. A., & H. P. Sims Jr. (1983). Perceptions of managerial power as a consequence of managerial behavior and reputation. *Journal of Management*, 9(1), 7～24.

Gueorguieva, V. (2008). Voters, MySpace, and YouTube: The impact of alternative communication channels on the 2006 election cycle and beyond. *Social Science Computer Review*, 26(3), 288～300.

Hanson, G. L., P. M. Haridakis, & R. Sharma(2011). Differing uses of YouTube during the 2008 US presidential primary election. *Electronic News*, 5(1), 1～19.

Jarvis, J. (2007. 2). Why YouTube gets my vote for political punditry. *The Guardian*.

Newman, N., R. Fletcher, A. Kalogeropoulos, & R. Nielsen(2019). *Reuters Institute Digital News Report 2019*. Reuters Institute for the Study of Journalism.

Paletz, D. L., J. Koon, E. Whitehead, & R. B. Hagens(1972). Selective exposure: The potential boomerang effect. *Journal of Communication*, 22(1), 48～53.

9장 다매체 시대의 비전, 미디어 평판관리

구승회(2007). 신문브랜드의 의인화 이미지 일치성이 브랜드태도에 미치는 영향: 자아존중감의 조절효과를 중심으로. 〈마케팅논집〉, 15권 3호, 49～88.

김경희(2009). 인터넷 포털이미지가 장기지향성, 소비자 만족도 및 추천의도에 미치는 영향. 〈한국콘텐츠학회논문지〉, 9권 8호, 333～340.

김재득(2014). 《리더십: 수신제가 치국 평천하의 길》. 서울: 대영문화사.

김화동(2002). 인터넷 포털사이트들의 포지셔닝 이미지 차이에 관한 연구. 〈한국

광고홍보학보〉, 4권 1호, 123〜145.

맥코드, 패티(2018). 《파워풀》. 허란·추가영(역), 서울: 한국경제신문.

미디어 SR(2019. 2). 왜 넷플릭스인가 3: 빅데이터 기술로 국내시장 파고들다. 서울: 미디어 SR.

박래권(2005). 방송사의 평판요인에 대한 연구. 성균관대 석사학위 논문.

스타이너, 에밀(2019). 몰아보기의 실천: 스트리밍 영상 시청자의 의례, 동기, 느낌. 코리 바커·마이크 비아트로스키 외. 《넷플릭스의 시대》(262〜299쪽). 임종수(역), 부천: 팬덤북스.

심미선·김은미·이준웅(2005). 지상파 텔레비전의 채널별 장르인지도, 채널별 시청량, 프로그램 평가가 채널 브랜드 자산 및 채널 충성도에 미치는 영향. 〈한국언론학보〉, 49권 3호, 153〜180.

오픈서베이(2019). 〈콘텐츠 트렌드 리포트 2019〉. 서울: 오픈서베이.

이미영(2003). 신문 브랜드 자산(*Brand Equity*)의 구성요인과 성과에 관한 연구. 연세대 박사학위 논문.

이수범(2007). 채널 브랜드 이미지 영향요인이 브랜드 연상과 채널 충성도에 미치는 영향. 〈홍보학연구〉, 11권 2호, 159〜194.

장우성(2008). 공영방송(KBS와 MBC) 내부직원의 기업 아이덴티티와 평판 간의 관계. 〈한국광고홍보학보〉, 10권 1호, 58〜98.

정용찬·최지은·김윤화(2019). 〈2019 방송매체 이용행태조사 보고서〉. 과천: 방송통신위원회.

제일월드와이드(2020. 2). "2019년 디지털 광고비 5조 원 돌파" 제일기획, 대한민국 총 광고비 결산 및 전망 발표. Available at: https://www.adic.or.kr.

조은혜(2019). 한국 콘텐츠 시장을 흔들다, 넷플릭스(Netflix)의 '성공의 이유', 〈smart PC 사랑〉, 2019. 4. Available at: http://www.ilovepc.co.kr.

폼브런, 찰스·시스 반 리엘(2004). 《명성을 얻어야 부가 따른다》, 한은경(역), 서울: 서울출판미디어.

한상웅(2019). 글로벌 미디어산업에 찾아온 변화: 국내 산업의 대응전략과 미디어산업의 미래에 대한 점검. 서울: 유진투자증권.

한은경·유재하(2004). 소비자 구매의도에 영향을 미치는 기업 평판 요인에 관한 연구: 한국과 일본의 유제품 기업을 중심으로. 〈광고연구〉, 통권 65호, 127〜146.

Adalian, J. (2018). Inside the binge factory. Available at: https://www. vulture. com.

Dolphin, R. R. (2004). Corporate reputation: A value creating strategy. *Corporate Governance*, 4(3), 77~92.

Fombrun, C. J., N. A. Gardberg, & J. M. Sever(2000). The reputation quotient SM: A multi-stakeholder measure of corporate reputation. *Journal of Brand Management*, 7(4), 241~255.

McDowell, W. S. (2004). Exploring a free association methodology to capture and differentiate abstract media brand associations: A study of three cable news networks. *Journal of Media Economics*, 17(4), 309~320.

PwC(2019). Video streaming shakeup: Survey of consumer attitudes and preference. Available at: https://www. pwc. com.

Reptak(2019. 6). Netxlix-#1 Corporate reputation in the United States, Available at: https://www. reptrak. com.

The Hollywood Reporter(2018. 6). Netflix fires PR chief after use of N-word in meeting. Available at: https://www. hollywoodreporter. com.

Van Riel, A. C., V. Liljander, & P. Jurriens(2001). Exploring consumer evaluations of e-services: A portal site. *International Journal of Service Industry Management*, 12(4), 359~377.

Variety(2017. 11). Kevin Spacey suspended from 'House of Cards'. Available at: https://www. variety. com.

Walter, S. (2006). McDowell issues in marketing and branding. In A. Albarran, B. Mierzejewska, & J. Jung(Eds.) (2006). *Handbook of Media Management and Economics*(pp. 251~274). New York: Routledge.

WARC(2020). Global ad trends: Global ad investment forecast to grow 6% to $656 billion in 2020. Available at: https://www. warc. com.

권해익(2011). 온라인 쇼핑사이트 채널만족 및 지속사용의도 영향요인에 관한 연구. 〈세무회계연구〉, 30권, 167~189.

염창선·지효원(2000). 인터넷 쇼핑몰의 소비자만족에 대한 실증적 분석. 〈산업경영시스템학회〉, 23권 59호, 69~77.

폼브런, 찰스·시스 반 리엘(2004).《명성을 얻어야 부가 따른다》, 한은경(역), 서울: 서울출판미디어.

Chen Q. & W. D. Wells(1999). Attitude toward the site. *Journal of Advertising Research*, 39(5), 27~37.

Jarvenpaa, S. L. & P. A. Todd(1997). Consumer reactions to electronic shopping on the world wide web. *Journal of Electronic Commerce*, 1(2), 59~88.

_____, Tranctinsky, N., & M. Vitale(2000). Consumer trust in an internet store: A cross cultural validation. *Information Technology and Management*, 1, 45~71.

Lohse, G. L., & P. Spiller(1999). Internet retail store design: How the user interface influences traffic and sales. *Journal of Computer-Mediated Communication*, 5(2).

McQuitty, S., A. Finn, & J. B. Wiley(2000). Systematically varying consumer satisfaction and its implications for product choice. *Academy of Marketing Science Review*, 10, 1~16.

Szymanski, D. M., & R. T. Hise(2000). E-satisfaction: An initial examination. *Journal of Retailing*, 76(3), 309~322.

김석철(1996). 도시문화 인프라를 선언하자. 〈문화관광연구원 문화논단〉, 11권 1호.

국토교통부(2014). 쇠퇴하는 도시의 새로운 경제기반 창출 전략 제시. Available at: http://korealand.tistory.com.

민승현(2016). 〈도쿄 2020 올림픽에 대비한 인프라 확충과 도시변화 진단〉. 서울연구원 연구보고서.

브룬, 스탠리, 모린 헤이스-미첼, 도널드 지글러(2013). 《세계의 도시》, 한국도시지리학회(역), 서울: 푸른길.

서정렬(2016). 《도시공공디자인》. 서울: 커뮤니케이션북스.

이용진·한은경(2010). 도시 평판의 척도개발을 위한 탐색적 연구: 이해관계자 관계성을 중심으로. 〈광고연구〉, 87호, 392~415.

정 석(2016). 《도시의 발견》. 서울: 메디치미디어.

제주의 소리(2017. 5). 도시 모든 인프라는 무대, 시민은 출연자. Available at: http://www.jejusori.net.

폼브런, 찰스·시스 반 리엘(2004). 《명성을 얻어야 부가 따른다》, 한은경(역), 서울: 서울출판미디어.

Aaker, J. L. (1997). Dimensions of brand personality. *Journal of Marketing Research*, 34(August), 347~356.

Balmer, J. M. T. (1998). Corporate identity and the advent of corporate marketing. *Journal of Marketing Management*, 14(8), 963~996.

Morgan, M. R. & Shelby D. H. (1994). The commitment-trust theory of relation marketing. *Journal of Marketing*, 58, 29~44.

Florida, R. (2008). *Cities and the Creative Class*. New York: Routledge. 이원호·이종호·서민철(역), 《도시와 창조계급》. 서울: 푸른길.

Smith, P. D. (2012). *CITY: A Guidebook for the Urban Age*. Bloomsbury Publishing. 엄성수(역)(2015), 《도시의 탄생》. 파주: 옥당.

김대영(2016).《평판이 전부다》. 매일경제신문사.

김명전(2005). 국가브랜드 관리를 위한 한국의 이미지 지형에 관한 연구. 성균관대 박사학위 논문.

김성수·류시원(2011). 원격의료 서비스 수용요인의 구조적 관계 실증연구, *Asia Pacific Journal of Information Systems*, 21권 3호, 71~96.

노영순 외(2015).《문화융성 정책의 성과와 과제》. 서울: 한국문화관광연구원.

노주현·정보민(2013). 국가브랜드의 가치제고를 위한 한류의 미디어 홍보 활용 방안, 〈디지털디자인학연구〉, 13권 1호, 565~572.

문효진·심인(2010). 은행 기업의 아이덴티티와 동일시, 기업 평판과의 관계에 관한 연구: 국민은행, 신한은행, 우리은행을 중심으로. 〈한국광고홍보학보〉, 12권 1호, 356~393.

박기천·황금들·유동환(2016). 전시회를 활용한 국가문화브랜드 제고 방안 연구. 〈글로벌문화콘텐츠〉, 22호, 93~109.

신철호·강민정·최영진(2010). 해외 주요국의 국가브랜드 관리 사례 연구. 〈경영관리연구〉, 2권 2호, 91~126.

장현지·차희원(2013). 조직원 간 대인 커뮤니케이션이 기업명성에 미치는 영향: 조직-사원 관계성 및 조직 동일시의 매개효과. 〈홍보학연구〉, 17권 4호, 135~186.

조동성(2003). 〈유형자산으로서의 국가브랜드〉. IPS Country Brand Report 2002.

진용주(2014). 국가 지도자가 국가 평판과 제품태도에 미치는 효과: 한국과 중국의 국가지도자에 대한 대학생들의 인식 비교. 〈브랜드디자인학연구〉, 12권 2호, 5~16.

차희원(2004). 기업 명성의 개념 정립과 한국형 명성지수개발에 관한 연구. 〈광고연구〉, 64권, 259~289.

_____·장서진·장현지(2013). 공중 프레임, 고정관념, 트위터의 재매개가 국가명성에 미치는 영향: 댜오위다오 이슈를 둘러싼 일본 및 중국 명성을 중심으로. 〈한국언론정보학보〉, 62호, 286~314.

폼브런, 찰스·시스 반 리엘(2004).《명성을 얻어야 부가 따른다》, 한은경(역),

서울: 서울출판미디어.

한충민(1994). 한국의 대외 이미지 현황과 경제적 파급효과. 〈경제연구〉, 15권
1호, 251~274.

Aula, P. & S. Mantere(2008). *Strategic Reputation Management.* New York
& London: Routedge.

Balmer, J. M. T. (1997). *Corporate Identity: Past, Present and Future, Glasgow.*
UK: University of Strathclyde.

Bhattacharya, C. B. & S. Sen(2003). Consumer-company identification: A
framework for understanding consumers' relationships with companies.
Journal of Marketing, 67, 76~88.

Deephouse, D. (2002). The term reputation management: Users, uses and
the trademark tradeoff. *Corporate Reputation Review*, 5, 9~18.

Dinnie, K. (2008). *Nation Branding.* Oxford: Elsevier.

Dowling, G. R. (2004). Corporate reputations: Should you compete on
yours?, *California Management Review*, 46(3), 19~36.

Dutton, J. E. & J. M. Dukerich(1991). Keeping an eye on the mirror:
Image and identity in organizational adaptation. *Academy of Manage-
ment Journal*, 34, 517~554.

Fombrun, C. J. (1996). *Reputation: Realizing Value from the Corporate Image.*
Boston, MA: Harvard Business School Press.

_____ & M. Shanley(1990). What's in a name? Reputation building
and corporate strategy. *Academy of Management Journal*, 33(2),
233~258.

_____ & C. B. M. van Riel(2003). *Fame and Fortune: How Successful
Companies Build Winning Reputations.* Upper Saddle, NJ: Prentice Hall.

Fornell, C. & D. F. Larcker(1981). Evaluating structural equations with
unobservable variable and measurement. *Journal of Marketing
Research*, 18, 39~50.

Hatch, M. J. & M. Schultz(1997). Relations between organizational culture,
identity and image. *European Journal of Marketing*, 31, 356~365.

Keller, K. L. (1998). *Strategic Brand Management: Building, Measuring and Managing Brand Equity.* Upper Saddle River, NJ: Prentice Hall. 브랜드앤컴퍼니(역) (2001), 《브랜드매니지먼트》. 서울: 브랜드앤컴퍼니.

Mercer, J. (1996). *Reputation and International Politics.* Ithaca: Cornell University Press.

Moon, Y. T. (2013). Study on relationship between reputation of local festival and local loyalty. Sungkyunkwan University General Graduate School Ph. D Thesis.

Passow, T., R. Fehlmann, & H. Grahlow (2005). Country reputation-from measurement to management: The case of Liechtenstein. *Corporative Reputation Review*, 7, 309~326.

Rayner, J. (2003). Managing reputational risk: Curbing threats, leveraging opportunities. The Institute of Internal Auditors UK and Ireland.

Reputation Institute (2014). *2013 Country RepTrak™ Topline Report.*

_____ (2019). *2018 Country RepTrak: The World's Most Reputable Countries.*

Temporal, P (2001). Why Asian countries need branding. Available at: https://www.asiainc.com.

van Riel, C. B. M. & C. J. Fombrun (2007). *Essentials of Corporate Communication: Implementing Practices for Effective Reputation Management.* London: Routledge.

Weiss, A. M., Anderson, & D. J. MacInnis (1999). Reputation management as a motivation for sales structure decisions. *Journal of Marketing*, 63, 74~89.

Wirthlin Report & Burson-Marsteller (2000). *The Wirthlin Report*, 10(1).

13장 존경받는 대통령을 위한 평판관리

강형구·탁진영(2006). 시사만화에 나타난 대통령 후보자의 시각적 이미지에 관한 연구. 〈한국언론학보〉. 50권 3호, 5~37.

마정미·천현숙(2012). 18대 대통령선거 후보 이미지에 대한 대학생 유권자의 공

유 개념도: 은유 추출기법(ZMET)을 적용하여. 〈광고연구〉, 95호, 399.

심 인(2012). 대통령의 평판요인에 관한 연구: 이해관계자의 일체감과 충성도를 중심으로. 성균관대 박사학위 논문.

오윤정(2000). 한국 신문 1면의 사진보도양식 변천에 관한 연구. 이화여대 석사학위 논문.

이정용(1997). 매일신보가 한국 포토저널리즘에 미친 영향. 서강대 석사학위 논문.

조선미(1981). 韓國肖像畵에 대한 畵論的 接近. 〈미학〉, 7호.

조선일보(2017. 6). 두 걸음마다 셀카 요청받는 오바마 "차세대 리더 키우고 싶다". 서울: 조선일보.

주창윤(2003). 《영상이미지의 구조》. 서울: 나남출판.

최평길(2007). 《대통령학》. 서울: 박영사.

폼브런, 찰스·시스 반 리엘(2004). 《명성을 얻어야 부가 따른다》, 한은경(역), 서울: 서울출판미디어.

Bucy, E. P. & M. E. Grabe(2007). Taking television seriously: A sound and image bite analysis of presidential campaign coverage, 1994~2004, *Journal of Communication*, 57(4), 652~675.

Fahmy, S., S. Cho, W. Wanta, & Y. Song(2006). Visual agenda-setting after 9/11: Individuals' emotions, image recall, and concern with terrorism. *Visual Communication Quarterly*, 13(1), 4~15.

Forbes(2019. 12). The World's 100 Most Powerful Women. Manhattan: Forbes.

Fombrun, C. J. & C. B. M. Van Riel(2003). *Fame & Fortune: How Successful Companies Build Winning Reputations*. Upper Saddle River, NJ: Financial Times/Prentice Hall. 한은경(역)(2004), 《명성을 얻어야 부가 따른다》. 서울: 서울출판미디어.

Grabe, M. E., & E. P. Bucy(2009). *Image Bite Politics: News and the Visual Framing of Elections*. New York: Oxford University Press.

Graber, D. A. (1987). Kind words and harsh pictures: How television presents the candidates. In K. L. Scholozman(Ed.), *Elections in*

America (pp. 115~141). Winchester, MA: Allen & Unwin.

_____ (1990). Seeing is remembering: How visuals contributes to learning television. *Journal of Communication*, 40(3), 134~155.

_____ (1993). *Media Power in Politics*, 3rd ed., Washington, DC: CQ press.

Greenwood, K. (2005). Picturing presidents: A content analysis of photographs of presidents from the pictures of the year. Paper presented to the political communication division at the 2005 annual conference of the international communication association, New York.

_____ & C. Z. Smith (2007). How the world looks to us international news in award-winning photographs from the pictures of the year, 1943~2003. *Journalism Practice*, 1(1), 82~101.

Kim, Y. S. & J. D. Kelly (2008). A matter of culture: A comparative study of photojournalism in American and Korean newspapers, *The International Communication Gazette SAGE Publications 2008*, 70(2), 155~173.

Lester, M. (2002). *Visual Communication: Images with Messages*. CA: Wadsworth Publishing.

Messaris, P. (1996). *Visual Persuasion*. Sage Publications. 강태완(역)(2004). 《설득이미지》. 서울: 커뮤니케이션북스.

_____ & L. Abraham (2001). The role of images in framing news stories. In S. D. Reese, Jr., O. H. Gandy, & A. E. Grant (Eds.), *Framing Public Life: Perspectives on Media and Our Understanding of the Social World* (pp. 215~226). Hillsdale, NJ: Lawlence Erlbaum Associates. 반현·노보경(역)(2007), 《프레이밍과 공공생활: 미디어와 사회현실에 대한 이해》. 파주: 한울.

Moriarty, S. E. & M. N. Popovich (1991). Newsmagazine visuals and the 1988 presidential election. *Journalism Quarterly*, 68, 371~380.

Mullen, L. J. (1997). The president's image from 1945 to 1974: An analysis of spatial configuration in news magazine photographs. *Presidential Studies Quarterly*, 27(4), 819~834.

Nisbett, R. E. (2003). *The Geography of Thought: How Asians and Westerners Think Differently ⋯ and Why*. NY: Free Press.

Perlmutter. D. D. (1998). *Photojournalism and Foreign Policy: Framing Icons of Outrage in International Crisis*. Westport, CT: Greenwood.

_____ (2005). Photojournalism and foreign affairs. *Orbis*, 49(1), 109~122.

Schill, D. (2012). The visual image and the political image: A review of visual communication research in the field of political communication, *Review of Communication*, 12(2), 118~142

Verser, R. & R. H. Wicks (2006). Managing voter impressions: The use of images on presidential candidate web sites during the 2000 campaign. *Journal of Communication*, 56, 178~197.

Washington Post (2016. 11). Most of the world doesn't actually see America the way Trump said it did. Washington DC: Washington Post.

Waterman, R. W., R. Wright., & G. S. Clair (1999). *The Image-Is-Everything Presidency*. Boulder, CO: Westview Press.

14장 위기에 강한 증권사의 평판관리

금융투자협회 · 자본시장연구원 (2016). 〈2016년 개인의 금융투자 실태 분석보고서〉. 서울: 금융투자협회.

류정일 (2009). 금융기관 평가시스템 '환골탈태'. 〈헤럴드경제〉, 2009. 2.

백두산 (2020). 〈증권산업 In-depth 리포트〉. 서울: 한국투자증권.

삼성생명 라이프케어연구소 (2008). 국민들 금융투자, 작년보다 움츠러들었다. 〈한국보험신문〉, 2008. 10.

양진석 (2008). 인사이트펀드 열풍에 대한 소고. 〈월간 CEO〉, 2008. 3.

윤광원 (2008). 대한민국은 펀드공화국, 펀드숫자 세계 최다. 〈아시아투데이〉, 2008. 11.

이지훈 (2006). 모기업 평판과 자회사 브랜드 평판의 관계에 대한 연구: 3개 아파트 브랜드를 중심으로. 성균관대 석사학위 논문.

이희성 · 조민근 · 한애란 (2009). 동부 · 신영 공격보다 방어 손실 줄여. 〈중앙일보〉, 2009. 1.

최은주 (2008). 증권가 봄의 노래. 〈한국경제TV〉, 2008. 12.

폼브런, 찰스 · 시스 반 리엘 (2004). 《명성을 얻어야 부가 따른다》, 한은경 (역),

서울: 서울출판미디어.

한국증권업협회(2008). 증권시장의 이해. Available at: http://ksda. or. kr/ ebook.

Blackwell, P. W. & J. F. Miniard(1993). *Consumer Behavior*, 3th ed., Hinsdale. IL: The Dryden Press.

Dowling, G. (2001). *Creating Corporate Reputations*: *Identity, Image, and Performance*. Oxford, UK: Oxford University Press.

Fombrun, C. J. (1996). *Reputation*: *Relaxing Value from the Corporate Image*. Boston, MA: Harvard Business School Press.

Fombrun, C. J. & C. B. M. van Riel(2003). *Fame & Fortune*: *How Successful Companies Build Winning Reputations*. Upper Saddle River, NJ: Financial Times/Prentice Hall. 한은경(역)(2004). 《명성을 얻어야 부가 따른다》. 서울: 서울출판미디어.

Milgrom, P. & J. Roberts(1992). *Economics, Organization and Management*, Englewood Cliffs, NJ: Prentice Hall.

Weiss, A. M., E. Anderson & D. J. Macinnis(1999). Reputation management as a motivation for sales structure decisions. *Journal of Marketing*, 63(4), 74~89.

15장 건강한 교회를 위한 평판관리

국민일보(2017. 10). 종교개혁 500돌 … "작지만 건강한 교회 원한다" 47. 9%. 서울: 국민일보.

뉴스앤조이(2017. 8). EYCK, 1,329명 종교의식 설문 … "교회 대형화·재정·건축 등 문제", 서울: 뉴스앤조이.

_____(2019. 12). 65세 조기 은퇴 약속 지킨 초대형교회 목사. 서울: 뉴스앤조이.

박창현(2002). 한국 사회의 시대적 사건 속에서 본 개신교회의 성장과 그 원인. 〈신학과 세계〉, 45호, 348~384.

방선기(1998). 신자의 삶(직장)에 대한 교육의 역할: 상황과 대책 제안. 〈신앙과 학문〉, 3권 2호, 1~9.

양창삼(1996). 《교회경영학》. 서울: 엠마오.

_____(2001). 인터넷 문화와 교회 경영의 방향. 〈사회 이론〉, 19권, 80~118.

이노종(2006). 기업투명성과 평판 간의 관계에 관한 연구: 10개 기업을 중심으로. 성균관대 박사학위 논문.

이만열(1991). 《한국 기독교와 민족의식》. 서울: 지식출판사.

임진창(2004). 신자 수 증감의 원인과 관리. 〈사목〉, 149권, 49.

폼브런, 찰스·시스 반 리엘(2004). 《명성을 얻어야 부가 따른다》, 한은경(역), 서울: 서울출판미디어.

한국일(2015). 대형교회의 문제진단과 평가: 한국 교회에 대한 비판적 성찰의 관점에서, 〈선교신학〉, 39집.

홍영기(2001). 《한국 초대형교회와 카리스마 리더십》. 서울: 교회성장연구소.

_____(2005). 한국 사회의 근대성과 교회성장: 리더십을 중심으로, 〈기독교사회연구〉, 2집, 83~124.

Ahn, M. J. (1998). Current theological issues in Korea, *Theological Forum Reformed Ecumenical Council*, 26, 23~26.

Bernstein, D. (1984). *Company Image and Reality*. Eastbourne: Holt, Renehart and Winston.

Dowling, G. R. (2001). *Creating Corporate Reputation: Identity, Image, and Performance*, New York: Oxford University Press.

_____(2004). Journalist's evaluation of corporate reputation. *Corporate Reputations Review*, 7(2), 196~205.

Fombrun, C. J. & M. Shanley(1990). What's in a name? Reputation building and corporate strategy. *Academy of Management Journal*, 33(2), 233~248.

Fombrun, C. J. & C. B. M. van Riel. (2003). *Fame & Fortune: How Successful Companies Build Winning Reputations*. Upper Saddle River, NJ: Financial Times/Prentice Hall. 한은경(역)(2004), 《명성을 얻어야 부가 따른다》. 서울: 서울출판미디어.

Grayson, J. H. (1989). *Korea: A Religious History*. Oxford University Press.

Jeon, Bong-Woon(1987). Pastoral counseling for church growth, A Dissertation of D. Min. Presented to the Faculty of Asian Center for Theological Studies and Mission, Seoul and Fuller Theological Seminary, Pasadena.

Martin, D. (1999). The evangelical protestant upsurge and its political implication. In Peter L. Berger(Ed.), *The Desecularization of the World: Resurgent Religion and World Politics*(pp. 37~50). Washington, D.C.: Ethics and Public Policy Center.

McGavran, A. D. (1970). *Understanding Church Growth.* Grand Rapids, MI: Eerdmans.

Olins, W. (1989). *Corporate Identity,* Boston, MA: Harvard Business School Press.

저자약력

(게재순)

한은경

現 성균관대 미디어커뮤니케이션학과 교수
   sky TV 사외이사
前 한국광고홍보학회 학회장

문효진

現 세명대 광고홍보학과 교수
   W 쇼핑 시청자위원회 위원
前 한국문화산업교류재단 전문위원

황갑신

現 소셜베이커스 리서치 파트너
   컴스코어코리아 대표
前 ㈜드리머 미디어기획팀 차장

류은아

現 성균관대 미디어커뮤니케이션학과 초빙교수
前 그룹엠코리아 부국장
   HS애드 부장

유희승

現 성균관대 미디어커뮤니케이션학과 석박사 통합과정
   브랜드평판연구소 연구원

김 정

現 경기대 융합교양학부 초빙교수
前 성균관대 언론정보대학원 겸임교수
　　(주)케이투비 선임연구원

김 일

現 이룸크리에이티브 그룹 CEO
　　서울시 강남 옥외광고 심의위원
前 대구가톨릭대 교수

이용진

現 PNP(Project & Partners) CEO
前 HS애드 도시마케팅 팀장
　　HS애드 프로모션전략연구소 소장

변영욱

現 동아일보 사진부 차장
　　화정평화재단·21세기평화연구소 연구위원
前 한국사진기자협회 부회장

심 인

現 (주)서강엔터프라이즈 대표
前 한국PR협회 회장
　　전국경제인연합회 이사

노순석

現 연변대 과학기술대학 명예교수(대외부총장)
前 한국투자증권 전무
　　연변대 과학기술대학 부총장

장우성

現 성균관대 학부대학 초빙교수
前 한국방송광고진흥공사 연구위원
　　한국광고홍보학회〈광고연구〉편집위원

뉴미디어와 정보사회 [개정 3판]

이 책은 정보사회를 살아가는 데 필요한 지식으로서 매스미디어를 이해하려는 사람들에게 체계적인 이해의 틀을 제공하는 목적에 충실하였으며, 전문적 이론보다는 매스미디어의 실제 현상을 쉽게 이해할 수 있도록 서술하였다. 개정판에서는 기존의 구성을 유지하면서 최근의 다양한 변화, 특히 뉴미디어의 도입에 따른 변화와 모바일 웹, 종합편성채널, 미디어산업에서의 빅데이터 활용 등에 초점을 맞추었으며, 매스미디어의 실제 현상 역시 최신의 사례로 업데이트하였다.

오택섭(고려대) · 강현두(서울대) · 최정호(울산대) · 안재현(KAIST) 지음
크라운판 | 528면 | 29,500원

디지털시대의 미디어와 사회

물리적 세계를 넘어 삶마저도 디지털화되는 사회에서 미디어는 어떤 모습이며 어떤 방향으로 나아가고 우리는 이를 어떻게 수용해야 하는가? 디지털이 일상으로 파고들었지만 그간의 기간이 그리 길지는 않았기에 아직 미디어의 디지털화에 따른 변화양상과 역할, 영향 등을 폭넓게 다룬 책이 없었다. 이 책은 미디어의 기술적 진화에 따라 사회와 산업, 시장에 영향을 미치는 과정과 이에 따른 이론적 논의 및 법과 제도의 변화 등을 폭넓게 살폈다.

김영석(연세대) 외 지음 | 크라운판 변형 | 462면 | 29,000원

스마트미디어
테크놀로지 · 시장 · 인간

이 책은 테크놀로지, 시장, 인간의 방향으로 스마트미디어에 접근한다. 이를 위해 15명의 언론학자가 각자 연구 분야에서의 다양한 물음을 정리하고 답변을 찾는 방식으로 스마트미디어가 야기하는 시장 경쟁, 규제, 이용자 이슈 등을 논한다. 기술의 현재와 사례를 주로 다루는 기존의 스마트미디어 관련 도서에 비해 테크놀로지, 시장, 인간에 대한 고민과 탐색, 전망에 중점을 두어 스마트미디어 사회에 대한 깊은 이해와 다양한 논의점을 제공한다.

김영석(연세대) 외 지음 | 신국판 | 472면 | 22,000원

설득 커뮤니케이션 개정2판

이 책은 다양한 설득 연구들을 모아 설득의 역사, 심리학적 원리기법들을 커뮤니케이션 관점에서 체계적으로 분석하였다. 심리학, 정치학, 사회학 등의 여러 분야에서 다루는 설득 관련 이론 및 방법을 종합적으로 제시함으로써, 설득의 개별사례들 이면에 담긴 심리학적 원리를 이론적으로 고찰해 소개한 것이다. 특히 2019년 개정2판에서는 시대에 따라 달라진 '설득'과 '소통'의 개념을 적극 반영하여 일방적 소통이 아닌 상호 소통의 형태를 강조해 다루었다.

김영석(연세대) 지음 | 신국판·양장본 | 744면 | 38,000원

방송영상미디어 새로 읽기

8인의 국내 대표 미디어 전문가가 디지털미디어 시대의 새로운 패러다임을 조명한 방송영상미디어 입문서. 최근 디지털미디어 시대가 본격화되면서 과거의 전통적 미디어이론으로는 변화하는 미디어 환경을 설명하기 어려워졌다. 오늘날 미디어생태계와 인간, 미디어, 사회의 관계를 재정립할 수 있는 패러다임이 필요한 시점이다. 이 책은 이런 시대적 요구에 부응해 이용자, 콘텐츠, 산업의 측면에서 디지털미디어 시대의 이론과 실천의 패러다임을 살펴본다. 현업인과 전공학생들에게는 살아 있는 지식을, 일반독자들에게는 새 시대의 통찰을 제공하는 책이다.

강형철(숙명여대) 외 지음 | 크라운판 | 494면 | 28,000원

미디어 거버넌스
미디어 규범성의 정립과 실천

서울대 윤석민 교수가 천착해온 한국사회 미디어 시스템 연구의 결정판. 한국사회 미디어 시스템이 총체적 위기를 겪고 있다. 양극화된 언론지형, 어뷰징, 가짜뉴스, 댓글조작 등은 더 이상 일탈적 현상이 아니라 고착된 현실이다. 이 난제를 풀기 위한 변화의 실마리는 결국 미디어 종사자 스스로 만들어야 한다는 것이 저자의 결론이다. 이러한 상향식 미디어 개혁은 진영논리와 상업논리에 밀려 해체 상태에 빠진 미디어의 규범적 가치의 복원, 그리고 미디어와 관련된 모든 사회집단이 힘을 모으는 협치 거버넌스 구축으로부터 시작된다.

윤석민(서울대) 지음 | 크라운판·양장본 | 928면 | 45,000원

미디어 효과이론 제3판

이 책은 이용과 충족이론, 의제 설정이론, 문화계발효과이론 등 고전이론의 최신 업데이트된 연구결과를 비롯해 빠르게 진화하는 미디어 세계의 이슈들에 대해서도 다뤘다. 미디어 효과연구 영역을 폭넓게 다룬 포괄적인 참고도서이자 최근의 미디어 효과연구의 진행 방향을 정리한 보기 드문 교재로 미디어 이론 연구를 위한 기준을 제공할 것이다.

제닝스 브라이언트 · 메리 베스 올리버 편저 | 김춘식(한국외대) ·
양승찬(숙명여대) · 이강형(경북대) · 황용석(건국대) 공역
4×6배판 | 712면 | 38,000원

매스 커뮤니케이션 이론 제5판

제5판(2005년)에서는 특히 인터넷시대의 '뉴미디어'가 출현과 성장 과정 속에서 기존의 매스미디어 이론과 연구결과를 토대로 이야기했던 것을 수정·보완하는 데 주력했다. 또한 저자는 변화하는 미디어 환경 속에서 기존 매스 커뮤니케이션이 어떻게 변화할지에 관심을 두고 내용을 전개한다. 새로운 이론적 접근에 대한 소개가 추가되었고, 각 장에서의 이슈는 뉴미디어 현상과 연관하여 다루어진 특징이 있다.

데니스 맥퀘일 · 양승찬(숙명여대) · 이강형(경북대) 공역
크라운판 변형 | 712면 | 28,000원

팩트체크 저널리즘

팩트체크는 언론 신뢰도 하락과 가짜 뉴스 범람 등으로 위기에 처한 저널리즘의 기능을 회복할 대안으로 주목받는 한국사회의 키워드가 되었다. 이 책은 팩트체크 저널리스트와 팩트체크 관련 연구자들이 실전 경험을 바탕으로 팩트체크의 개념부터 실제 수행 과정까지 자세하고 실감나게 소개하여, 팩트체크의 이해를 도울 뿐만 아니라 실제로 팩트체크를 해 볼 수 있도록 돕는다.

김양순(KBS) 외 지음 | 신국판 | 312면 | 20,000원